喜楽研の DVD つき授業シリーズ

新版
全授業の
板書例と展開がわかる
DVDからすぐ使える
～菊池省三 授業実践の特別映像つき～
3年(下)

まるごと
授業 国語

※パソコン専用
DVD 付

著者：羽田 純一・菊池 省三・安野 雄一・南山 拓也　企画・編集：原田 善造

JN062734

わかる喜び学ぶ楽しさを創造する教育研究所　略称 喜 楽 研

はじめに

　教育現場の厳しさは，増していくばかりです。多様な子どもや保護者への対応や様々な課題が求められ，教師の中心的活動であるはずの授業の準備に注ぐことができる時間は，とても十分とはいえません。

　このような状況の中で，授業の進め方や方法についても，制限が加えられつつあるという現状があります。制限の中で与えられた手立てが，目の前の子どもたちと指導する教師に合っていればよいのですが，残念ながらそうとばかりはいえないようです。

　そんなときは，派手さは無くても，きちんと基礎をおさえ，着実に子どもに達成感を味わわせることができる授業ができれば，まずは十分です。そんな授業を作るには，以下の2つの視点が必要です。

　1つ目は，子どもに伝えたいことを明確に持つことです。

　音読を例に取れば，「初期の段階なので子どもたちに自分がどの程度の読みができるのかを自覚させる」のか，「最終的な段階なので指導した読み方の技術を生かして，登場人物の心情を思い浮かべながら読む」のかといったことです。

　2つ目は，子どもがどんな状態にあるのかを具体的に把握するということです。

　どうしても音読に集中できない子がいた場合，指で本文をなぞらせることが有効かもしれません。また，隣の子と交代しながら読ませれば楽しんで取り組むかもしれません。

　こういった手立ても，指導者の観察，判断があってこそ，出てくるものです。

　幸い，前版の「まるごと授業　国語」は，多くの先生方に受け入れていただくことができました。指導要領の改訂に伴い，この「まるごと授業　国語」を新たに作り直すことになりました。もちろん，好評であった前版のメインの方針は残しつつ，改善できる部分はできる限りの手を加えています。

　前回同様，執筆メンバーと編集担当で何度も打ち合わせをくり返し，方針についての確認や改善部分についての共通理解を図りました。また，それぞれの原稿についても，お互い読み合い，検討したことも同じです。

　新版では，授業展開の中のイラストの位置をより分かりやすい部分に変えたり，「主体的・対話的で深い学び」についての解説文をつけたりといった変更を行っています。

　その結果，前版以上に，分かりやすく，日々の実践に役立つ本になったと思います。

　この本が，過酷な教育現場に向かい合っている方々の実践に生かされることを心から願ってやみません。

本書の特色

全ての単元・全ての授業の指導の流れが分かる

　学習する全単元・全授業の進め方が掲載されています。学級での日々の授業や参観日の授業，研究授業や指導計画作成等の参考にしていただけます。

　本書の各単元の授業案の時数は，ほぼ教科書の配当時数にしてあります。

主体的・対話的な学びを深める授業ができる

　各単元のはじめのページや，各授業案のページに，『主体的・対話的な深い学び』の欄を設けています。また，展開例の４コマの小見出しに，「読む」「音読する」「書く」「対話する」「発表する」「交流する」「振り返る」等を掲載し，児童の活動内容が一目で具体的に分かるように工夫しています。

１時間の展開例や板書例を見開き２ページで説明

　どのような発問や指示をすればよいか具体例が掲載されています。先生方の発問や指示の参考にして下さい。

　実際の板書をイメージしやすいように，２色刷りで見やすく工夫しています。また，板書例だけでは細かい指導の流れが分かりにくいので，詳しく展開例を掲載しています。

DVD に 菊池省三 授業実践の特別映像を収録

　菊池省三の「対話・話し合いのある授業」についての解説付き授業映像を収録しています。映像による解説は分かりやすく，日々の授業実践のヒントにしていただけます。また，特別映像に寄せて，解説文を巻頭ページに掲載しています。

DVD 利用で，楽しい授業，きれいな板書づくりができる

　授業で活用できる黒板掲示用イラストや児童用ワークシート見本を，単元内容に応じて収録しています。カードやイラストは黒板上での操作がしやすく，楽しい授業，きれいな板書づくりに役立ちます。

3年下（目次）

本書の使い方

◆板書例について

　時間ごとに，教材名，本時のめあてを掲載しました。実際の板書に近づけるよう，特に目立たせたいところは，赤字で示したり，赤のアンダーラインを引いたりしています。DVDに収録されているカード等を利用すると，手軽に，きれいな板書ができあがります。

◆授業の展開について

① 1時間の授業の中身を3コマ〜4コマの場面に切り分け，およその授業内容を表示しています。

② 展開例の小見出しで，「読む」「書く」「対話する」「発表する」「振り返る」等，具体的な児童の活動内容を表しています。

③ 本文中の「　」表示は，教師の発問です。

④ 本文中の　・　表示は，教師の発問に対する児童の反応等です。

⑤ 「　」や　・　がない文は，教師への指示や留意点などが書かれています。

⑥ □□□の中に，教師や児童の顔イラスト，吹き出し，授業風景イラスト等を使って，授業の進め方をイメージしやすいように工夫しています。

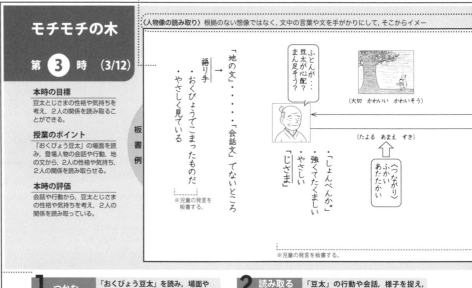

モチモチの木

第 ③ 時　（3/12）

本時の目標
豆太とじさまの性格や気持ちを考え，2人の関係を読み取ることができる。

授業のポイント
「おくびょう豆太」の場面を読み，登場人物の会話や行動，地の文から，2人の性格や気持ち，2人の関係を読み取らせる。

本時の評価
会話や行動から，豆太とじさまの性格や気持ちを考え，2人の関係を読み取っている。

板書例

〈人物像の読み取り〉根拠のない想像ではなく，文中の言葉や文を手がかりにして，そこからイメー

語り手
→ 「地の文」・・・・・・「会話文」
・おくびょうでこまったものだ
・やさしく見ている

※児童の発言を板書する。

ふとんが…
豆太が心配？
まん足そう？

（大切　かわいい　かわいそう）

（たよる　あまえ　すき）

・「しょんべんか。」
・強くてたくましい
・やさしい
「じさま」

（〜つながり　ふかい　あたたかい）

※児童の発言を板書する。

---

1 つかむ　「おくびょう豆太」を読み，場面や登場人物の暮らしを確かめよう。

『おくびょう豆太』を読んで，豆太とじさまの性格や気持ちや2人の関係について話し合っていきます。」
　指名をして，2〜3回繰り返して音読させる。

「意味の分からない言葉があれば調べましょう。教科書の下にも解説があるので見ておきましょう。」
　・へえ〜，便所のことを「せっちん」と言うのか。

この場面の設定（場所・時間・2人の暮らし等）を確かめましょう。

峠の猟師小屋。前にはモチモチの木がある。時刻は真夜中。

1枚しかない布団で寝ているから，貧しい暮らしだね。

豆太は5才。64才のじさまと2人で暮らしている。おとうは死んだ。

ワークシートを配り，2人の会話や行動を表に書き込ませる。第8時まで使うので，書き方を確認しておく。

2 読み取る 考える　「豆太」の行動や会話，様子を捉え，性格や気持ちを考えよう。

「豆太は，どんな行動をしていますか。」
　・真夜中に，じさまをおこして小便をさせてもらう。
「豆太には，モチモチの木がどう思えたのでしょう。」
　・ものすごく大きくて怖い。
　・枝や葉を揺らして驚かされる。
「豆太のつもりで『じさまぁ』と言ってみましょう。」
　数人にじさまを起こす場面のセリフを言わせる。

ワークシートの他にも豆太について分かるところがあれば，それも参考にして，どんな気持ちや性格か話し合いましょう。

両手を「わあっと」のところから，モチモチの木が怖くてたまらない。

小さい声でじさまを起こすから，すごく心細く感じている。

「1人じゃしょうべんも〜」からすごく臆病だと思う。それに甘えん坊だよ。

◆スキルアップ一行文について

時間ごとに，授業準備や授業を進めるときのちょっとしたコツを掲載しています。

◆「主体的・対話的で深い学び」欄について

この授業で，「主体的・対話的で深い学び」として考えられる活動内容や留意点について掲載しています。

モチモチの木

め 豆太とじさまのせいかくや気持ち，二人の関係を考えよう

とうげのりょうし小屋　表にモチモチの木
たった二人　まずしいくらし　真夜中

おくびょう豆太

「豆太」
・おくびょう　あまえんぼう
・夜中に一人でしょうべん×
・「じさまぁ。」

モチモチの木が
こわい
心細い

🔍 主体的・対話的で 深い学び

・「豆太」と「じさま」の気持ちや性格，2人の関係を，文中の会話，行動の叙述，地の文などを手がかりにして考える。
・主にグループでの対話によって，考えを確かめ合い，2人に対する理解を深めていく。

準備物

・ワークシート（第8時まで継続使用）・ワークシート記入例
（児童用ワークシート見本 DVD 収録【3下_22_08】）
・黒板掲示用イラスト1（第1・2時使用のもの）
・黒板掲示用カード（豆太・じさま）DVD 収録【3下_22_09】

◆準備物について

1時間の授業で使用する準備物が書かれています。準備物の一部は，DVD の中に収録されています。準備物の数や量は，児童の人数やグループ数などでも異なってきますので，確認して準備してください。

◆本書付録 DVD について

（DVD の取り扱いについては，本書 P8，9に掲載しています）

DVD マークが付いている資料は，付録 DVD にデータ収録しています。授業のためのワークシート見本，黒板掲示用イラスト，板書作りに役立つカード，画像等があります。

3 読み取る考える
「じさま」の行動や会話，様子を捉え，性格や気持ちを考えよう。

「今度は，じさまの行動を見ていきましょう。」
・豆太が小さな声で言ってもすぐに目を覚まして，小便をさせてくれる。
・そうしないと，豆太が寝小便をしてしまうから。

ワークシートの他に，じさまについて分かるところがあれば，それも参考にして，どんな気持ちや性格か話し合いましょう。

真夜中でも，すぐ目を覚ましてくれるから，やさしいと思います。

豆太が臆病だから，心配しているかな？豆太がかわいいから，今の生活に満足しているのかも…。

「青じしを…見事にやってのける」から強くてたくましい人だと分かるね。

4 まとめる
2人の関係（絆）と，語り手は豆太をどう見ているのか考えよう。

豆太とじさまは，どんな関係なのだと思いますか。

豆太は，じさまが好きで，じさまを頼っているね。

じさまは，豆太をとても大切にしている。かわいいと思っている。

挿絵の表情からも2人の関係が伝わってくる気がするよ。

山の中での2人暮らしなので，かわいそうだと思っている。

2人の深い絆やあたたかい関係を感じ取らせる。「地の文」と「語り手」について説明する。

「語り手は，豆太の性格をどう語っているのでしょう。それは，どこで分かりますか。」
・「全く，豆太ほど…。」や「どうして…おくびょうなんだろうか。」から，臆病で困ったものだと思っています。
・でも，やさしく見ているように思います。

◆赤のアンダーラインについて

本時の展開でとくに大切な発問や留意点にアンダーラインを引いています。

付録 DVD−ROMについて

DVD の利用で，楽しい授業・わかる授業ができます。きれいな板書づくりや授業準備に，とても役立ちます。

◆DVD−ROMの内容について

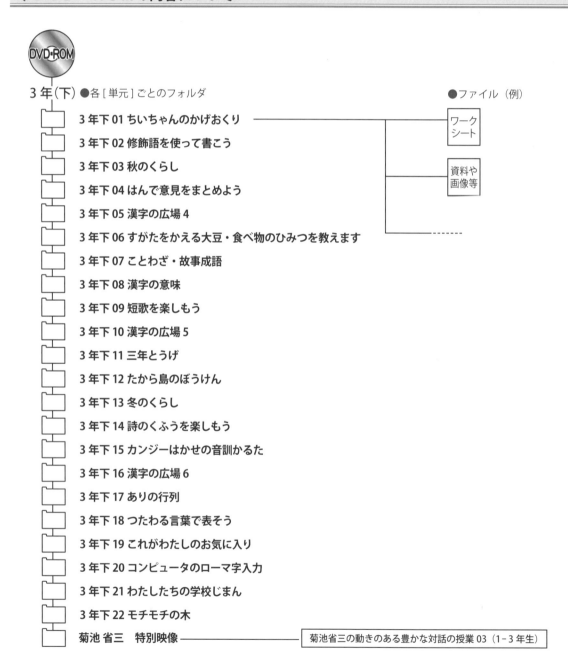

DVD·ROM

3 年（下）　●各 [単元] ごとのフォルダ　　　　　　　　　　　　●ファイル（例）

3 年下 01 ちいちゃんのかげおくり　　　　　　　　　　　　　　　ワークシート

3 年下 02 修飾語を使って書こう

3 年下 03 秋のくらし

3 年下 04 はんで意見をまとめよう　　　　　　　　　　　　　　　資料や画像等

3 年下 05 漢字の広場 4

3 年下 06 すがたをかえる大豆・食べ物のひみつを教えます

3 年下 07 ことわざ・故事成語

3 年下 08 漢字の意味

3 年下 09 短歌を楽しもう

3 年下 10 漢字の広場 5

3 年下 11 三年とうげ

3 年下 12 たから島のぼうけん

3 年下 13 冬のくらし

3 年下 14 詩のくふうを楽しもう

3 年下 15 カンジーはかせの音訓かるた

3 年下 16 漢字の広場 6

3 年下 17 ありの行列

3 年下 18 つたわる言葉で表そう

3 年下 19 これがわたしのお気に入り

3 年下 20 コンピュータのローマ字入力

3 年下 21 わたしたちの学校じまん

3 年下 22 モチモチの木

菊池 省三　特別映像　──　菊池省三の動きのある豊かな対話の授業 03（1−3 年生）

◆使用上のご注意

このＤＶＤ－ＲＯＭはパソコン専用となっております。DVD プレイヤーでの再生はできません。
ＤＶＤプレイヤーで再生した場合，DVD プレイヤー及び，ＤＶＤ－ＲＯＭが破損するおそれがあります。

※ OS 以外に，ファイルを再生できるアプリケーションが必要となります。
　 PDF ファイルは Adobe Acrobat および Adobe Reader5.0 以降で開くことができます。

【その他】

このＤＶＤ－ＲＯＭに収録されている動画の中で，各単元フォルダ内の動画には，音声は含まれておりません。
プロジェクターや TV モニターで投影する場合は，各機器および使用しているパソコンの説明書を参照してください。

◆動作環境　Windows

【CPU】	Intel®Celeron®M プロセッサ 360J1.40GHz 以上推奨
【空メモリ】	256MB 以上（512MB 以上推奨）
【ディスプレイ】	解像度 640 × 480，256 色以上の表示が可能なこと
【OS】	Microsoft windows XP 以上
【ドライブ】	ＤＶＤ－ＲＯＭドライブ

上記のハードウエア，OS，ソフト名などは，各メーカーの商標，または
登録商標です。

※ファイルや画像を開く際に時間がかかる原因の多くは，コンピュータ
　のメモリ不足が考えられます。
　詳しくは，お使いのコンピュータの取扱説明書をご覧ください。

◆複製，転載，再販売について

本書およびＤＶＤ－ＲＯＭ収録データは著作権法によって守られています。

個人で使用する以外は無断で複製することは禁じられています。

第三者に譲渡・販売・頒布（インターネット等を通じた提供も含む）
することや，貸与及び再使用することなど，営利目的に使明することは
できません。

本書付属ＤＶＤ－ＲＯＭのご使用により生じた損害，障害，被害，
その他いかなる事態について著者及び弊社は一切の責任を負いません。

ご不明な場合は小社までお問い合わせください。

◆お問い合わせについて

本書付録ＤＶＤ－ＲＯＭ内のプログラムについてのお問い合わせは，
メール，FAX でのみ受け付けております。

メール：kirakuken@yahoo.co.jp

ＦＡＸ：075-213-7706

紛失・破損されたＤＶＤ－ＲＯＭや電話でのサポートは行っており
ませんので何卒ご了承ください。

アプリケーションソフトの操作方法については各ソフトウェアの販売
元にお問い合せください。小社ではお応えいたしかねます。

【発行元】

株式会社喜楽研（わかる喜び学ぶ楽しさを創造する教育研究所：略称）
〒 604-0827 京都市中京区高倉通二条下ル瓦町 543-1　　TEL：075-213-7701　FAX：075-213-7706

対話・話し合いのある授業に，一歩踏み出そう

菊池　省三

　教育の世界は，「多忙」「ブラック」と言われています。不祥事も後を絶ちません。

　しかし，多くの先生方は，子どもたちと毎日向き合い，その中で輝いています。やりがいや生きがいを感じながら，がんばっています。

　このことは，全国の学校を訪問して，私が強く感じていることです。

　先日，関西のある中学校に行きました。明るい笑顔あふれる素敵な学校でした。

　3年生と授業をした後に，「気持ちのいい中学生ですね。いい学校ですね」

　と話した私に，校長先生は，

　「私は，子どもたちに支えられています。子どもたちから元気をもらっているのです。我々教師は，子どもたちと支え合っている，そんな感じでしょうか」

　と話されました。なるほどと思いました。

　四国のある小学校で，授業参観後に，

　「とてもいい学級でしたね。どうして，あんないい学級が育つのだろうか」

　ということが，参観された先生方の話題になりました。担任の先生は，

　「あの子たち，とてもかわいいんです。かわいくて仕方ないんです」

　と，幸せそうな笑顔で何度も何度も話されていました。

　教師は，子どもたちと一緒に生きているのです。担任した1年間は，少なくとも教室で一緒に生きているのです。

　このことは，とても尊いことだと思います。「お互いに人として，共に生きている」……こう思えることが，教師としての生きがいであり，最高の喜びだと思います。

　私自身の体験です。数年前の出来事です。30年近く前に担任した教え子から，素敵なプレゼントをもらいました。ライターになっている彼から，「恩師」である私の本を書いてもらったのです。たった1年間しか担任していない彼からの，思いがけないプレゼントでした。

　教師という仕事は，仮にどんなに辛いことがあっても，最後には「幸せ」が待っているものだと実感しています。

　私は，「対話・話し合い」の指導を重視し，大切にしてきました。

　ここでは，その中から6つの取り組みについて説明します。

1. 価値語の指導

　荒れた学校に勤務していた20数年前のことです。私の教室に参観者が増え始めたころです。ある先生が，

　「菊池先生のよく使う言葉をまとめてみました。菊池語録です」

　と，私が子どもたちによく話す言葉の一覧を見せてくれました。

　子どもたちを言葉で正す，ということを意識せざるを得なかった私は，どちらかといえば父性的な言葉を使っていました。

　・私，します。

　・やる気のある人だけでします。

　・心の芯をビシッとしなさい。

　・何のために小学生をしているのですか。

　・さぼる人の2倍働くのです。

　・恥ずかしいと言って何もしない。

　　それを恥ずかしいというんです。

　といった言葉です。

　このような言葉を，私だけではなく子どもたちも使うようになりました。

　価値語の誕生です。

　全国の学校，学級を訪れると，価値語に出合うことが多くなりました。その学校，学級独自の価値語も増えています。子どもたちの素敵な姿の写真とともに，価値語が書かれている「価値語モデルのシャワー」も一般的になりつつあります。

　言葉が生まれ育つ教室が，全国に広がっているのです。

　教師になったころに出合った言葉があります。大村はま先生の「ことばが育つとこころが育つ　人が育つ　教育そのものである」というお言葉です。忘れてはいけない言葉です。

　「言葉で人間を育てる」という菊池実践の根幹にあたる指導が，この価値語の指導です。

2. スピーチ指導

　私は，スピーチ指導からコミュニケーション教育に入りました。自己紹介もできない6年生に出会ったことがきっかけです。

　お師匠さんでもある桑田泰助先生から，

　「スピーチができない子どもたちと出会ったんだから，1年かけてスピーチができる子どもに育てなさい。走って痛くなった足は，走ってでしか治せない。挑戦しなさい」

　という言葉をいただいたことを，30年近くたった今でも思い出します。

　私が，スピーチという言葉を平仮名と漢字で表すとしたら，

『人前で，ひとまとまりの話を，筋道を立てて話すこと』

　とします。

　そして，スピーチ力を次のような公式で表しています。

『スピーチ力 ＝（内容＋声＋表情・態度）×思いやり』

　このように考えると，スピーチ力は，やり方を一度教えたからすぐに伸びるという単純なものではないと言えます。たくさんの要素が複雑に入っているのです。ですから，意図的計画的な指導が求められるのです。そもそも，コミュニケーションの力は，経験しないと伸びない力ですからなおさらです。

　私が，スピーチ指導で大切にしていることは，「失敗感を与えない」ということです。学年が上がるにつれて，表現したがらない子どもが増えるのは，過去に「失敗」した経験があるからです。ですから，

　「ちょうどよい声で聞きやすかったですよ。安心して聞ける声ですね」

　「話すときの表情が柔らかくて素敵でした。聞き手に優しいですね」

　などと，内容面ばかりの評価ではなく，非言語の部分にも目を向け，プラスの評価を繰り返すことが重要です。適切な指導を継続すれば必ず伸びます。

3. コミュニケーションゲーム

　私が教職に就いた昭和50年代は，コミュニケーションという言葉は，教育界の中ではほとんど聞くことがありませんでした。「話し言葉教育」とか「独話指導」といったものでした。

　平成になり，「音声言語指導」と呼ばれるようになりましたが，その多くの実践は音読や朗読の指導でした。

　そのような時代から，私はコミュニケーションの指導に力を入れようとしていました。しかし，そのための教材や先行実践はあまりありませんでした。私は，多くの書店を回り，「会議の仕方」「スピーチ事例集」といった一般ビジネス書を買いあさりました。指導のポイントを探すためです。

　しかし，教室で実践しましたが，大人向けのそれらをストレートに指導しても，小学生には上手くいきませんでした。楽しい活動を行いながら，その中で子どもたち自らが気づき発見していくことが指導のポイントだと気がついていきました。子どもたちが喜ぶように，活動をゲーム化させる中で，コミュニケーションの力は育っていくことに気づいたのです。

　例えば，対決型の音声言語コミュニケーションでは，
・問答ゲーム（根拠を整理して話す）
・友だち紹介質問ゲーム（質問への抵抗感をなくす）
・でもでもボクシング（反対意見のポイントを知る）

　といった，対話の基本となるゲームです。朝の会や帰りの会，ちょっとした隙間時間に行いました。コミュニケーション量が，「圧倒的」に増えました。

　ゆるやかな勝ち負けのあるコミュニケーションゲームを，子どもたちは大変喜びます。教室の雰囲気がガラリと変わり，笑顔があふれます。

4. ほめ言葉のシャワー

菊池実践の代名詞ともいわれている実践です。30年近く前から行っている実践です。

2012年にNHK「プロフェッショナル仕事の流儀」で取り上げていただいたことをきっかけに，全国の多くの教室で行われているようです。

「本年度は，全校で取り組んでいます」

「教室の雰囲気が温かいものに変わりました」

「取り組み始めて5年が過ぎました」

といった，うれしい言葉も多く耳にします。

また，実際に訪れた教室で，ほめ言葉のシャワーを見せていただく機会もたくさんあります。どの教室も笑顔があふれていて，参観させていただく私も幸せな気持ちになります。

最近では，「ほめ言葉のシャワーのレベルアップ」の授業をお願いされることが増えました。

下の写真がその授業の板書です。内容面，声の面，表情や態度面のポイントを子どもたちと考え出し合って，挑戦したい項目を自分で決め，子どもたち自らがレベルを上げていくという授業です。

どんな指導も同じですが，ほめ言葉のシャワーも子どもたちのいいところを取り上げ，なぜいいのかを価値づけて，子どもたちと一緒にそれらを喜び合うことが大切です。

どの子も主人公になれ，自信と安心感が広がり，絆の強い学級を生み出すほめ言葉のシャワーが，もっと多くの教室で行われることを願っています。

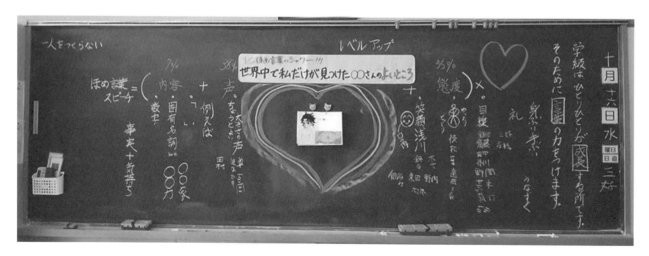

5. 対話のある授業

　菊池実践の授業の主流は，対話のある授業です。具体的には，
・自由な立ち歩きのある少人数の話し合いが行われ
・黒板が子どもたちにも開放され
・教師が子どもたちの視界から消えていく
　授業です。教師主導の一斉指導と対極にある，子ども主体の授業です。
　私は，対話の態度目標を次の3つだと考えています。
① しゃべる
② 質問する
③ 説明する
　それぞれの技術指導は当然ですが，私が重視しているのは，学級づくり的な視点です。以下
のような価値語を示しながら指導します。
例えば，
・自分から立ち歩く
・一人をつくらない
・男子女子関係なく
・質問は思いやり
・笑顔でキャッチボール
・人と論を区別する
　などです。

　対話のある授業は，学級づくりと同時進行で行うべきだと考えているからです。技術指導
だけでは，豊かな対話は生まれません。形式的で冷たい活動で終わってしまうのです。
　学級づくりの視点を取り入れることで，子どもたちの対話の質は飛躍的に高まります。話す
言葉や声，表情，態度が，相手を思いやったものになっていきます。聞き手も温かい態度で
受け止めることが「普通」になってきます。教室全体も学び合う雰囲気になってきます。学び
合う教室になるのです。
　正解だけを求める授業ではなく，新たな気づきや発見を大事にする対話のある授業は，学級
づくりと連動して創り上げることが大切です。

6. ディベート指導

私の学級の話し合いは, ディベート的でした。

私は, スピーチ指導から子どもたちの実態に合わせて, ディベート指導に軸を移してきました。その理由は, ディベートには安定したルールがあり, それを経験させることで, 対話や話し合いに必要な態度や技術の指導がしやすいからです。

私は, 在職中, 年に2回ディベート指導を計画的に行っていました。

1回目は, ディベートを体験することに重きを置いていました。1つ1つのルールの価値を, 学級づくりの視点とからめて指導しました。

例えば, 「根拠のない発言は暴言であり, 丁寧な根拠を作ることで主張にしなさい」「相手の意見を聞かなければ, 確かな反論はできません。傾聴することが大事です」「ディベートは, 意見をつぶし合うのではなく, 質問や反論をし合うことで, お互いの意見を成長させ合うのです。思いやりのゲームです」といったことです。これらは, 全て学級づくりでもあります。

2回目のディベートでは, 対話の基礎である「話す」「質問する」「説明する（反論し合う）」ということの, 技術的な指導を中心に行いました。

例えば, 「根拠を丁寧に作ります。三角ロジックを意識します」「連続質問ができるように。論理はエンドレスです」「反論は, きちんと相手の意見を引用します。根拠を丁寧に述べます」といった指導を, 具体的な議論をふまえて行います。

このような指導を行うことで, 噛み合った議論の仕方や, その楽しさを子どもたちは知ります。そして, 「意見はどこかにあるのではなく, 自分（たち）で作るもの」「よりよい意見は, 議論を通して生み出すことができる」ということも理解していきます。知識を覚えることが中心だった今までの学びとは, 180度違うこれからの時代に必要な学びを体験することになります。個と集団が育ち, 学びの「社会化」が促されます。

ディベートの持つ教育観は, これからの時代を生きる子どもたちにとって, とても重要だと考えています。

【1年生の授業】

1年生の授業は，スピーチの基本を学ぶ授業です。

「ほめ言葉のシャワー」を素材に，スピーチの指導をしています。

1年生の「ほめ言葉のシャワー」は，子どもどうしが観察し合い，お互いのいいところをほめ合うということはまだ十分とは言えません。

ですからこの授業は，一人一人とつながっ
ている先生に対して，子どもたちが「ほめ
言葉のシャワー」をするというものです。
担任の先生に，子どもたちが「ほめ言葉」を
プレゼントしています。その時のスピーチの
よさを，私がほめながら板書しています。そ
うすることで，子どもたちに「ほめ言葉」の
スピーチのポイントを理解させようとしてい
ます。

私は，スピーチ力を次のような公式で考えています。

『スピーチ力 ＝ （内容 ＋ 声 ＋ 態度） ×思いやり』

ほめ言葉のスピーチも，内容，声，笑顔，表情，そして，一番大切な相手を優しく思う気持ち，それらがポイントだと思います。

本映像は，子どもたちのほめ言葉のスピーチから，そのような要素の良さ，素晴らしさを引
き出し，見える化を図り，ほめ言葉のシャワー
のスピーチの質そのものを高めていく授業場
面です。

板書を見ていただければ，そのような指導
の在り方を理解していただけるのではないか
と思います。

このような指導の手順を踏むことで，子ども
どうしがほめ合う「ほめ言葉のシャワー」が
1年生の教室でも成立するようになります。

【2年生の授業】

　2年生の授業は，黒板を子どもたちにも開放するダイナミックな対話・話し合いの授業です。

　本授業は，「幸せって何だろう」というテーマについて，対話・話し合いを通して考えを深め合っているものです。

　私は，対話・話し合い授業の成立のポイントの一つに，

『黒板を子どもたちにも開放する』

ということがあると思っています。つまり，黒板は先生だけが書くものではなくて，子どもたちも黒板に自分の思いや意見や，感想を書いていいということです。

　「一人一人違っていい」といったキーワードで，子どもたちに自信と安心を与え，黒板を活用したダイナミックな対話・話し合いが行われる，そういった教室を目指したいと思っています。

　全員が自分の意見を黒板に書き，それらをもとにみんなで考えるという，全員参加の授業が成立すると思います。一人一人が考えたレベルから，全員のものを比較検討するという対話・話し合いによって，授業の質がそこでもう一段上がるはずです。

　「黒板は教師が使うもの，それらをもとにした先生の説明を子どもたちは黙って聞くもの」といった従来の授業観から脱却すべきです。

　黒板を子どもたちに開放することによって，活動的な参加型の学びが成立する教室へと変わっていきます。

　子どもたちの学びが，ダイナミックなものに飛躍的に進化していくのです。

【3年生の授業】

　3年生の授業は，2つの話し合いに挑戦しています。2つの話し合いとは，広げる話し合いと絞る話し合いです。

　話し合いのテーマは，『クラスで頑張っていること，一生懸命やっていること，自慢できること，成長していること』です。つまり，

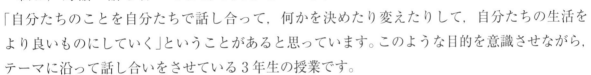

　　『自分たちの生活に関わること』

が話し合いのテーマです。

　私は，対話・話し合いの目的の大きな一つに，「自分たちのことを自分たちで話し合って，何かを決めたり変えたりして，自分たちの生活をより良いものにしていく」ということがあると思っています。このような目的を意識させながら，テーマに沿って話し合いをさせている3年生の授業です。

　話し合いには大きく二つの方向，種類があると思います。

　一つは，意見をたくさん出すという話し合いです。拡散型の話し合いです。映像を見ても分かるように，時間を決め，数値努力目標を子どもたちにも考えさせて，たくさんの意見を出すように指導しています。

　その後，たくさん出た意見の中から一つに絞る，一つに決めるという，もう一つの話し合いに取り組ませています。収束型の話し合いです。

　この二つの話し合いの様子が映像から分かると思います。

　このような話し合いを定期的に行うことによって，

・話し合いは，自分たちの生活をより良いものにする
　ために必要である

・みんなで話し合うことは，大切で楽しいことである
といったことにも，子どもたちは気づいていきます。

　3年生なりに話し合いの価値を理解し始めるのです。

まるごと授業 国語 3年(下)

ちいちゃんのかげおくり

全授業時間 10 時間

◉ 指導目標 ◉

・文章を読んで理解したことに基づいて，感想や考えをもつことができる。
・様子や行動，気持ちや性格を表す語句の量を増し，話や文章の中で使い，語彙を豊かにすることができる。
・登場人物の気持ちの変化や性格，情景について，場面の移り変わりと結び付けて具体的に想像することができる。
・文章を読んで感じたことや考えたことを共有し，一人ひとりの感じ方などに違いがあることに気づくことができる。

◉ 指導にあたって ◉

①　教材について

　　戦争の時代，ごくふつうの小さな女の子とその家族の命が失われていった様子が描かれています。当時このようなことが多くあったのだろうと，この1家族の姿を通して想像させられます。そして，最後は平和になった時代の公園の場面です。笑いながら遊ぶ子どもたちの姿に，ちいちゃんが重なって見えます。そこに語り手の思いと願いが込められています。3年生の子どもたちの心にもきっと響くものがあるでしょう。

②　主体的・対話的で深い学びのために

　　まずは，「いつ」「どこで」「誰が」という場面設定や物語のあらすじを，すべての児童が把握できるようにします。教師の助言や友だちの援助もあってもよいでしょう。それをベースにして対話をさせます。友だちの意見を聞き自分の意見を述べることは，新たな気づきや作品の理解を深めることにつながります。
　　初発の感想と，最後にも感想を書いて話し合います。感想文を書くことは，もやもやしている自分の考えをはっきりさせます。書きながら，気づかなかった文章表現に気づくこともあります。「よかった」のならどこがどうよかったのか，それはどうしてなのかを自分で問いながら書くよう指導することが大事で，読み返しや深く読むようになります。感想文を読み合って話し合えば，さらに多くの気づきや読みの深まりにもつながるでしょう。

◉ 評価規準 ◉

知識 及び 技能	様子や行動，気持ちや性格を表す語句の量を増し，話や文章の中で使い，語彙を豊かにしている。
思考力，判断力，表現力等	・「読むこと」において，登場人物の気持ちの変化や性格，情景について，場面の移り変わりと結び付けて具体的に想像している。 ・「読むこと」において，文章を読んで理解したことに基づいて，感想や考えをもっている。 ・「読むこと」において，文章を読んで感じたことや考えたことを共有し，一人ひとりの感じ方などに違いがあることに気づいている。
主体的に学習に取り組む態度	登場人物の気持ちの変化について，進んで場面の移り変わりと結び付けて具体的に想像し，学習課題に沿って，物語を読んだ感想をまとめようとしている。

次	時	学習活動	指導上の留意点
1	1	・扉の詩を読み，目次から下巻で学ぶ内容を調べる。 ・「ちいちゃんのかげおくり」の内容を想像し，範読を聞く。	・下巻の教科書の使い始め。学習への期待感と見通しをもたせる。 ・「ちいちゃんのかげおくり」の学習への意欲づけをする。
1	2	・場面に分け，登場人物やあらすじを確かめ，学習の見通しをたてる。 ・はじめの感想を書いて話し合う。	・場面と物語のながれをつかませる。 ・「ちいちゃんのかげおくり」の学習課題を考え見通しをもたせる。
2	3	・①の場面から，家族で「かげおくり」をするちいちゃんたちの様子と心情を読み，その後の状況の変化をつかむ。	・内容の読み取りには，時代の背景や戦争に関わる言葉の理解も必要である。具体的なイメージがわくように工夫して，場面に応じた説明も取り入れる。
2	4	・②，③の場面から，ひとりぼっちになり，お母さんを待っている，ちいちゃんの様子と心情を読む。	・会話，言葉，文などを手がかりにして，情景や登場人物の心情を読み取らせる。 ・音読や対話を効果的に活用して，読み取りを深めていく。
2	5	・④の場面から，かげおくりをして空へ上っていったちいちゃんの様子や心情を読み，心に残ったところを話し合う。	
2	6	・2つの「かげおくり」の場面を比べて読み，同じところと違うところについて，表現をもとに話し合う。	・①と④の場面の学習をもとにして，ワークシートに整理して同じところや違うところを捉えさせる。
2	7	・⑤（戦後の公園）の場面を読み，それまでの場面との違いを話し合う。 ・⑤の場面の役割を考える。	・それまでとは違って戦後の平和な場面であり，語り手の思いがこもっている。④の場面との比較や⑤の場面の感想を話し合い，この場面の役割に気づかせる。
3	8・9	・言葉に気をつけて物語を読み返す。 ・感想文の書き方を調べる。 ・下書きをしたあと，感想文を清書する。	・感想文の書き方を確かめ，友だちとの相互援助や途中での交流も交えて下書きを完成させる。
3	10	・感想文を読み合って交流する。 ・学習したことを振り返る。 ・戦争を題材にした本について話し合う。	・対話や交流を通して，自分の考えとの違いや共通するところに気づかせる。 ・児童の読書体験や希望を交流させる。

🖭収録（画像，イラスト，児童用ワークシート見本）※本書 P25,29,31,33,35,37,39「準備物」欄に掲載しています。

ちいちゃんの
かげおくり
第 ① 時 （1/10）

本時の目標
下巻で学習することを知り、「ちいちゃんのかげおくり」がどんなお話か想像したり、あらましを捉えたりできる。

授業のポイント
下巻の学習開きという意味合いも込めて、教材に関心をもたせる。「ちいちゃんのかげおくり」の展開を想像させて学習の一歩を踏み出させ、意欲づけをする。

本時の評価
下巻の学習内容に関心をもち、「ちいちゃんのかげおくり」がどんなお話かつかめている。

〈想像を膨らませる〉題や挿絵などから想像を膨らませることで、何が書かれているのか興味を抱

板書例

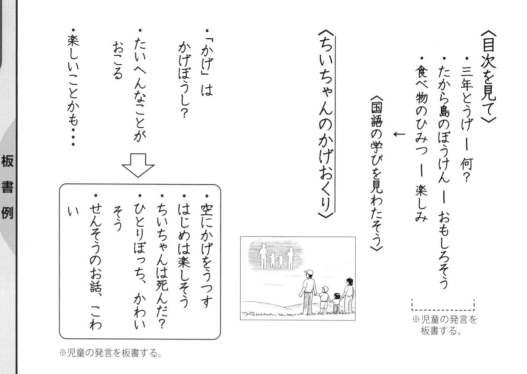

〈目次を見て〉
・三年とうげ ― 何？
・たから島のぼうけん ― おもしろそう
・食べ物のひみつ ― 楽しみ

〈国語の学びを見わたそう〉

〈ちいちゃんのかげおくり〉

※児童の発言を板書する。

・「かげ」はかげぼうし？
・たいへんなことがおこる
・楽しいことかも・・・

↓

・空にかげをうつす
・はじめは楽しそう
・ちいちゃんは死んだ？
・ひとりぼっち、かわいそう
・せんそうのお話、こわい

※児童の発言を板書する。

---

1 始める　扉の詩を読もう。

「今日から下巻の教科書の学習を始めます。表紙をめくって扉のページを開けましょう。」
　・気球に乗って空から見ている！気持ちよさそう！

「これから秋空がきれいな季節になっていきます。扉の詩も青空の詩です。読んでみましょう。」
　　各自で黙読をさせる。

「『わたし』は何を見ていますか。」

空を見ています。まぶしい空、青く青くすんだ空。

わたしの上の空から、一本松の上へ、だんだん遠くの方へ広がっています。

「何を見て、目線はどう変わっていっていますか。」

わたしの上、牛の上、一本松の上。

「『いいなあ』と好きになったところはどこですか。」
　・みんなおんなじに 青く青くすんで…。

「では、この空を想像して声に出して読みましょう。」

---

2 見通す　目次を見てみよう。

「下巻では何を習うのか、目次を見てみましょう。」
　・いっぱい習うなあ。どんな中身なのかな…。
　・モチモチの木は、図書室の本で読んだよ。

おもしろそうだな、と思ったものはありましたか。

「三年とうげ」って、何かな？3年生が越えるとうげじゃないよね。

「たから島のぼうけん」がおもしろそうです。

「食べ物のひみつ」って、何だろう。読むのが楽しみです。

　すでに、教科書を読んでいる児童もいるだろう。話し合いを通して、下巻の学習への期待と見通しをもたせるようにする。

「『国語の学びを見わたそう』も見ましょう。『話す・聞く』『書く』『読む』『言葉』の内容ごとに3年上までの学びも確かめられるように書いてあります。」
　　詳しい説明はしなくてよい。

かせ，主体的に読んでいこうとする姿勢を引き出します。

主体的・対話的で深い学び

・下巻の教科書の第1時間目なので，「こんな学習ができる」という見通しやこれからの学習への期待感をもたせる時間にしたい。そのために，目次や題などから想像したことを話し合って膨らませることで，これからの学習に対する興味をもたせていく。
・最初の教材である「ちいちゃんのかげおくり」についても，「さわり」の部分だけこの時間に扱っておいて，次時からの「読み」に主体的意欲的に取り組めるようにしておく。

準備物

・黒板掲示用イラスト **DVD** 収録【3下_01_01】

ちいちゃんの かげおくり

㊎
下かんでどんなことを学習するか，「ちいちゃんのかげおくり」がどんなお話か知ろう

〈とびらの詩〉

あおぞら
あおぞら
あおぞら
一本松
牛
わたし

---

3 想像する ちいちゃんのかげおくりはどんなお話か，題から想像してみよう。

「はじめに勉強するのは何ですか。」
　・「ちいちゃんのかげおくり」です。

「題が書いてあるはじめのページ（P11）の左の4行を読んでみましょう。」
　・かげおくりって遊びなんだ。
　・主人公はちいちゃんなのかな？
　・ちいちゃんに何かが起こるんだ。

題と4行の文から，どんな物語なのか，予想してみましょう。

かげおくりのかげって，影法師のことかな？

何かたいへんな事件がおこるんじゃないかな。

かげおくりは遊びだから，何か楽しいことかもしれないよ。

話し合って，想像を膨らませる。

---

4 聞く 「ちいちゃんのかげおくり」の範読を聞こう。

「『ちいちゃんのかげおくり』のお話を，読んでいきます。はじめに先生が読みます。どんなお話か聞いてください。」
　　範読または，朗読CDを聞かせる。できれば担任の朗読で，速くならないように場面の間を空けて，児童の様子も見ながら聞かせる。

かげおくりって，空にかげを映す遊びなんだ。やってみようかな。

戦争のときのお話だった。戦争ってこわいなあ。

はじめのかげおくりは楽しそうだったのに・・・。ちいちゃんは死んだの？

ひとりぼっちになってからのちいちゃんが，とてもかわいそうだった。

範読後，児童のつぶやきも聞き取る。

ちいちゃんの かげおくり
第 ② 時 （2/10）

本時の目標
文章構成をつかんで初発の感想を書き，学習課題を確かめ合うことができる。

授業のポイント
5つの場面に何が書かれているかを確かめて，物語の流れを捉えさせる。「ちいちゃんは，死んだ」という記述はないが，そのことも確かめ合っておく。

本時の評価
物語の大まかな展開を捉えて感想を書き，これからの学習内容についての見通しがもてている。

板書例

〈時代背景の理解〉戦争中のくらしについて，児童は知りません。作品の読みを深めるために必要最低限の

〈登場人物〉
ちいちゃん
お父さん
お母さん
お兄ちゃん ｝ 家ぞく
知らないおじさん
はす向かいのおばさん
今の子どもたち

〈はじめの感想を書いて話し合おう〉
・心にのこったこと、思ったこと

〈どんなことを学習？〉

場面をくらべながら読み、感じたことをまとめよう

⬆

勉強したいこと

---

1 つかむ　お話を読んで場面を確かめよう。

「隣同士で交代しながら読みましょう。難しい言葉があったら，線を引いておいて後で調べましょう。」
　　隣同士で交互に音読をしていく。（1ページぐらいずつ）
　　読めない字や間違いなどは教え合わせる。

「いくつの場面に分かれていましたか。場面の間には1行空いています。そこに番号をつけましょう。」
　・5つの場面に分かれています。

　・①は，始めから，「こわい所にかわりました。」まで。
　　5つの場面をみんなで確認していく。

①〜⑤の場面には，それぞれどんなことが書かれていますか。

①は，家族4人でかげおくりをしたことです。次の日にお父さんは戦争に行った。

②は，空襲でちいちゃんがひとりぼっちになった。

③は，お母さんたちを，ちいちゃんが待っている。

---

2 書く　人物やあらすじを確かめ，はじめの感想を書こう。

「この物語には誰が出てきましたか。」
　・ちいちゃんが主人公です。
　・お父さん，お母さん，お兄ちゃん，知らないおじさん，はす向かいのおばちゃん。
　・何十年後かの公園で遊んでいる子どももかなあ。

いつのころのお話でしょう。どんな出来事があったのでしょう。

空襲があって，爆弾で町が焼かれました。

ちいちゃんは，壊れかかった，防空壕で1人待っていた。

「ほしいい」って何かな。ちいちゃんは死んでしまったんだね。

　　感想を書くために，主な内容は確かめておく。簡単に戦争の時代の説明をしてもよい。

「では，このお話を読んで，心に残ったところや思ったことなどはじめの感想を，ノートに書きましょう。」

ことだけを，教師の説明や資料(絵，写真など)で捉えさせます。

ちいちゃんのかげおくり

め 場面にわけて何が書いてあるかたしかめ、
はじめの感想を書こう

1 家ぞく四人でかげおくり→お父さんはいくさへ
2 くうしゅう ちいちゃんはひとりぼっちに
3 お母さんたちをまちつづけるちいちゃん
4 一人でかげおくり・・・ちいちゃんの命がきえた
5 今・・・子どもたちのわらい声

主体的・対話的で 深い 学び

・作品の読みを深めていくために，その前提として，場面ごとに何が書かれていて，それぞれの場面がどのようにつながっているのかという全体の文章構成を捉えさせることが大切である。本時の前半で，対話を交えてこれを共有させておく。

・初発の感想は，上記のことを踏まえて書かせ，交流をすることで作品に対する視野を広げておくのがよい。自分が学びたいことも意識しながら，これからの学習への期待感や見通しをもたせておくことは，主体的に学習に取り組んでいける条件となる。

準備物

3 交流する　はじめの感想を交流し，話し合おう。

「心に残ったのはどんなところだったのか，思ったことを発表しましょう。友だちの感想も聞いて比べましょう。」
　・ちいちゃんは，とてもかわいそうでした。
　・戦争ってとてもこわいなあ，と思いました。
　・戦争がなかったら，ちいちゃんは死なずにすんだ。

どこを読んでそう思ったのか，そう思ったわけも，つけ足して言えるといいですね。

ちいちゃんが1人になったところを読むと，誰か助けてやれなかったのかなあ，と思いました。

4の場面で，空の上でお父さんやお母さんと会えたところが心に残りました。

今の子は，戦争がないので幸せだと思いました。

4 見通しをもつ　学習課題を確かめ，どんなことを学習していきたいか話し合おう。

「ここでは，どんなことを学習するのか，最初のページ（P11）の右上の文で確かめましょう。」
　・場面を比べながら読みます。
　・最後にもう一度感想を書くのかな。
「3年になってから，どんな物語を読んできましたか。」
　・「きつつきの商売」。いろいろな音を聞かせました。
　・「まいごのかぎ」で主人公の気持ちの変化を考えた。

　　教科書P26〜27の「見通しをもとう」「とらえよう〜ひろげよう」も簡単に読んでおく。

どんなことを勉強していきたいか，みんなの意見も出し合いましょう。

教科書に書いてあるけど，はじめと後のかげおくりを比べたいな。

ちいちゃんの気持ちを詳しく考えてみたいな。

お話を読んで，みんながどう思ったか，話したい。

ちいちゃんの かげおくり
第 3 時 （3/10）

本時の目標
お父さんが出征する前日に4人でかげおくりをする様子を読み，家族の気持ちを考えることができる。

授業のポイント
「かげおくり」は，実際にやってみるとどんなものかがよく分かる。時間外にやらせるとよい。ただ，見えにくい児童もいる。

本時の評価
別れの前日にかげおくりをしている様子を読み取り，家族の気持ちを考えている。

板書例

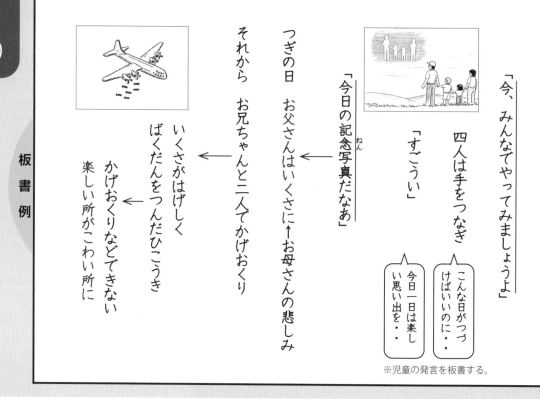

「今、みんなでやってみましょうよ」

四人は手をつなぎ

「今日の記念写真だなあ」

「すごうい」

↑お母さんの悲しみ

つぎの日　お父さんはいくさに

それから　お兄ちゃんと二人でかげおくり

かげおくりなどできない
楽しい所がこわい所に

ばくだんをつんだひこうき

いくさがはげしく

こんな日がつづけばいいのに・・

今日一日は楽しい思い出を・・

※児童の発言を板書する。

---

1 つかむ
1の場面を音読し，設定（時，場所，人物）を確かめよう。

「これから場面ごとに読んでいきます。今日は1の場面です。1の場面を音読しましょう。」

　すらすら読めるように音読を確かにしていく。一人読み，斉読，指名読みなどでの音読の機会を今後もつくり，会話文は読み方を考えて読ませる。

いつ，どこでの出来事ですか。
出てくるのは，誰ですか。

お父さんが「出征」する前の日です。

出てくるのは，お父さん，お母さん，お兄ちゃん，ちいちゃん，仲のいい家族だと思います。

お墓参りに行った帰りです。いい天気の日です。

「教科書のどこで分かりましたか。」
・はじめから3行目～4行目です。

　出征の意味は教科書で確かめさせておく。

2 確かめる
かげおくりをしている人物や出来事の様子を読み取ろう。

「ここは，誰が何をしている場面ですか。」
・家族4人でかげおくりをしています。
「『かげおくり』って知っていましたか。」
・読んで，どんな遊びかがはじめて分かりました。
・かげぼうしをじっと見つめて，10数えたら空を見上げると，かげぼうしが空に映って見える。
「みなさんにもできそうですね。」

4人でかげおくりをしているところを読んで，感じたことを言いましょう。

4人で手をつないで，家族みんな仲がいいんだなと感じた。

家族で一緒にかげおくりを楽しもうとしている。

何か，平和でのどかな感じがします。

　話し言葉の読み方を工夫させる。動作化や役割読みで，家族の平和な姿を捉えさせることもできる。

物などを活用してイメージがわきやすいように工夫して説明をしましょう。

ちいちゃんの かげおくり

め かげおくりをするちいちゃんたちの様子を読みとり、気持ちを考えよう。

いつ	お父さんが出征(せい)する前の日
どこ	先祖(ぞ)のはかまいりの帰り道
だれ	ちいちゃんの家ぞく四人

🔍 主体的・対話的で深い学び

・読み取りの前提となる場面設定（時，場所，登場人物）は，すべての児童が把握できるように留意する。特に，お父さんが出征する前日であることが，家族4人の行動や気持ちと密接に関わってくるので，この点はしっかりと理解させておく必要がある。
・かげおくりをしている家族4人の様子や気持ちを，対話を通してつかませる。友だちの意見を聞いたり，自分の意見を述べることで，新たに気づくこともあり，理解が深められるだろう。

準備物

・黒板掲示用イラスト（第1時使用のもの）
・黒板掲示用イラスト DVD 収録【3下_01_02】

---

3 想像する　かげおくりをしているときの家族の気持ちを考えよう。

「『白い4つのかげぼうし』とは，どれでしょう。挿絵を指してください。」

　　指さしをさせて，隣同士で確かめる。

「白いかげぼうしを，お父さんが『記念写真』と言ったのはどうしてだと思いますか。」
・一緒にいる最後の日だから…だと思います。
・兵隊に行く前の日だから。
・だから，先祖の墓参りにも行ったんだ。

かげおくりをしているときの家族の気持ちを考えて話し合いましょう。

こんな日が，これからも続いたらいいのだけど・・・。

きょう1日は，家族みんなで楽しい思い出を残そう。

お母さんが，今，やってみようと言ったのも・・・。

---

4 比べる　お父さんがいくさに行ってからの様子と，それまでとを比べよう。

「かげおくり」をした後を読みましょう。それまでとは変わったことがありますね。

次の日，お父さんがいなくなりました。戦争に行ったのです。

かげおくりもできなくなって，爆弾を積んだ飛行機が飛んでくるようになりました。

お兄ちゃんと2人で「かげおくり」をするようになりました。

「1の場面のちいちゃんたちを見て，心に残ったところや，思ったことを話し合いましょう。」
・4人でかげおくりをする様子が楽しそうでした。でも，お父さんがいなくなって，かわいそうです。
・お母さんがぽつんと言った言葉が悲しそうでした。
・楽しい所が，こわい所に変わってしまったことです。

　　焼夷弾，空襲警報などは，教科書下欄の説明を読ませ，教師も補足しておくとよい。

本時の目標

空襲でちいちゃんが1人になっていく様子と，周りの状況の変化を読み取り，ちいちゃんの気持ちを考えることができる。

授業のポイント

空襲で逃げ惑う緊迫した様子や焼け跡の様子と，その中でのちいちゃんの姿を文から読み取り想像させる。

本時の評価

出来事の描写や人物の会話から，幼いちいちゃんが1人になっていく姿を読み取り，気持ちを考えている。

板書例

〈場面をリアルに捉える〉 空襲で町を焼かれて逃げ回る緊迫した様子や，焼け跡の様子を絵や写真なども使っ

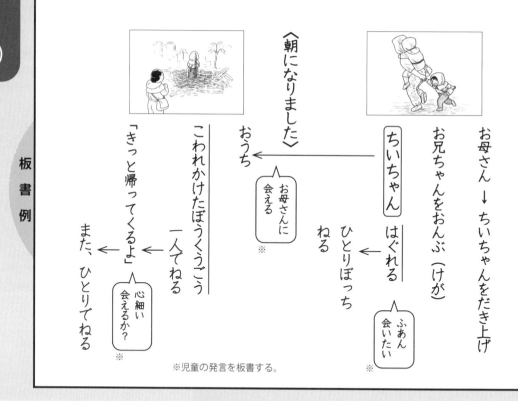

お母さん → ちいちゃんをだき上げ
お兄ちゃんをおんぶ（けが）

ちいちゃん はぐれる → ひとりぼっち
ねる
〔ふあん 会いたい〕※

〈朝になりました〉
おうち
〔お母さんに会える〕※

こわれかけたぼうくうごう
一人でねる
「きっと帰ってくるよ」
また、ひとりでねる
〔心細い 会えるか？〕※

※児童の発言を板書する。

---

1 つかむ 空襲にあった町や逃げる人たちの様子をつかもう。

「①の場面の終わりで，町はどうなっていましたか。」
・焼夷弾や爆弾を積んだ飛行機が飛んで来る。
・かげおくりなどできないこわい所になった。

②の場面の前半「・・・おんぶしました。」までを音読する。
「夏のはじめのある夜，何が起こったのですか。」
・空襲で，町中が火事になった。
「ちいちゃんたちは，どうしましたか。」
・お母さんと手をつないで，走って逃げました。

町や人の様子が分かるところを見つけ，どんな様子か言いましょう。

だれかがさけんでいる言葉から，逃げ回っている様子が分かる。

お母さんの必死の様子が，ちいちゃんやお兄ちゃんへの態度で分かる。

「風があつく」「ほのおのうずが追いかけて」から，火が迫っていることが分かる。

---

2 読み取る とらえる お母さんとはぐれてしまったちいちゃんの様子を読み取ろう。

②の場面の後半を音読する。（斉読，指名読み等）
「逃げている途中でちいちゃんはどうなりましたか。」
・たくさんの人に追い抜かれたり，ぶつかったり・・
・お母さんとはぐれてしまいました。
「だれが出てきましたか。その人は何をしましたか。」
・知らないおじさんです。ちいちゃんを抱いて…。

お母さんとはぐれたちいちゃんの気持ちを考えましょう。それがどこで分かるかも言いましょう。

最後の2行から，がっかりして，ちょっと諦めたような感じがしました。

はぐれて「お母ちゃん・・」と叫んだときは，とても不安で泣きそうだった。次に叫んだときは，一瞬嬉しかった。でも・・・。

「ちいちゃんはお母さんと会えたのですか。」
・会えなかった。ひとりぼっちになった。

てリアルに捉えさせ，その場面での人物の様子や気持ちを考えさせます。

ちいちゃんのかげおくり

め ちいちゃんがひとりぼっちになっていく様子を読みとり、気持ちを考えよう

《夏のはじめの夜》

くうしゅうけいほうのサイレン

赤い火が、あちこち

お母さん → 二人の手をつないで走る

風があつく ←

ほのおのうずが追いかけ

主体的・対話的で深い学び

・空襲の中を逃げ回る場面での「風があつく」「ほのおのうずが追いかけて」「たくさんの人に追いぬかれたり，ぶつかったり」，翌日の「あちこち，けむりがのこって」「家はやけ落ちて」など状況を表す言葉に着目して，できるかぎり場面をリアルに捉えさせる。その状況下でのちいちゃんの姿や心情に，文中の文言を手がかりにして，迫らせていく。児童にとっては，全く経験のない理解が困難な場面ではあるので，話し合いをしながらちいちゃんの姿や心情に歩み寄らせておきたい。

準備物

・黒板掲示用イラスト DVD 収録
【3下_01_03〜3下_01_05】

・干し飯の画像 DVD 収録【3下_01_06】

3 読み取る とらえる 空襲の後の町の様子やちいちゃんの姿を読み取ろう。

③の場面を音読する。「防空壕」の意味や「雑のう」「ほしいい」を持っていた理由も説明する。

「③の場面の始まりは，いつのことですか。」
・橋の下で眠った次の日の朝です。

「町はどうなったでしょうか。」
・全部焼けてしまった。煙が残っている所もある。

「ちいちゃんは誰と出会って，どうしましたか。」
・はす向かいのうちのおばさんと出会って，家のあったところに戻った。ちいちゃんの家も焼けていた。

このときのちいちゃんの様子や気持ちを話し合いましょう。

家にいけばお母さんに会えると思ったんだ。

「なくのをやっとこらえて」のところでちいちゃんの様子が分かるね。

焼けた家の前にいるちいちゃんがかわいそう。

おばちゃんに最後までみてほしかったな・・。

4 話し合う 1人でお母さんを待つちいちゃんの姿や心情について話し合おう。

「ちいちゃんは，どこで眠りましたか。」
・こわれかかった暗い防空壕の中です。

「『お母ちゃんとお兄ちゃんは，きっと帰ってくるよ。』という言葉は，誰かに言っているのでしょうか。」
・自分に言っているみたいです。
・帰って来るか不安だったから，言ったのかな？

「同じ文が繰り返されています。どんな文ですか。」
・雑のうの中の干し飯を少し食べました。
・こわれかかった防空壕の中で眠りました。

繰り返しの文からちいちゃんの姿を想像させる。

防空壕で1人，お母さんを待っているちいちゃんを見て，思うことを書きましょう。

1人で心細かっただろうな。ぼくなら我慢できないな。

まだかな，まだかなと思って待っていたんだろうな。

ちいちゃんの かげおくり

第 5 時 (5/10)

本時の目標
1人でかげおくりをして，死んでしまったちいちゃんの姿を読み取ることができる。

授業のポイント
ちいちゃんの様子を読み取るときは，随時音読や黙読を取り入れ，文に即して考えさせる。

本時の評価
1人でかげおくりをしている様子，お父さんたちと会えた様子，ちいちゃんが死んでしまったことを読み取っている。

〈主人公の気持ちになって〉物語のクライマックスの場面です。読み手の児童も，主人公になったつ

板書例

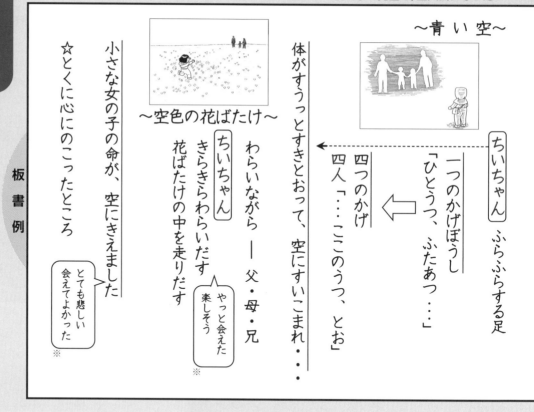

～青い空～

ちいちゃん　ふらふらする足

一つのかげぼうし
「ひとうつ、ふたあつ…」

四つのかげ
四人「…ここのうつ、とお」

体がすうっとすきとおって、空にすいこまれて・・・

わらいながら —— 父・母・兄

ちいちゃん
きらきらわらいだす
花ばたけの中を走りだす

やっと会えた
楽しそう ※

～空色の花ばたけ～

小さな女の子の命が、空にきえました

☆とくに心にのこったところ

とても悲しい
会えてよかった ※

---

1 振り返る / つかむ　前の終わりの場面を振り返り，④の場面を読もう。

「前の場面の終わりで，ちいちゃんはどうしていましたか。」
・防空壕の中で1人で眠って家族を待っていました。
「防空壕の中で，1人になったちいちゃんはどうなったのでしょう・・・。④の場面を読みましょう。」

交代読み，斉読で④の場面を音読する。
「いつのことなのでしょう？」
・前の場面の次の日かな？
・もっと日にちが経っているかも知れないよ。

この場面のはじめのちいちゃんの様子で分かることを言いましょう。

もう太陽が高くなってから起きてきた。

暑いような寒いような気がして，ひどくのどがかわいていた。

ちいちゃんの体が弱ってきているからじゃないかな？

2 読み取る / とらえる　ちいちゃんが，かげおくりをする様子を読み取ろう。

④の前半のかげおくりをする場面（「そのとき，〜空にすいこまれて・・・。」まで）を音読する。
「青い空から，誰の声がふってきたのですか。」
・お父さんお母さんのかげおくりをしようという声。

「たった一つのかげぼうし」とは誰のかげぼうしですか。数えたのは誰ですか。

空に見えたのは，誰のかげですか。

ちいちゃんの声に，お父さん，お母さん，お兄ちゃんの声も重なってきました。

ちいちゃんの家族4人のかげが見えました。

「たった一つ」は，ちいちゃんのかげぼうしです。

「ちいちゃんの体はどうなったか，読みましょう」
・体がすうっとすきとおって，空に・・・。
・お父さんたちの所へ行った・・・死んだのかな？

考えは多様でよい。自由に発表させる。

32

もりで，それぞれの場面での気持ちを考えさせましょう。

ちいちゃんの かげおくり

め ちいちゃんに起こった出来事について考え話し合おう

たった一人でまちつづける

明るい光が顔に ← 「まぶしいな」

暑いような寒いような

「体が弱ってきた？」※

「かげおくりのよくできそうな・・・」

「・・・みんなでやってみましょうよ」

※児童の発言を板書する。

主体的・対話的で深い学び

・最後の展開④では，心に残ったところを自由に出して話し合わせる。この場面では，ちいちゃんの死と，死ぬことで家族とやっと巡り会えたというストーリーになっている。このことをどう捉えるかで話し合いは深まるが，児童がそこに目を向けるかどうかは分からない。場合によっては，教師から，課題を投げかけることがあってもよいだろう。

準備物

・黒板掲示用イラスト DVD 収録【3下_01_07，3下_01_08】

・花ばたけの中に立つちいちゃんのイラスト

DVD 収録【3下_01_09】

---

3 読み取る とらえる 空にすいこまれたちいちゃんの様子を読み取ろう。

④の場面の後半を音読する。

「空の上で，ちいちゃんが見たものは何ですか。」

・空色の花畑が広がっていた。

・笑いながら歩いてくる，お父さん，お母さん，お兄ちゃんの姿です。

お父さんたちと会えたちいちゃんの様子と，そこから分かることを話しましょう。

きらきらと笑い出した。笑いながら花畑の中を走り出した。

やっと会えたという喜びでいっぱいです。

すごく楽しそう。安心して気持ちが軽くなった。

「④の場面の，最後の一文を読みましょう。何が分かりますか。」

・ちいちゃんが，死んでしまったことです。

・どうして，「小さな女の子の命」と書いたのかな？

---

4 深める ④の場面で特に心に残ったところを話し合おう。

「④の場面で特に心に残ったところはどこでしょう。」

④の場面をもう一度黙読させる。

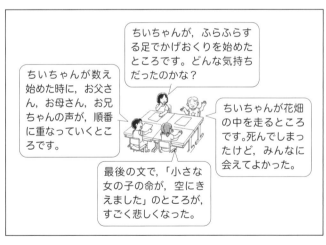

ちいちゃんが，ふらふらする足でかげおくりを始めたところです。どんな気持ちだったのかな？

ちいちゃんが数え始めた時に，お父さん，お母さん，お兄ちゃんの声が，順番に重なっていくところです。

ちいちゃんが花畑の中を走るところです。死んでしまったけど，みんなに会えてよかった。

最後の文で，「小さな女の子の命が，空にきえました」のところが，すごく悲しくなった。

話し合った後で，いちばん心に残ったところをノートに書かせる。（友だちの意見を聞いて変えてもよい。）

ちいちゃんのかげおくり　33

ちいちゃんの かげおくり
第 6 時 （6/10）

本時の目標
2つの「かげおくり」の場面を読み，その様子を比べて同じところや違うところについて考えることができる。

授業のポイント
2つのかげおくりの対比では，違いを中心に話し合い，4の場面は1人だけの「ちいちゃんのかげおくり」だったことに気づかせる。

本時の評価
2つのかげおくりの場面を読み比べて，同じところ，違うところに気づいて整理できている。

板書例

〈対比の時期〉2つの「かげおくり」を対比する場合，それぞれの場面の様子や経過を詳しく読んでき

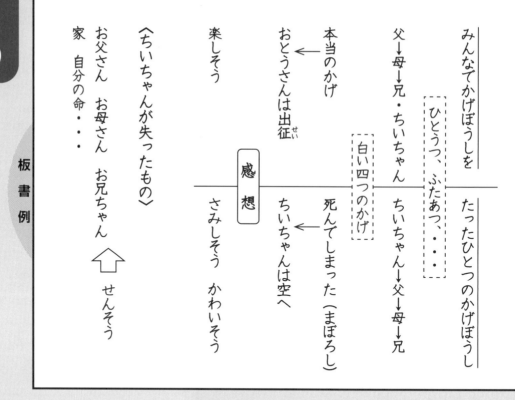

みんなでかげぼうしを
たったひとつのかげぼうし
ひとうつ、ふたあっ、・・・
父→母→兄・ちいちゃん
ちいちゃん→父→母→兄
白い四つのかげ
本当のかげ
おとうさんは出征
死んでしまった（まぼろし）
ちいちゃんは空へ
感想
楽しそう
さみしそう　かわいそう
〈ちいちゃんが失ったもの〉
お父さん　お母さん　お兄ちゃん
家　自分の命・・・
⇧
せんそう

1 読み比べる　2つの「かげおくり」の場面を読み比べよう。

「この物語の題名になっている"かげおくり"をする場面は，どこにありましたか。」
　・1と4の場面です。
「2つの場面がありましたね。2つの場面は同じなのか，違いがあるのか，比べてみましょう。」
　　1と4の場面を音読する。

1の場面は家族4人でしたが，4の場面はちいちゃん1人でした。

空に映った白いかげはどちらも4つでした。

同じところと違うところを，1つずつ見つけましょう。

同じところと，違うところを最低1つずつは確認しておく。

2 まとめる　2つの「かげおくり」をワークシートにまとめて書き入れよう。

「では，それぞれの場面の，同じところ，違うところをワークシートに書きましょう。」

ワークシートを配る。まず，展開1で確認したことを書き入れさせ，やり方を分からせる（同じところは上欄と下欄にまたがるように真ん中に書き入れる。）

あとは，2つの場面を読み比べて，自分で書き入れましょう。

ひとうつ・・・と数えるのは同じ。でも数える人の順番が違う。

1の場面は，家族みんなで楽しそう。

分かりにくい児童には，個別に助言したり，隣同士で助け合わせる。
「それぞれ，どんなかげおくりだと思ったのか，思ったことも書いておきましょう。」

34

てからの方が, 話し合いが深まります。

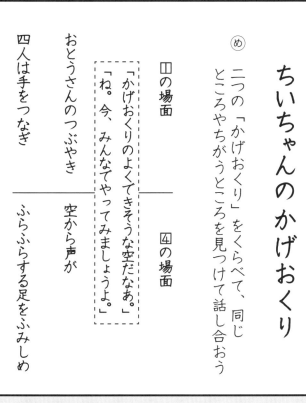

ちいちゃんのかげおくり

⋒ 二つの「かげおくり」をくらべて、同じ
ところやちがうところを見つけて話し合おう

| 1の場面 | 4の場面 |

「かげおくりのよくできそうな空だなあ。」

「ね。今、みんなでやってみましょうよ。」

おとうさんのつぶやき　　空から声が

四人は手をつなぎ　　ふらふらする足をふみしめ

主体的・対話的で 深い学び

・まず, 2つの「かげおくり」を比べて, ワークシートにまとめられることが前提となる。同じところと違うところを全体の作業で見つけて, ワークシートに書き込むところまでをさせる。見つける対照と書き方が分かったところで, 個人別の作業に取りかからせる。この段階でも分かりにくい児童に対しては, 教師の助言や友だち同士の教え合いが必要になる。

・授業の後半は対話活動が中心になる。互いに見つけたことや考えたことを交流し合い, そのことで理解を深めさせていく。

準備物

・ワークシート (2つの「かげおくり」をくらべよう)
（児童用ワークシート見本
📀 収録【3下 _01_10】）

3 見つける　同じところ, 違うところを見つけて話し合おう。

「まず, 同じところは, どこでしたか。」
・順番に声が重なっていくところが同じです。
・どちらも, お父さんの声で始めました。
・どちらも, お母さんがみんなでやろうと言いました。

では, 違うところも話し合って確かめていきましょう。

1では, お父さんはつぶやいたけど, 4では, 声が空からふってきた。

1では4人の本当のかげが映ったけど, 4は違うと思う。4人とも死んじゃったんだよ。

1ではお父さんが数え始めたけど, 4ではちいちゃんが数え始めた。

「それぞれのかげおくりの感想も話し合いましょう。」
・1は楽しそうだけど, 4は寂しいかげおくりです。
・でも, その後のちいちゃんは楽しそうだよ。
・だけど, 死んじゃったんだよ。楽しくなんかない！

4 考える　ちいちゃんの周りから失われたものは何だろう。

2つのかげおくりの間に, ちいちゃんの周りから失われたものは何か, 考えましょう。

家も焼けてなくなった。

お父さんが戦争に行ってしまった。

最後は, 自分の命もなくしてしまったね。

お母さんやお兄ちゃんともはぐれてしまった。

「大事な人, 物がみんななくなってしまって, 『1人だけのかげおくり』になったのですね。」
「そのあと, 空の上ではどうだったのでしょう。」
・また, お父さんたちと会えました。
・「かげおくり」をしたからです。
・4人とも死なないで, かげおくりができたらもっとよかったのに・・・。
「戦争で, こんなことになってしまったのですね。」

ちいちゃんの かげおくり

第 7 時 （7/10）

本時の目標
⑤の場面の役割について，他の場面との関わりも考えて意見をまとめ，発表することができる。

授業のポイント
「場面の役割」を捉えることは，3年生にとっては難しい。④と⑤の場面の対比や⑤の場面の感想から，ちいちゃんが登場しない⑤の場面の役割に気づかせる。

本時の評価
⑤の場面の役割について，他の場面とも関わらせて捉えている。

板書例

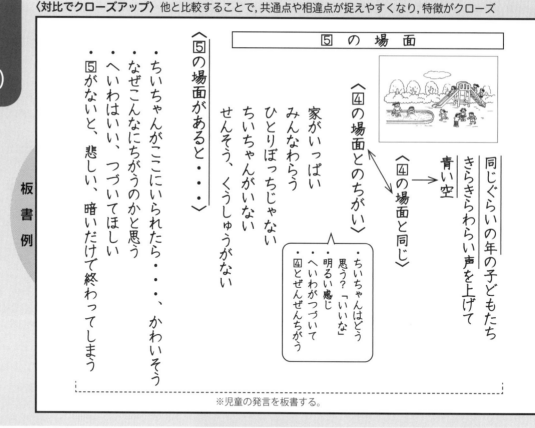

〈対比でクローズアップ〉他と比較することで，共通点や相違点が捉えやすくなり，特徴がクローズ

⑤ の 場 面

同じぐらいの年の子どもたち

きらきらわらい声を上げて

青い空

→〈④の場面と同じ〉

〈④の場面とのちがい〉
・ちいちゃんはどう思う？「いいな」
・明るい感じ
・へいわがつづいて
・④とぜんぜんちがう

〈⑤の場面があると・・・〉
・ちいちゃんがここにいられたら・・・，かわいそう
・なぜこんなにちがうのかと思う
・へいわはいい，つづいてほしい
・⑤がないと，悲しい，暗いだけで終わってしまう

家がいっぱい
みんなわらう
ひとりぼっちじゃない
ちいちゃんがいない
せんそう，くうしゅうがない

※児童の発言を板書する。

---

1 つかむ　⑤の場面は，いつ，どこで，誰が何をしている場面だろう。

「⑤の場面を読みましょう。」
　　まず一人読みをさせ，その次に斉読をさせる。

「それからとは，いつからのことでしょう。」
　・ちいちゃんが死んでしまってからです。
「また，いつのことで，場所はどこでしょうか。」
　・ちいちゃんが死んでしまってから，何十年も経っています。
　・ちいちゃんがかげおくりをしたのと同じ場所です。
　・小さな公園になっています。

公園では，誰が，何をしていますか。

きらきら笑い声を上げて遊んでいます。

とても楽しそうです。

お兄ちゃんやちいちゃんぐらいの子どもたち。

---

2 見つける　④と⑤の場面を比べて，同じところと，違うところを見つけよう。

④の場面を音読させる。

「④の場面と⑤の場面で同じところを見つけましょう。」
　・子どもたちの年が同じぐらいです。
　・どちらも同じ青い空です。
　・「きらきら」という笑い声も同じです。

次は，④の場面と違うところを見つけましょう。

みんな笑っているみたいです。ひとりぼっちじゃありません。

家がいっぱい建っています。

もう，戦争も空襲もありません。

ちいちゃんは，ここにはいません。

「戦争のない，こういう様子を平和，というのです。」

アップされます。ここでは，⑤場面の役割がクローズアップされます。

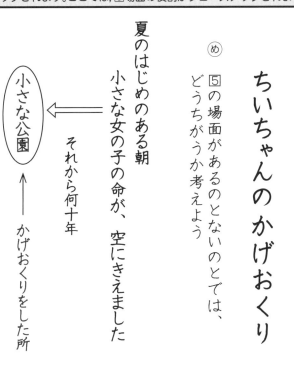

ちいちゃんのかげおくり

め ⑤の場面があるのとないのとでは、
どうちがうか考えよう

夏のはじめのある朝
小さな女の子の命が、空にきえました

それから何十年

小さな公園 ← かげおくりをした所

主体的・対話的で深い学び

・⑤の場面の役割を的確に捉えることは，3年生の児童には難しい。⑤の場面があるのとないのとでは読んだ感じが確かに違うということをできるだけ具体的に捉えさせたい。そのために，④と⑤の場面の対比や⑤の場面の感想を話し合わせる。同じ場所に同じ年頃の子どもがいるのに，こんなにも違うんだということが具体的に理解できる。「⑤の場面があるから，こんなことが分かるんだ」と気づけば，3年生なりに⑤の場面の役割が分かったと言えるだろう。

準備物

・黒板掲示用イラスト **DVD** 収録【3下_01_11】

---

3 書く ⑤の場面を読んだ感想を書いて，交流しよう。

「今の公園の場面を読んで思ったこと，感じたことなどをノートに書きましょう。」

　メモ程度の簡単な感想でもよいので書かせる。隣同士で少し話し合って書いてもよいことにする。

・④までの場面と，全然違う感じがする。
・ちいちゃんがいないことについて書こうかな・・・。

書けたら班の中で発表して話し合いましょう。

ちいちゃんが，こんな様子を見たら，どう思うかな。

ちいちゃんは，きっと，「いいな」「うらやましいな」と言うと思う。

こんな平和なときがずっと続くといいなあ。

④の場面より，明るい感じがするなあ。

---

4 考える 深める ⑤の場面があるのとないのとでは，どう違うか考えよう。

「⑤の場面があるのとないのとはどう違うでしょうか。今日勉強してきたことや，④の場面までの内容と比べてみて考えましょう。」

⑤の場面があると，今は平和でよかった，平和がずっと続いてほしいという気持ちになるわ。

同じ場所に，同じ年の子どもでも，こんなに違うのかと思ってしまう。ちいちゃんがかわいそう。

ちいちゃんが死んだところで終わったら，悲しい感じだけが残って，暗い気持ちになりそう。

ちいちゃんがここにいたら・・・とか，いろいろ想像できるね。

　グループで話し合ったことを，全体でも報告し合って共有できるようにする。

ちいちゃんの かげおくり

第 8,9 時 (8,9/10)

本時の目標
感想文の書き方を知り，いちばん心を打たれたところを中心に，感想文を書くことができる。

授業のポイント
ワークシートに『はじめ』『中』『終わり』に分けて，下書きさせ，それをもとにして，清書の文章を書かせていく。

本時の評価
心に残ったことや感じたこととそのわけが分かるように，感想文を書いている。

板書例

〈文の組み立てと下書き〉『はじめ』『中』『終わり』で文の構成をしっかりと立てさせます。下書きは，項目ごと

〈感想文の書き方〉

心にのこっていること　心をうたれたこと
感じたこと　　　　　　つたえたいこと

→ 感想文を書く

はじめ
はじめに思ったことは・・・です
いちばん心にのこった（心をうたれた）ことは・・・
わたしは・・・感じました

中
・・・心にのこったのは・・・からです。・・・・
そう感じた理由は・・・・

終わり
今，思うことは・・・・
わたしが考えたことは・・・・

---

1 読む　言葉の使われ方に気をつけて全文を読もう。

教科書 P26 の「言葉」のところを読ませる。

「言う」「つぶやく」「きき返す」はどこで出てきて，どう違うのですか。

「言う」は何度も出てくる。「つぶやく」はお父さん。

「つぶやく」は小さな声で独り言みたい。「きき返す」は，もう一度尋ねる時だね。

「さけぶ」というのもあった。大声で激しく言う。空襲の時，誰かが叫んだ。

「きき返す」は，お兄ちゃんだね。

同様に，「見る」「見上げる」「見つめる」についても話し合っておく。

「では，言葉に気をつけて，人物のしたことや気持ち，まわりの様子を想像しながら，はじめから読んでみましょう。」
各自で，黙読をさせる。

2 つかむ　文の書き方や組み立てを確かめよう。

「今日は，『ちいちゃんのかげおくり』を読んだ感想を書きます。どんなことが大事でしょう。」
・いちばん心に残ったこと，心を打たれたことを書く。
「文章は，どんな組み立てで書けばよいのですか。」
・『はじめ』『中』『終わり』です。
・中心になるのは『中』です。

教科書 P27「まとめ方のれい」を読ませ，どんなことを書けばよいか，つかませる。

「まとめ方のれい」を『はじめ』『中』『終わり』に当てはめたら，どうなりますか。

自分が感じていることを短く表すのが『はじめ』です。

理由を書くところが『中』になると思います。

じゃあ，『終わり』は，自分の考えや意見を書けばいいね。

に分けたり箇条書きにする方法と，一続きの文として書かせる方法があります。

ちいちゃんのかげおくり

め　感想文の書き方を知り、組み立てを考えて書こう

にている言葉
- 言う → つぶやく／きき返す／さけぶ
- 見る → 見上げる／見つめる

← 言葉に気をつけて読もう

〈感想文に書きたいこと〉

主体的・対話的で深い学び

・感想文の書き方をまずつかませ，自分が書く文章についてのイメージや見通しをもたせる。教科書の「まとめ方のれい」や，上の教科書で学習した『はじめ』『中』『終わり』という文の組み立てをおさえて，ワークシートに下書きをさせる。本時は，書くことが中心となり，対話を深める場面はあまりないが，書く過程で隣同士やグループでの相談，交流，対話も適宜取り入れさせ，文の書き方や書く内容についての理解を深めさせる。

準備物

・ワークシート（感想文の下書き用）
（児童用ワークシート見本
DVD 収録【3下_01_12】）

---

3 読む・書く　下書きを読み合いながら，書いていこう。

「感想文の下書きをしましょう。」
　ワークシートを配り，□の中に書き込ませる。
・いちばん心に残っているのは，ちいちゃんがこわれかけた防空壕でお母さんを待っているところだ。
・どう書いたらいいか・・・思いつかないな。

　どう書けばよいのか，実例がないと書きにくいものである。書いている途中であっても，下書きをいくつか読みあげ参考にさせる。

途中でよいので，書いている感想を，いくつか読んでもらいましょう。

（「はじめ」）何で，ちいちゃんが死んでしまったのか，今ならきっと笑って・・・

（「中」）・・・これが，家族での最後の「かげおくり」になったからです。・・・

ぼくも書けそうな気がしてきた。

---

4 書く　感想文を清書しよう。

「ワークシートに書いた感想文をもう一度読み直しましょう。書き足したいことや付け足したいことがあれば書き入れながら，清書しましょう。」

隣同士で相談してもいいですよ。君は，どんなところが「かわいそう」と，思ったのかな？

ちいちゃんがとてもかわいそうだと思いました。それで，ええっと・・・。

どうして，ちいちゃんは，深くうなずいたんだと思う？わたしは分からない。教えてよ。

　抜き書きや，あらすじだけの場合は，「感想」を書けるように助言，援助をする。書きにくい児童には，ワークシートの「はじめ」「中」「終わり」の書き出しの文言を使わせるのも手立ての1つである。

「書けたら，書き直すところはないか，もう一度読み返しておきましょう。」

本時の目標

感想文を読み合い，友だちの感想との違いに気づき交流ができる。学習の振り返りができる。

授業のポイント

それぞれ感じ方や文章の書き方に違いがあることに気づかせ，違いを認め合えるようにさせたい。

本時の評価

友だちの感想を読み，感じ方や書き方の違いに気づき，それを認めようとしている。

板書例

〈発表を聞いて〉自分の書いた内容や考えとの違いや同じところ（特に違い）を意識して聞くこと

〈学習をふり返る〉

○はじめとさいごの感想をくらべる
（れい）
　・理由が書けるようになった
　・心をうたれたことがかわった

○「ふりかえろう」「たいせつ」「いかそう」

　学習したことを思い出して

┌─────────┐
└─────────┘
※児童の感想

〈せんそうのころの物語を読もう〉

　　　　　⬆
　　　読んでみよう

　・おかあさんの木
　・かわいそうなぞう
　・えんぴつびな
　　　　　　　など

---

1 読む 伝える — 感想文を読み合い，意見を伝えよう。

「『ちいちゃんのかげおくり』の感想文を，グループで読み合います。1人ずつ読んで全員が発表します。」

　1人の感想文の読み上げが終わるごとに，他のメンバーが意見を言う。

　感想文の発表の仕方は多様になる。いくつかをプリントしておき，全員で同じ感想文を読み合い，話し合うのも多様な意見が出て効果的である。

2 発表する 話し合う — みんなの前で発表し，話し合おう。

「みんなで青木さんの発表を聞きましょう。後で，発表内容について意見を出してください。」

　全体発表する感想文は希望者だけでなく，前もって教師が，話し合いになりそうな感想文をいくつか選んで発表させるとよい。

「次は，藤原さんの発表を聞きましょう。同じように後で意見を出してください。」

　全員の感想文を掲示して，後で読めるようにする。

で，発表に対する意見を持つことができやすくなる。

主体的・対話的で深い学び

・感想文をグループ内で読み合い，自分の感想と比べることで，一人ひとりの感じ方や表現の仕方に違いがあることに気づかせる。また，自分とは違う感想を聞くことで，作品に対する捉え方を広げることになる。全体での発表は，議論になりそうな感想を選んで発表させ，話し合わせることで，作品への理解を深めることをねらいとする。

準備物

・前時に書いた児童の感想文

（板書）

ちいちゃんのかげおくり

め 感想文を読み合い、自分の考えとくらべよう
学習したことをふり返ろう

★ グループで感想文を読み合う
　　→ つたえる
　　自分と同じところ、ちがうところ
　　思ったこと、よいところ

★ みんなに発表する
　　→ 話し合う
　　自分の意見 → 作品について思ったこと

---

③ 振り返る　学習を振り返ろう。

「はじめに書いた感想と，最後に書いた感想を比べてみましょう。」
・はじめは，ただかわいそうだと思っただけでしたが，最後はなぜそう思ったのかも書けました。
・心を打たれたことが変わりました。

教科書の「ふりかえろう」を見て，自分はどうだったか出し合いましょう。

戦争があったから，こんな悲しい目にあうのだと思うようになりました。

話し言葉や場所の様子を表す言葉から場面の様子を想像したよ。

感想文を書いたことで，自分の考えがまとめられた。友だちの考えも分かった。

「『たいせつ』や『いかそう』も読んで，身についた力を確かめておきましょう。」

④ 広げる　戦争に関係する他の本も読んでみよう。

「『ちいちゃんのかげおくり』は，75年以上も前の戦争の時代のお話です。他にもこの頃のことを書いたお話があります。何か読んだ本はありますか。」
・「ひろしまのピカ」を読んだことがあるよ。
・「チロヌップのきつね」を読みました。

教科書にも本が紹介してあります。どれを読んでみたいですか。読んだ本はありますか。

「えんぴつびな」が読みたい。「次の日」に何が起きたのかな？

「かわいそうなぞう」は読みました。食べ物をほしがる象がかわいそうでした。

「おかあさんの木」を読んでみたいです。

本時に限らず，機会を見つけてどれかを読み聞かせるとよい。

「みなさんも，戦争の頃のお話を読んでみましょう。」

修飾語を使って書こう

◎ 指導目標 ◎

・主語と述語との関係，修飾と被修飾との関係について理解することができる。
・言葉には性質や役割による語句のまとまりがあることを理解することができる。

◎ 指導にあたって ◎

① 教材について

　主語と述語は，文の骨格として２年で学んでいます。ここでは，主語や述語を詳しくしている言葉があることに気づかせ，それを「修飾語」ということを教えます。修飾語には「いつ」「どこで」「何を」「どのように」など，いろいろなものがあります。そして，主語と述語だけの文では分かりにくかったことが修飾語によって詳しくなったり，文の意味が定まったりすることに気づかせます。３年では，主語，述語だけの文に修飾語を付け加えさせていき，文がより詳しく分かりやすくなることを実感させるようにします。「修飾」という言葉や「…に係る」といった言い方は，３年生にとっては分かりづらいでしょう。ここでは，実例を通して「後にくる語を分かりやすく詳しくしている言葉」などと言い換えて，理解させておきます。慣れるためにも折に触れて「これは修飾語だね。」「この『ゆっくり』は『歩く』に係っているね。」などと，使って見せていくとよいでしょう。

② 主体的・対話的で深い学びのために

　修飾語を文中で見つけたり，修飾語のある文を書く場合，文の基本形である主語と述語から出発します。主語と述語を文中で見つけ，それとの関係で修飾語を見つけていく。主語と述語だけの文に修飾語を加えていく。この基本を踏まえることで，修飾語の理解が難しい児童も分かりやすくなるでしょう。それは，その児童たちの学習意欲につながり，主体的な学習態度を引き出すことになるでしょう。問題を使っての練習では，まず自力で答えを考えさせます。その上で，対話を重ねることで，視野を広げ理解をより確かなものにしていきます。

◎ 評価規準 ◎

知識 及び 技能	・言葉には性質や役割による語句のまとまりがあることを理解している。 ・主語と述語との関係，修飾と被修飾との関係について理解している。
主体的に学習に取り組む態度	今までの学習をいかして，修飾と被修飾の関係について理解しようとし，積極的に言葉の役割や性質を捉え直そうとしている。

次	時	学習活動	指導上の留意点
1	1	・「花が」「さきました」という主語と述語だけの文に，言葉を付け足すことで，詳しく分かりやすい文になることを確かめる。 ・文の意味を詳しくする言葉を「修飾語」ということを教科書で確かめる。 ・修飾語を使って，さらに詳しい文を作る。 ・修飾語が，どの言葉に「係って」いるか考える。	・主語と述語は，文の骨組みであり，修飾語はそれに肉づけして分かりやすくしていることに気づかせる。 ・文を詳しくしていく活動を通して，修飾語の役割に気づかせていく。
	2	・例文から，主語，述語，修飾語を見つけ出し，どの言葉がどの言葉に係るか考える。 ・問題文で，修飾語がどの言葉に係っているか見つける練習をする。 ・主語と述語だけの文に修飾語を付け加えて詳しくしたり，写真を見て修飾語を使った文を作る練習をする。 ・修飾語を使うゲームをする。	・はじめに教師が提示する例文は，教科書の文から，分かりやすい文を選んでおく。 ・教科書の練習問題は，まず自力で答えさせ，その後で友だちと交流して確かめさせる。 ・最後はゲームの形でまとめを兼ねた練習をさせる。

DVD 収録（言葉カード）

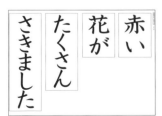
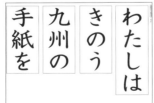
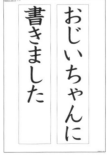
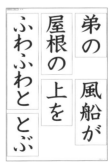

修飾語を使って書こう
第 1 時 （1/2）

本時の目標
修飾語を付け加えると文の意味が分かりやすくなることに気づき，修飾語がどの言葉に係るかを判別することができる。

授業のポイント
文法学習的に進めるのではなく，より詳しく分かりやすい文に書いていくことを通して，修飾語の働きに気づかせる。

本時の評価
修飾語の働きを理解し，修飾・被修飾の関係がつかめている。

板書例

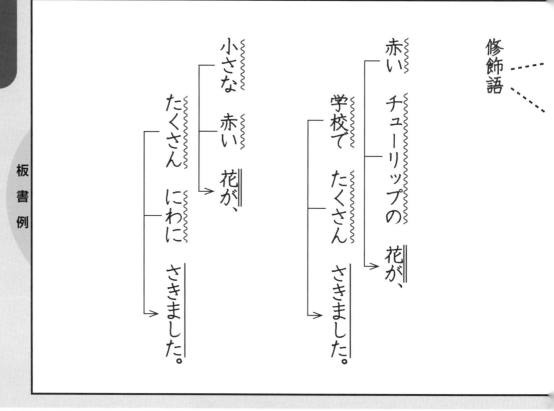

〈板書用カード〉本時のように言葉を次々と付け足していくような板書の場合，事前の手間はかかりますが，言

---

1 加える　もっと詳しく分かりやすい文にしよう。

　教科書を閉じたままで黒板に「花が」「さきました」のカードを貼り，声を出して読ませる。

　「赤い」のカードを加えて，声に出して読ませる。
「『さきました』にも，1つ言葉を付け足しましょう。」
　・「たくさん」を付け足します。
　・どのくらい咲いたか，分かるね。

　「たくさん」のカードも黒板に加えて貼る。
「はじめの文と，声に出して読み比べましょう。」
　・どんな花が，どのくらい咲いたか，分かりやすくなりました。

2 知る　「どんな」や「どのくらい」を表す言葉は，何というのだろう。

　文を，分かち書きでノートに書かせる。
「『赤い花がたくさんさきました。』－この文の<u>主語に赤，述語に青の線を引きましょう</u>。」

　ここで教科書を開き，簡単に主語，述語の復習（P29を参照）をする。
　・主語は「花が」です。
　・述語は「さきました」です。

「このような言葉を何というか，教科書で確かめましょう。」
　・<u>「修飾語」</u>です。

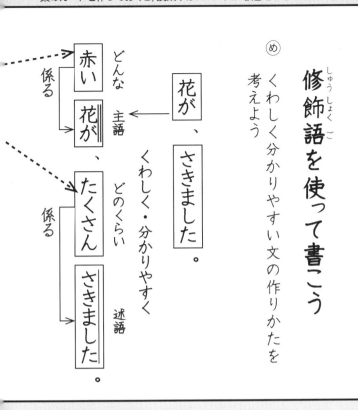

修飾語を使って書こう

⊕ くわしく分かりやすい文の作りかたを考えよう

花が、さきました。

花が ← 主語

さきました。← 述語

赤い → どんな
花が → 主語
係る

たくさん → どのくらい
さきました。→ 述語
くわしく・分かりやすく
係る

🔍 **主体的・対話的**で**深い学び**

・主語と述語だけの文を，より詳しく分かりやすい文にするために，修飾語を付け加えていく。グループで話し合いながら言葉を見つけていくことで，より多くの言葉が見つけられたり，間違った言葉の選択をしても注意しあえるだろう。

・修飾語と被修飾語の関係も，友達と確かめ合いながら考えていくことで理解していくことができる。

準備物

・言葉カード（板書用）📀 収録【3下_02_01】

---

3 考える もっと詳しい文にするために，付け足す言葉を考えよう。

「『赤い花が，たくさんさきました。』の文を，もっと詳しくすることは，できないでしょうか。」

　・できるよ。今，一つ思いついたよ。

「では，グループでどんな言葉が付け足せるか，話し合いましょう。」

「チューリップの」を付け足したら，何の花か分かるよ。「赤いチューリップの花が，たくさん咲きました。」

「学校で」を付け加えたら，どこで咲いたかわかる。

これで，文は「赤いチューリップの花が，学校でたくさん咲きました。」になったね。

もうないかな。まだ付け足せそうだけど・・・。

「考えた文を，クラス全体で発表しましょう。」

　・私たちが考えた文は「小さな赤い花が，たくさん庭に咲きました。」です。

「みんなが付け足した言葉も，修飾語です。」

---

4 考える 修飾語がどの言葉を詳しくしているのか，つながりを考えよう。

「『赤い』は，どの言葉を詳しくしていますか。『たくさん』は，どの言葉でしょう。」

　・「赤い」は，「花」を詳しくしています。

　・「たくさん」は，「さきました」を詳しくしています。

「『赤い』があると，どんな花かよく分かり（詳しく分かり）ますね。これを『係る』といいます。『たくさん』は，『咲きました』に係って，どのくらい咲いたかよく分かるようにしています。」

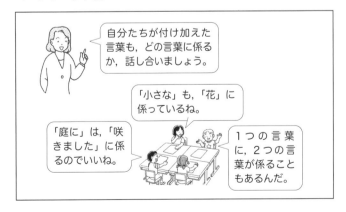

自分たちが付け加えた言葉も，どの言葉に係るか，話し合いましょう。

「小さな」も，「花」に係っているね。

「庭に」は，「咲きました」に係るのでいいね。

1つの言葉に，2つの言葉が係ることもあるんだ。

修飾語を使って書こう

第 2 時 （2/2）

本時の目標

文に修飾語を付け足したり，文から修飾語を見つけたりするなどで，修飾語についての理解を深める。

授業のポイント

分かりやすい例文を提示するために，例文は児童に選ばせず，教師が選び準備しておく。まず，主語と述語を確かめてから，修飾語を見つけさせる。

本時の評価

修飾語の働きを理解し，修飾語を付け足したり，文中の修飾語を見つけ出すことができている。

板書例

〈クイズの活用〉児童は，クイズが好きです。自分たちで問題が作れるように指導しておけば，朝学習や自由

① 〈だれの〉
弟の　風船が、

② 川の水が、はげしく流れる。

③ 自てん車でやってきた男の子が、川で魚をつっている。

〈何の〉〈どこを〉〈どのように〉
屋根の　上を　ふわふわと　とぶ。

〈修飾語つけたしクイズ〉
朝早くおおぜいの客が、とつぜん家に来た。

---

1 見つける 例文から主語，述語，修飾語を見つけよう。

「白い四つのかげぼうしが，すうっと空に上がりました。」
と，板書する。
・「ちいちゃんのかげおくり」の文だね。
「この文で，主語と述語はどれでしょう。」
・主語は，「かげぼうしが」です。
・述語は，「上がりました」です。

時間があれば，社会科や理科の教科書などからも，主語，述語のはっきりした文を選んで練習させる。

2 考える どの言葉に係っているのだろう。

「教科書の①の問題です。一つ目の文の◯◯の言葉は，どの言葉に係っているのか考えましょう。」
・「きのう」は，ええっと・・・「書きました」です！
・「九州の」は，簡単だ。「おじいちゃん」です。
・「おじいちゃんに」「手紙を」は，「書きました」。
「係る言葉が離れていても，『きのう－書きました』のように，つなげて言ってみれば分かりやすいね。」

教科書下段の「これらの，『いつ』『どこの』・・・修飾語です。」も読んで確認しておく。

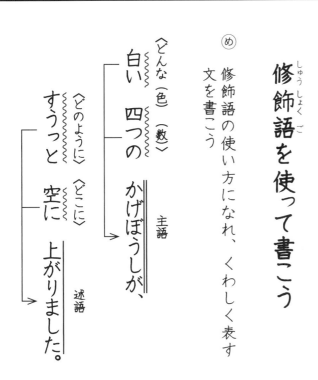

修飾語を使って書こう

め 修飾語の使い方になれ、くわしく表す文を書こう

〈どんな（色）（数）〉
白い　四つの　かげぼうしが、　主語

〈どのように〉〈どこに〉
すうっと　空に　上がりました。　述語

主体的・対話的で深い学び

・教科書の問題は，まず，自力で答えを見つけ出させる。次に，グループなどで交流をさせる。自分とは違った答えが出てきたり，自分が気づかなかったことが出てきたりすれば，それだけ理解が広がり，時には深まることもある。最後は，ゲーム感覚で修飾語を見つけさせることで，児童の意欲を引き出し，自主的な学習でも活用できるようにしておく。

準備物

・言葉カード（板書用）🟠DVD 収録【3下_02_02～3下_02_04】

3 書く　修飾語を使って，文を詳しく書こう。

「教科書②の問題も，ノートに書いていきましょう。」
・水が，激しく流れる。もっと詳しくできるなあ。川の水が，激しく流れる。

　同じようにして，４つの文を詳しくしていく。出来た文を隣同士で見せ合って，さらに詳しく出来ないか対話をさせてもよい。

次は問題③です。まず，写真から分かることを出し合います。その後で，主語と述語だけの文を作り，そこに修飾語を加えていきましょう。

男の子が魚釣りをしている写真だね。

自転車が置いてあって，犬もそばにいるよ。

主語と述語の文は，「男の子が，釣っている。」

「小さな犬が，魚釣りの男の子をじっと見ている。」でもいいね。

「自転車でやってきた男の子が，川で魚を釣っている。」

4 応用する　「修飾語付け足しゲーム」をしよう。

「問題①で『いつ』『どこの』などに当たる言葉も修飾語だと分かりました。もっと他にもありますね。」
・どこで，どこを，だれを，どんな，どのくらい・・・
・数や色もそうでした。

　できるだけ多く板書して，ゲームの参考にさせる。

「修飾語付け足しゲーム」をします。「客が，来た。」この文に班で１人ずつ順番に修飾語を付けていきます。

朝早く

大勢の

突然

家に。全部併せて，「朝早く大勢の客が，突然家に来た。」です。

　全員に回ったら，文を発表させる。班以外で，列ごとでもよい。主語＋述語の例文を，自分たちで考えて問題を作らせれば，授業時間以外でも出来る。

秋のくらし

◉ 指導目標 ◉

・語句の量を増し，話や文章の中で使い，語彙を豊かにすることができる。
・経験したことや想像したことなどから書くことを選び，伝えたいことを明確にすることができる。

◉ 指導にあたって ◉

① 教材について

　教科書に載せられている「虫の声」の歌や挿絵，児童の経験などを手がかりにして，秋に関係する言葉を知り，語彙を豊かにしていきます。秋は，夏の暑さが和らぎ，過ごしやすい季節となります。「食欲の秋」「読書の秋」など多くの「○○の秋」と呼ばれるのも，秋の気候の特色によるものです。こうした秋の季節としての特色にも気づかせます。

　この教材では，自分の身の回りで見つけた秋，自分が体験した秋をもとに，「秋」についての文章を書き，交流をします。語彙を豊かにすると同時に，様々な秋を感じ取り，感性も豊かにしたいものです。

② 主体的・対話的で深い学びのために

　児童が体験している秋，一人ひとりが感じ取っている秋は，それぞれ違うでしょう。グループでの対話やクラス全体での交流を通して，自分が気づかなかった秋を発見させ，「秋」のイメージを膨らませていきます。

　それをもとにして，身の回りにある「秋らしさ」を見つめ直し，感じ取ったものを文章に書かせます。書いた文章について感想を伝え合うことで，「秋」をより豊かに捉えられることが期待できます。

知識及び技能	語句の量を増し，話や文章の中で使い，語彙を豊かにしている。
思考力，判断力，表現力等	「書くこと」において，経験したことや想像したことなどから書くことを選び，伝えたいことを明確にしている。
主体的に学習に取り組む態度	積極的に語句の量を増やし，学習課題に沿って，その季節らしさを表現した文章を書こうとしている。

● 学習指導計画　　全 2 時間 ●

次	時	学習活動	指導上の留意点
1	1	・教科書の「虫の声」の歌や絵から感じたことや思ったことを話し合う。 ・「○○の秋」と言われるのはなぜか考える。 ・「秋だなあ」と感じるのはどんな時か交流する。	・教科書を見たり話し合ったりして，「秋」に関係する言葉をたくさん見つける。 ・気温や天候などから，秋が過ごしやすい時期であることに気づかせる。
	2	・身の回りで見つけた「秋」を発表し合う。 ・秋を感じたものについて，文章を書く。 ・書いた文章を発表し，感想を伝え合う。	・「秋」のイメージを膨らませてから，文章を書くようにする。 ・書いた文章を交流し，「秋」の暮らしやよさを感じ取らせる。

DVD 収録（画像）※本書 P54, 55 に掲載しています。

秋のくらし

第 1 時 （1/2）

本時の目標

「秋」に関わる歌や絵から話し合ったり，言葉を出し合ったりして，秋のイメージを広げ，秋に関わる語句を増やすことができる。

授業のポイント

教科書の歌，絵などから感じたことを出し合ったり，話し合ったりして，秋に関わる言葉をたくさん出し合い，秋のイメージを描かせる。

本時の評価

「秋」に関する話し合いを通して，秋のイメージを広げ，秋を表す言葉を増やしている。

板書例

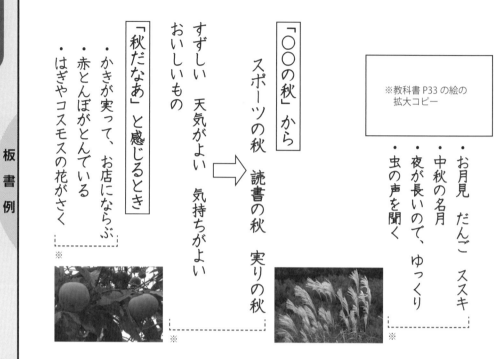

「○○の秋」から

スポーツの秋　読書の秋　実りの秋

すずしい　天気がよい　気持ちがよい
おいしいもの

「秋だなあ」と感じるとき
・かきが実って，お店にならぶ
・赤とんぼがとんでいる
・はぎやコスモスの花がさく
※

※

・お月見　だんご　ススキ
・中秋の名月
・夜が長いので，ゆっくり
・虫の声を聞く
※

※教科書 P33 の絵の拡大コピー

※児童の発言を板書する。

---

1 感じ取る　「虫の声」を歌って，感じたことを話し合おう。

「教科書の『虫の声』の歌を知っていますか。」
　・知っているよ。
「では，みんなで歌ってみましょう。」
　　　全員で「虫の声」の歌を合唱する。

「松虫，鈴虫の他に，どんな秋の虫を知っていますか。」
　・コオロギ、クツワムシ・・・。
　・赤とんぼ、イナゴ。鳴かないけど・・・。

「虫の声」の歌から，どんなことを感じますか。

いろいろな虫が，次々と鳴き出している様子が浮かんできて楽しい感じ。

寝床に入って，どこからか聞こえる虫の声を聞いている感じ。

夏が終わって，涼しくなってきて，気持ちがいい。

ユーチューブで，虫の声を聞かせるのもよい。

2 話し合う　教科書の絵を見て思ったことを話し合おう。

「教科書の絵も見ましょう。誰が何をしていますか。」
　・お父さんが，小さな子に本を読んであげている。
　・お母さんは，編み物をしている。
　・子どもが虫かごを持っている。猫も座っている。
　・月夜だから，お月さんが出ている。

　　　「夜長」の意味は簡単に説明しておく。

絵を見て思ったことや4つの言葉から連想したことを言いましょう。

月夜からお月見を連想しました。お団子を供えて，ススキを飾ります。

知ってる。中秋の名月と言うんだよ。

秋は早く日が暮れて，夜が長いから，お父さんやお母さんもゆっくりしている。

男の子は，虫かごの中の虫の声を聞いている。

いが，教師が説明して済ませる場合もあってよいでしょう。

秋のくらし

め 秋の様子をイメージし、秋にかん係の
ある言葉を集めよう

「虫の声」…みんなで歌おう

秋の虫（こおろぎ、クツワムシ、
赤とんぼ、いなご・・・）

・ねどこて聞いている
・すずしくて気持ちがいい
・つぎつぎと鳴き出し楽しい
　　　　　　　　　※

主体的・対話的で深い学び

・教科書に載っている「虫の声」の歌と絵を見て感じたことや思った
　ことを話し合うことで秋をイメージし、また、その過程で秋に関わ
　る語句を見つけていく。一人での学習より、話し合うことでより豊
　かに秋がイメージでき、より多くの語句を見つけることができる。
・「○○の秋」という語句が多いことから、秋の快適な気候に気づき、
　自分自身と関わらせて秋を感じ取らせる。単に語句を増やすだけで
　なく、秋そのものを豊かに感じさせたい。

準備物

・虫の声（ユーチューブなどから）
・秋の画像 DVD 収録【3下_03_01~3下_03_18】
・教科書 P33の絵の拡大コピー

---

3 考える　「○○の秋」から考えよう。

「よく『○○の秋』と言いますね。教科書には、どんな言葉
　が載っていますか。」
　・スポーツの秋，芸術の秋，食欲の秋。
　・ぼくは食欲の秋が大好き！！
「他に、どんな言葉を知っていますか？」
　・読書の秋。
　・実りの秋というのもある。
　・行楽の秋もある。

4 思い浮かべる　自分が「秋だなあ」と感じるのはどんなときだろう。

「秋について、いろいろ話し合ってきましたが、皆さんが『秋
　が来たなあ』と感じるのは、どんなときですか。」

「秋に関係する言葉がいろいろ出てきましたね。では、次の
　時間までに、身の回りで秋らしさを感じるものを見つけて
　きましょう。」

秋のくらし

第 ② 時 （2/2）

本時の目標
身の回りで見つけた秋を感じる
ものを文章に書き，発表するこ
とができる。

授業のポイント
「秋」のイメージをできるだけ
広げてから書かせる。書く時間
を十分に確保する。書けない児
童には，まず話をさせるなどの
個別の援助をして書けるように
する。

本時の評価
身の回りから，秋を感じるもの
を見つけ，文章に書いて発表し
ている。

板書例

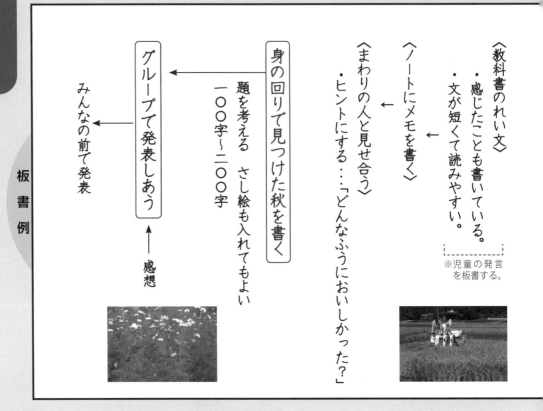

〈身の回りに目を向ける〉普段から身の回りのことに関心をもち，観察する習慣をつけておくと文を書くと

〈教科書のれい文〉
・感じたことも書いている。
・文が短くて読みやすい。
※児童の発言を板書する。

〈ノートにメモを書く〉

〈まわりの人と見せ合う〉
・ヒントにする…「どんなふうにおいしかった？」

身の回りで見つけた秋を書く
題を考える　さし絵も入れてもよい
一〇〇字～二〇〇字

グループで発表しあう　←　感想
みんなの前で発表

---

1 交流する　身の回りで見つけた秋を発表しよう。

身の回りで見つけた秋らしさを感じるものを発表しましょう。

サツマイモをふかして食べたらおいしかった。

広告に，松茸と栗の宣伝が入っていました。

わたしの家の庭の草むらで虫の鳴き声が聞こえました。

紅葉の始まりかけた木を見つけました。

「自分が見落としていて，友だちの発表を聞いて気がついた
　ことはありますか。」
　・なしやぶどうも秋の果物だったね。昨日食べたのに・・・。
　・市民運動会も秋の行事だった。
　・そういえば稲刈りをテレビのニュースで見たなあ。

---

2 考える　教科書の例文や友だちのメモから文章の書き方や内容を考えよう。

　　　教科書の例文を読む。
「読んで思ったことや，自分が書くときに参考になりそうな
　ことを言いましょう。」
　・これぐらいの長さの文なら書けそうだと思った。
　・新米を食べたことだけじゃなくて，「・・・あまい気がした」
　　と，自分が感じたことも書いている。
　・新米を食べたとき甘く感じるか確かめてみよう。
　・一つ一つの文が短いから読みやすい。

どんなことを書きたいか，ノートにメモをして，周りの人と見せ合ってヒントにしましょう。

近くの神社の秋祭りがいつも秋の楽しみだから・・・。

おじいちゃんが送ってきたぶどうがすっごくおいしかった。

どんなふうにおいしかったの？

きに役立ちます。時々,「発見したことの発表会」をするのもよいでしょう。

主体的・対話的で深い学び

・「秋」についてのイメージを広げてから文章を書かせるようにする。前時で学習したことも振り返り,身の回りで見つけてきた「秋」を発表し合って交流することで,秋についてのイメージを豊かにしていく。

・下書きメモの作成,書き上げた文章の点検,グループ内での発表のそれぞれの段階ごとに対話や交流の場面を設定し,文章の内容を改善するとともに,友だちと一緒に「秋のくらし」を感じさせていく。

準備物

・秋の画像（第1時使用のもの）

秋の くらし

め　「秋」を感じるものを見つけ、文章を書こう

身の回りで秋を見つける

・まつたけ・くりの広こく
・虫の声を聞いた
・さつまいもを食べた
・いねかりのニュース

※児童の発言を板書する。

---

3 書く　身の回りで見つけた秋を感じたものについて文章を書こう。

「それでは,ノートのメモをもとにして,文章を書きましょう。題も考えましょう。挿絵も入れていいですよ。」
文は 100 字から 200 字程度を目安とする。

題は,え〜っと,「神社の秋祭り」にしよう。

書き出しは「日曜日に,コスモス畑に行きました。」

・・・お母さんの炊いた栗ご飯は,とってもおいしかった。

お父さんが「読書コンクールに応募したら。」と・・・

書けたら,誤字脱字や文の表現で修正が必要なところがないか,グループ内で確かめ合わせる。

4 発表する　秋について書いた文章を発表しよう。

グループの中で発表し合いましょう。聞いた感想も伝えましょう。

「お祭りの秋」
今年も八まん神社の秋祭りが楽しみです。みんなではっぴを着て子ども神輿を「よーいそれ」と声をそろえて引くのがおもしろいです…。

女の子だって,おみこしを引きたいわ。

「よーいそれ」のかけ声のところが,うまく書けている。

グループ内発表の後で,各グループから何人かずつ前で発表させ,全体で知り合う場を設ける。

最後に,書いた文は,掲示板に貼るなどして,児童全員の「見つけた秋」を知り合えるようにする。

はんで意見をまとめよう

◉ 指導目標 ◉

- 目的や進め方を意識し，役割を果たしながら話し合い，自他の意見の共通点や相違点に着目して考えを整理したりまとめたりすることができる。
- 様子や行動，気持ちや性格を表す語彙量を増やし，話し合いや読み聞かせ会の中で使い，語彙を豊かにすることができる。
- 情景や場面を，声量の強弱などによって表現し，絵本のよさが相手に伝わるように読むことができる。

◉ 指導にあたって ◉

① 教材について

　　中学年の段階に入る 3 年生は，自分たちの学校生活だけでなく，学年が下の友だちにも目を向けることができるようになってくる時期だと言えます。そこで低学年の児童との関わりとして「絵本の読み聞かせ会」を開くようにし，縦のつながりをいかした学びを展開することは意義あることでしょう。目的を明確にして意識しながら，方法や読み方の工夫などについて互いの考えを受け入れ，折り合いをつけながら話し合うことを学ぶことができるテーマ設定となっています。

② 主体的・対話的で深い学びのために

　　ただ単にテーマを設定して話し合うだけにとどまらず，実際にアウトプットする場として，「絵本の読み聞かせ会」を企画・運営する場を設定するようにします。実際に読み聞かせ会を実施するところまで意識することで，低学年の友だちに「絵本のよさを伝える」という必然性が生まれてきます。そこに学びの必然性が生まれ，児童は思考をアクティブにさせながら，目的意識をもち，役割を果たしながら有意義な話し合いの時間を紡いでいくことになります。その中で，話し合いの方法を習得することができますし，その難しさも感じながら，他者と折り合いをつけて話し合う経験をすることができるでしょう。

◉ 評価規準 ◉

知識 及び 技能	様子や行動，気持ちや性格を表す語彙量を増やし，話し合いや読み聞かせ会の中で使い，語彙を豊かにしている。
思考力，判断力，表現力等	・目的や進め方，役割を意識して話し合い，自他の意見の共通点や相違点に着目して考えを整理したりまとめたりしている。 ・情景や場面を，声量の強弱などによって表現し，絵本のよさが相手に伝わるように読んでいる。
主体的に学習に取り組む態度	進んで目的や進め方，役割を意識して，学習の見通しをもって協働的に話し合い，考えを整理したりまとめたりしている。

● 学習指導計画　全8時間 ●

次	時	学習活動	指導上の留意点
1	1	・学習の進め方を確認する。 ・読み聞かせ会や話し合いの目的や役割を話し合う。	・単元全体の見通しをもつことができるようにする。 ・目的や役割について，児童自身で考える場を設定する。
	2	・読み聞かせ会の役割や進行について考える。 ・話し合い活動の進め方をつかむ。	・読み聞かせ会の進行の仕方や役割についてグループで話し合う時間をとる。 ・話し合い活動の進め方をイメージできるようにする。
2	3	・1年生に読み聞かせをする絵本をどのような視点で選び，どの本にするか話し合う。 ・読み方の工夫を話し合って考える。	・学校の図書室で学習したり，地域図書館と連携をとったりする。 ・学年の発達段階にあった絵本を例示する。
	4	・読み方の工夫について話し合いながら，読み聞かせの練習をする。 ・読み方の工夫などについて話し合い，考えを整理したりまとめたりする。	・模造紙や付箋，マジックペンなどを用意し，児童が話し合い活動に取り組みやすい環境を整える。
	5	・クラスで読み聞かせ会を開き，相互評価をする。	・相互評価したことが手元に残り，以後の話し合い活動にいかせるように，評価カードを用意する。
3	6	・相互評価をもとに，読み方の工夫などについて話し合い，考えを整理したりまとめたりする。	・これまで話し合ってきたことと相互評価カードを比較，総合して，読み方の工夫などについて話し合うよう促す。
	7	・1年生向けに絵本の読み聞かせ会を開き，他者評価を受ける。	・事前に当該学年・学級の担任と打ち合わせをしておく。
4	8	・単元全体の話し合い活動に着目し，成果と課題，その改善について話し合う。	・話し合い活動に着目して成果と課題，その改善について話し合うよう，目的を明確にして話し合うようにする。

DVD 収録（イラスト, 児童用ワークシート見本, ステップアップカード） ※本書 P59, 61, 67「準備物」欄に掲載しています。

はんで意見を まとめよう
第 **1** 時 （1/8）

本時の目標
学習の目的や内容，進め方を確認し，活動の見通しをもって考えようとすることができる。

授業のポイント
この単元での学習の全体像をつかむことができるようにする。1年生への読み聞かせ会までを企画することで，学びの必然性をもって学習できるようにしたい。

本時の評価
学習の目的や内容，進め方を確認し，活動の見通しをもって考えようとしている。

板書例

〈計画〉他学年や保護者への読み聞かせ会までを計画することによって，話し合いの意義が高まる

司会・きろく
時間
※

自分たちの思い
絵本の読み聞かせ
感想
※

⑧ 学習をふり返る
⑦ 一年生に読み聞かせをする
⑥ 話し合い、練習する → ┌ よりつたわるように
⑤ クラスで読み聞かせ会をする
④ 読み聞かせの練習をする
③ はんで話し合う

ふり返り
・一年生に絵本のおもしろさをつたえたい。
・きょうりょくして、話し合って、よい読み聞かせ会にしたい。
※

意見を聞き合い、いっしょに考えると、よりよい読み聞かせ会になる。

※児童の発言を板書する。

1 めあて つかむ　学習の見通しをもとう。

「1年生が絵本を好きになるように，読み聞かせ会をしましょう。」

「読み聞かせ会」を開くことを念頭に置いて単元の学習を始めることで，グループでの話し合いに対する意欲が高まる。

誰を対象に「読み聞かせ会」を開くかも含めて，児童に話し合わせてもよい。

2 出し合う 対話する　学習の進め方について計画を立てよう。

「学習の進め方について計画を立てていきましょう。」

できる限り児童の考えを引き出すことで，自分たちで学習を形づくっていく感覚をもたせたい。

本時では板書の①と②について考える時間を多く取るようにする。

でしょう。

はんで意見をまとめよう

め 学習の見通しをもとう　一年生が絵本をすきになるように読み聞かせをしよう

学習の進め方

① 読み聞かせの目的を話し合う
・つたわるように　・心をこめて
・読み方のくふう

絵本のおもしろさをつたえる ※

② 役わりと話し合いの進め方、読み聞かせ会の進め方 ※

主体的・対話的で深い学び

・本時では，学習全体の目的や内容，進め方を確認することが大切である。そのことにより，単元全体の見通しをもって，主体的，対話的に活動に参加することが可能となる。

・役割や進め方について話し合う時間を取り，学級全体で意見を出し合うことで，「自分たちの考えがいかされていく」という感覚をもたせることができるようにしたい。読み聞かせ会までを企画することで，話し合うことの意義が高まり，学びの必然性が格段に上がることとなる。

準備物

・黒板掲示用イラスト（話し合いの様子）**DVD** 収録【3下_04_01】

---

3 対話する つかむ　単元の終わりまでの学習の進め方を確認しよう。

「その後の活動は③～⑧のように進めていこうと思います。また進めていきながら，みんなで考えていきましょうね。」

読み聞かせ会をする前にリハーサルの時間がほしいよね。

一度，クラスで読み聞かせ会をするのはどうかな。

協力していい読み聞かせ会にしよう。

感想を聞いて，さらに話し合って練習したら，きっとよりよい読み聞かせになるよね。

　板書の③以降は，これからの学習を進めながら，修正していくとよい。児童の思考の流れをつかみ，単元の展開にいかしたい。

「教科書 P34 の『学習の進め方』をみんなで読んで確認しておきましょう。」

---

4 振り返る　学習したことを振り返り，これからの学びについて考えよう。

「これからの学習の見通しが立ってきましたね。今日の学習を振り返り，これからの学習について考えましょう。」

どんな本にするか，お家で考えてこよう。楽しみだな。

1 年生に絵本の面白さを伝えられたらいいな。

みんなの意見を大切にして話し合いたいな。きっといい読み聞かせ会になるよ。

みんなで協力して話し合って練習したら，いい読み聞かせ会になるよね。

　本時の振り返りだけでなく，次時以降の展望についても目を向けるようにする。学びの必然性が高まるように意識したい。

「これから，どんな話し合いをすればいいか考えていきましょう。」

はんで意見を まとめよう
第 **2** 時 （2/8）

本時の目標
目的や進め方をつかみ、役割を意識しながら、協働的に話し合うことができる。

授業のポイント
話し合いの場面をイメージしやすいように、音声データなどがあれば視聴し、「何を」「どのように」話し合えばよいかといった視点をもてるようにしたい。

本時の評価
グループでの話し合い方を理解し、協働的に話し合いを進めようとしている。

板書例

〈対話〉話し合いの難しさを体感しながらも、話し合いの方法をつかめるように構成するとよいで

(1)あいさつ・自分たちの思い （2人）
(2)絵本の読み聞かせ （全員）
(3)読み聞かせをきいての感想 （2人）

話し合い、考えたこと・・・話し合い方を聞いてみよう
・話し合うことがはっきりとしていた
・みんなの意見を聞いていた
・話がずれたら、話をもどしていた
・時間をかん理していた

※児童の発言を板書する。

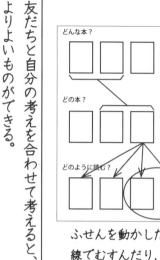

どんな本？
どの本？
どのように読む？

ふせんを動かしたり、
線でむすんだり、
かこんだりしながら

友だちと自分の考えを合わせて考えると、よりよいものができる。

---

1 つかむ 「班で話し合う内容」を確認しよう。

「いよいよ今日から読み聞かせ会について班で話し合いを進めていきます。」

班で話し合う内容は、読み聞かせ会の流れやどのような本を選ぶか、どの本にするか、どのように読むかです。

みんなで協力して話し合って、いい読み聞かせ会にしよう。

じゃあぼくが司会をするよ。上手に話し合いを進めたいな。

わたしはタイムキーパーをするね。

わたしは記録をするね。話し合ったことが分かりやすいようにまとめたいな。

ここでは話し合う内容の大枠を捉えられるようにする。班で話し合う内容を明確にしておくことで、児童は話し合いに注力することができる。

2 出し合う 対話する 読み聞かせ会の内容について話し合おう。

「読み聞かせ会のプログラムを班で考えましょう。また、役割も話し合って考えましょう。黒板に書いてあるのはあくまで例です。班で話し合って決めましょう。」

読み聞かせが終わったら、最後に1年生から感想を聞きたいね。

プログラムと役割を決めましょう。

読み聞かせは全員で同じぐらいの量ずつ読んだらどうかな。

挨拶と自分の思いを1人ずつ担当するのはどうかな。

あえて話し合いの例示をしない方が、児童に話し合いの難しさを体感、意識させることができる。

先に展開3を行い、話し合いの場面をイメージした上で、展開2を行ってもよい。

しょう。

<table>
</table>

（縦書き）

はんで意見をまとめよう

め グループで話し合い、読み聞かせ会を計画しよう

③ はんで話し合う

読み聞かせ会の流れは？
どんな本にする？どの本にする？
どのように読む？読み方のくふう？

読み聞かせ会・・・さんこう（れい）

主体的・対話的で深い学び

・視点が何もない状態からの話し合いでは，発言力の強い児童だけがものを言う授業になってしまう。ここでは，話し合い場面をイメージし，「何を」「どのように」話し合うのかと言った視点をもたせることが重要となる。

・話し合いの視点・考え方をつかむことで，以降の学びの中で，お互いの意見の共通点や相違点について考え，その比較・統合を進める中で，よりよい話し合いが可能になると考えられる。

準備物

・ワークシート「読み聞かせ会を計画しよう」
（児童用ワークシート見本
DVD 収録【3下_04_02】）

・（あれば）学習指導書の付録CD

3 聞く 対話する　話し合いの場面をイメージしよう。

「話し合いは意外と難しいですよね。話し合いのイメージをするために，一度，ＣＤを流しますね。『話し合いがスムーズに進むにはどんなことに気をつけたらよいか』，考えながら聞いて，班で話し合いましょう。」

指導書の付録CD，または，教科書の二次元コードで確かめる。

時間もちゃんと意識していたよね。ぼくたちも頑張ろう。

話がそれていったら司会の人が上手に話を戻していたね。わたしたちにもできるかな。

話し合う内容を意識して，みんなで考えたいな。

みんなの意見を大切にしていたよね。いろんな考えを比べたり組み合わせたりして進めていきたいね。

次時以後，模造紙と付箋を使って話し合いを進めていくようにすると，班のメンバーの意見を整理しながら読み聞かせ会について考えやすくなる。

4 振り返る　学習したことを振り返り，これからの学びについて考えよう。

「今日の学習を振り返り，これからの学習について考えましょう。」

話し合うことや役割がはっきりしてきたね。

みんなで協力し，話し合いや練習をしようね。

みんなの意見を比べたり組み合わせたりして，練習をしっかりしたら，いい読み聞かせができそうだね。

明日までに，どんな本を選ぶか考えてこようよ。

「では，次の授業から班で協力して，どんどん話し合いを進めていくようにしましょう。模造紙や付箋も使って話し合いをすると考えが整理しやすいですね。」

本時の振り返りと共に，次の授業への展望も開けるようにすると，児童の思考の流れに沿った学びに近づくことができる。

はんで意見を まとめよう

本時の目標

目的や進め方を意識し，役割を果たしながら，集めた材料や互いの意見の共通点や相違点に着目して話し合い，考えることができる。

授業のポイント

模造紙や付箋を用意して，児童がアクティブに話し合い，考えをまとめられるように工夫する。班での話し合い活動に，たっぷりと時間を取るようにする。

本時の評価

協働的に，集めた材料や互いの意見の共通点や相違点に着目して話し合い，考えている。

〈教材〉学校図書館や地域図書館と連携して，発達段階にあった絵本の例を提示できるとよいで

板書例

(1) どんな本をえらぶ？

(2) どの本にする？（やく五分で読めるもの）

(3) どのように読む？読み方のくふう？

ふり返り・・・話し合いについて

○みんなの意見を合わせたらいい計画ができた

○練習をしながら，よりよい読み聞かせにしたい

○さらに意見を聞き合いながら，進めていきたい

※児童の発言を板書する。

---

1 つかむ　話し合う時の方法を確認しよう。

「今日は読み聞かせの内容について話し合います。どんな本にするか，どの本にするか，どのように読むかを話し合います。話し合う時には付箋を使って考えを書き出し，付箋を動かしたり，線で結んだり，囲んだりしながら，考えをまとめていきます。」

線で結んだり囲んだりすると，話をまとめていけそうだね。

記録の役割はわたしだけれど，みんなで付箋を動かしながら話し合おうね。

難しいけれど，時間のことも頭に入れて話し合いを進めていこうね。

話が脱線しそうになったら，目的に向かって話し合えるようにしよう。

班での話し合いの方法について確認しておく。

何も書いていない状態の模造紙を渡すようにしてもよい。全てが児童オリジナルの学びとなる。

2 出し合う 対話する　班のメンバーで協力して，話し合おう。

「では，班でどんな本にするか，どの本にするか，どのように読むかを話し合いましょう。」

ここの場面はそよ風が吹くように優しく読みたいね。

それなら，○○や□□，△△のあたりの絵本がいいかな。どうする？

とにかく笑える面白いお話にしようよ。

もっと深い話の方がいいんじゃないかな。心が温まるような絵本が1年生にはいいと思うよ。

基本的には，教師は各班の話し合いの様子を見守るようにする。児童の力で話し合いを進めることをベースとして考え，必要に応じた支援を行えるようにしておく。

「たくさんの意見が出ましたか。」

「意見はまとまりましたか。」
・どの本にするか決まりました。

しょう。

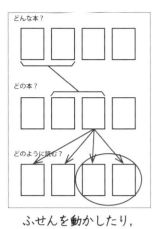

はんで意見をまとめよう

め　話し合って、読み聞かせ会の計画を練ろう

話し合い、考えたこと・・・つたえ合おう

どんな本？

どの本？

どのように読む？

ふせんを動かしたり、
線でむすんだり、
かこんだりしながら

主体的・対話的で深い学び

・話し合いの進め方を確認した上で，班での話し合い活動にたっぷりと時間を取るようにする。話し合いがアクティブに行われることを意図して，模造紙と付箋，マジックを各班に用意することで，考えを増やしたり，整理したり，まとめたりすることを楽しみながら，対話的に活動を進め，考えを深めていくことができる。
・話し合いが上手くいく班もあれば，上手くいかない班もあるが，教師は基本的に見守る姿勢で，必要に応じた支援ができるようにしておくとよい。

準備物

・ワークシート「読み聞かせ会を計画しよう」（第2時使用のもの）
・付箋（青）
・模造紙
・マジックペン

3 対話する 交流する　班で話し合ったことを交流しよう。

「班での話し合いは上手くできましたか。では，それぞれの班でどのようなことを考えていたか，交流しましょう。」

じっくりと読むと深い意味のある，心温まる絵本を選ぼうと考えました。

ぼくたちの班は，『○○』の絵本を読み聞かせすることに決めました。

協力して，練習したいです。

主人公に友だちが声をかける所では，優しくささやくように工夫して読みたいです。他にも…

　時間を取ることが難しい場合は，各個人で見て回る時間を短時間取るようにしてもよい。
　各班の話し合った内容を表した模造紙を教室に掲示しておくと，休み時間にも児童が読み聞かせについて考える機会が生まれる。

4 振り返る　学習したことを振り返り，これからの学びについて考えよう。

今日の学習を振り返り，これからの学習について考えましょう。

次の学習までに，お家で絵本を何回か読んでおこうよ。

話し合いながら練習をして，もっといい読み聞かせになるようにしていこうよ。

読む本は決まったね。次は練習を頑張りたいね。

読み方の工夫については，もう少し話し合った方がいいかもね。

　本時の学習を振り返るだけでなく，次時の展望やそれまでの過ごし方などについても班で共有できると，次時以降の学びに向かって意欲が高まる。

本時の目標

協働的に読み聞かせの練習を
し，読み方の工夫を意識して話
し合い，考えをまとめることが
できる。

授業のポイント

読み聞かせの練習をしながら，
よりよい読み聞かせになるよう
に，さらに話し合いを重ねてい
く。前時から，付箋を増やした
り動かしたりしてもよいものと
する。

本時の評価

読み方の工夫を意識して互いの
考えを出し合って話し合い，考
えをまとめようとしている。

板書例

〈対話〉よりよい読み聞かせになるように，さらに話し合いを重ねます。付箋などの準備物を付け

・読み方のくふう・・・一年生を意しきして
・絵本のよさがつたわるように
・さらに話し合って，よりよい読み聞かせに

ふせんを　　動かす
　　　　　　ふやす
　　　　　　整理し直す

ふり返り

○読み方をくふうできた・・・強弱，やさしく，
　はく力
○話し合って，読み聞かせが上手になった
○一年生に絵本のおもしろさがつたわるように
　したい

※児童の発言を板書する。

---

1 つかむ　前時で話し合ったことをもとに，読み聞かせの練習をしよう。

「この前の学習では，どんな本にするか，どの本にするか，
どのように読むかを班で話し合いましたね。その話し合い
をもとに，読み聞かせの練習をしながら，さらに読み方の
工夫について班で話し合い，考えていきます。話し合って
付箋を増やしたり，動かしたり，まとめ直したりしていき
ましょう。」

この前，話し合えて
なかったところから始
めようよ。

もっといい読み聞か
せができるかもね。
協力して練習したり
話し合ったりしよう。

練習してみたら
課題が見えてく
るかもね。そこ
を話し合ってい
こうよ。

付箋が増えたら，整理
し直して，考えをまとめ
ていきたいね。

　1時間の見通しをつかめるようにし，その後は基本的に児
童の活動を見守り，必要に応じた支援を行う。

2 対話する読む　班で読み聞かせの練習をしながら，話し合おう。

「班で読み聞かせの練習をしながら，1年生に絵本のよさがよ
り伝わるように，読み方の工夫について話し合いましょう。」

実際にやってみると，いろん
な課題と改善案が出てくるね。

□□の場面は，悲し
んでいる主人公の気
持ちを上手に表現で
きているよね。

もうちょっと絵
本がみんなに見
えるように持っ
て読みたいね。

○○の場面は，もう少し優
しく，ささやくように読ん
だ方がいいかな。

　　読み聞かせの練習とその修正点についての話し合いの時間
　をたっぷり取るようにする。

「上手く読めるようになってきましたか。」
・読み方を工夫できるようになってきました。
・○○の場面は，気持ちが伝わってくるね。

足して用意するとよいでしょう。

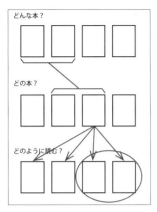

はんで意見をまとめよう

め
話し合いながら、読み聞かせの練習をしよう

④ 読み聞かせの練習をする
・話し合ったことをいかして

主体的・対話的で深い学び

・実際に読み聞かせ会をする所まで意識をつなげていくことで、読み聞かせの練習をしながら、絵本の読み方の工夫を中心として、聞き手により伝わるように話し合い、考えることができるものと考えられる。前時で話し足りなかった所も含めて話し合いながら練習できるように、たっぷりと時間を与えるようにしたい。
・教師は基本的に活動を見守るようにし、児童自身で話し合い、練習を進めていくようにする。そうすることで、話し合いの難しさを感じながら、対話的に思考を深めていく経験をすることができる。

準備物

・各班が前時に作成した模造紙
・付箋（青）
・模造紙（予備）
・マジックペン
・各班が選んだ絵本

---

3 対話する 交流する　練習しながら班で話し合ったことを交流しよう。

「読み聞かせの練習をしながら、さらに読み方の工夫について話し合えましたか。それぞれの班でどのようなことを考えていたか、交流しましょう。」

　班でさらに話し合ったことを共有するようにする。
　本時終了時点の各班の模造紙は、教室に掲示しておくと、休み時間にも自然と児童が読み聞かせについて考える空間づくりができる。

4 振り返る　学習したことを振り返り、これからの学びについて考えよう。

「今日の学習を振り返り、これからの学習について考えましょう。」

「次の時間は、クラスの中で読み聞かせ会を開きましょう。他の班の友だちから、いろいろと意見をもらえるかもしれませんね。」
・友だちに意見を言ってもらって、もっともっと練習していきたいな。

はんで意見を
まとめよう
第 5 時 （5/8）

本時の目標
読み方を工夫して読むことができる。読み聞かせを受けて，自分なりの考えをもち，相手に伝えることができる。

授業のポイント
読み聞かせをする機会や班の読み聞かせを受けて考えたことを伝え合う機会をできるだけ多く与えられるようにしたい。

本時の評価
情景が伝わるように，工夫して読もうとしている。読み聞かせを受けて，自分なりに考えたことを伝え合っている。

板書例

〈相互評価〉 ステップカードに気づいたことを書いて伝え合うことで，話し合いの内容がより充実

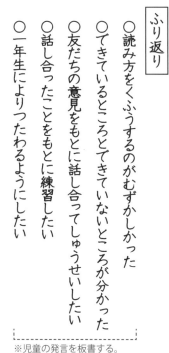

どのようにとり組みたい？
○読み方をくふうして読みたい
○自分たちの読み方がどうか知りたい
○他のはんの発表を聞いて，自分のはんにいかしたい
○アドバイスをもらって，よりよくしたい
※児童の発言を板書する。

ふり返り
○読み方をくふうするのがむずかしかった
○できているところとできていないところが分かった
○友だちの意見をもとに話し合ってしゅうせいしたい
○話し合ったことをもとに練習したい
○一年生によりつたわるようにしたい
※児童の発言を板書する。

---

1 つかむ　　クラスで読み聞かせ会を開こう。

「1年生に読み聞かせ会をする前に，1度，クラスで読み聞かせ会を開いてみましょう。進め方は黒板に書いてある通りです。」

> クラスでの読み聞かせ会に，どのように取り組みたいですか。

> 他の班がどのように読み方を工夫しているのかな。自分たちの班にもいかせるかな。

> この読み聞かせ会の後の活動に繋げられるといいね。

> 読み聞かせを聞いてもらって，感想や意見をもらいたい。そこからまた話し合いや練習をしたい。

> 読み方を工夫して，上手に読みたいね。

　目的意識をしっかりともった上で活動に入っていけるように配慮する。

2 読む・聞く　対話する　　1〜4班の読み聞かせを聞きに行こう。

「1〜4班の読み聞かせを，5〜8班は聞きに行きましょう。意見交流が終わったら，空いている班の読み聞かせを聞きに行くようにしましょう。」

> 主人公の気持ちを工夫して読もうとしていたね。

> ○○の場面は，もう少し悲しそうに，声をしぼませて読んだ方が，様子が伝わりそう。

> ぼくたちの班の読み聞かせにもいかせそうだね。

「では，次は5〜8班の読み聞かせを，1〜4班は聞きに行きましょう。意見交流が終わったら，空いている班の読み聞かせを聞きに行くようにしましょう。」

　ステップアップカード（感想や意見を記入する）を，それぞれの班に渡すようにすると，相互評価を振り返りやすくなる。

したものになるでしょう。

はんで意見をまとめよう

め　クラスで読み聞かせ会を開こう

⑤　クラスで読み聞かせ会をする

進め方

(1)　1〜4はんが発表／5〜8はんは聞いて感想や意見

(2)　5〜8はんが発表／1〜4はんは聞いて感想や意見

(3)　終わったら次のはんに聞きに行く

(4)　時間は十五分ずつ

主体的・対話的で深い学び

・読み聞かせをできるだけ多く実践することができるようにする。そうすることで、児童自身で課題に気づいたり、他の班の友だちが気づいたことを聞くことができたりする機械が増え、改善に向けた話し合いの必然性が生まれてくる。

・ここでは友だちからの相互評価を多く受け、次時にその相互評価をもとに、各自の班の読み聞かせの読み方の工夫についてさらに練習しながら話し合う材料を得られるようにする。逆に、相互評価したことは、自分の班の活動にもいかすことができる。

準備物

・ステップアップカード 📀 収録【3下_04_03】

・各班が選んだ絵本

---

3 確認する 対話する　**友だちからもらったステップアップカードを見てみよう。**

「読み聞かせを聞いてくれた友だちからもらったステップアップカードを読んでみましょう。」

これをもとにもう一回話し合ったり練習したりしたいね。

このカードをもう一度整理し直したいね。

みんなの前で実際に読み聞かせをしてみたら、課題が出てきたね。

自分たちは気づいていなかったことに、友だちが気づいてくれて、カードで教えてくれたよ。

　展開2の活動時間をしっかりと取るようにし、展開3・4の時間は状況に合わせて、柔軟に扱うようにする。そうすることで、相互評価を多く得ることができ、次の学習の際に話し合う内容が充実したものになる。

---

4 振り返る　**学習したことを振り返り、これからの学びについて考えよう。**

「今日の学習を振り返り、これからの学習について考えましょう。」

きっと、もっといい読み聞かせになるはずだよ。

できているところもあるから、そこは自信をもって、伸ばしていけたらいいな。

友だちからもらった意見をもとに、もう一度話し合ってみたいね。

もう一度話し合いながら練習してみたら、1年生に伝わりやすくなると思う。

「ステップアップカードを読んで課題は見つかりましたか。」

・もっと工夫ができそう。

・1年生にいい読み聞かせができそうな気がするよ。

　展開3をもって振り返りとしてもよい。次時につながる振り返りをできるように心がける。

はんで意見を まとめよう

第 6 時 （6/8）

本時の目標

目的や進め方，役割を意識しながら，相互評価をもとに，自他の意見の共通点や相違点に着目して話し合うことができる。

授業のポイント

読み聞かせをして，自分たちが感じたこと（自己評価）やステップアップカード（相互評価）をもとに改善点を話し合い，読み聞かせの練習ができるようにする。

本時の評価

目的や進め方，役割を意識しながら，相互評価をもとに，自他の意見の共通点や相違点に着目して話し合っている。

板書例

〈整理〉いくつかの色の付箋を使い分けて整理することで，話し合いがスムーズに行えるでしょう。

○一年生に絵本の内ようがつたわるようにしたい

○前よりも読み方のくふうについて考えられた

○友だちの意見を整理して話し合えた

ふり返り

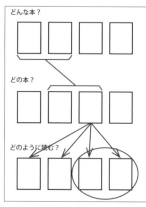

どんな本？

どの本？

どのように読む？

ふせんを動かしたり，
線でむすんだり，
かこんだりしながら

※児童の発言を板書する。

---

1 つかむ　読み聞かせ会でもらった意見をもとに，話し合い，練習しよう。

「クラスでの読み聞かせ会でもらったステップアップカード（相互評価）をもとに，課題を見つけて改善策を考え，1年生に絵本のよさが伝わるような読み聞かせにしましょう。」

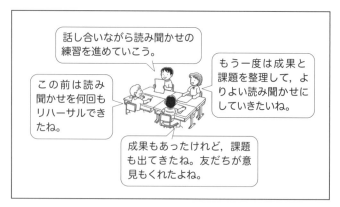

話し合いながら読み聞かせの練習を進めていこう。

もう一度は成果と課題を整理して，よりよい読み聞かせにしていきたいね。

この前は読み聞かせを何回もリハーサルできたね。

成果もあったけれど，課題も出てきたね。友だちが意見もくれたよね。

　本時の目的を明確にしておくことで，読み聞かせ会前，最後の話し合いが有意義なものとなる。

2 対話する読む　班で読み聞かせの練習をしながら，話し合おう。

「新たに出てきた課題は赤の付箋に，その改善については黄の付箋に書いて模造紙に整理してまとめていきましょう。協力して話し合いながら，読み聞かせの練習をしましょう。」

何かこの前よりも読み聞かせがよくなってきたよね。

○○の場面はこんな感じかな。読んでみるね

たくさん友だちがカードをくれたね。似ている意見をまとめてみよう。

課題がいくつかのまとまりになってきたね。読み方の工夫を考えていこうよ。

　付箋は，青が成果，赤が課題，黄が改善策などのように使う色を分けることで，話し合いながら内容を整理し，まとめることがスムーズにできる状況を設定する。

はんで意見をまとめよう

め　話し合ってよりよい読み聞かせにしよう

⑥　話し合い、練習する

> よりよい読み聞かせにするために
> ○友だちの意見を整理する
> ○話し合って、読み方のくふうを考える
> ○話し合いをもとに練習する
> よりよい読み聞かせにする　←

主体的・対話的で深い学び

・一度，クラスで読み聞かせ会を開いた際にもらったステップアップカード（相互評価）とこれまで班で話し合ってきた内容を表している模造紙などをもとに再度話し合う。そうすることで，「よりよい読み聞かせ」をつくり上げることを目標として，話し合ったり練習したりする中で，思考をアクティブにすることができる。

・前時で読み聞かせ会を開いたことも含めて，より「相手意識」をもって読み聞かせの際の工夫を考えるようにすることで，活発な対話と思考の深まりが出てくるものと考えられる。

準備物

・前時に交換したステップアップカード
・各班が前時に作成した模造紙・新たな模造紙（予備）
・付箋（青・赤・黄）
・マジックペン
・各班が選んだ絵本

---

3 対話する 交流する　練習しながら班で話し合ったことを交流しよう。

「読み聞かせの練習をしながら，さらに読み方の工夫について話し合えましたか。それぞれの班でどのようなことを考えていたか，交流しましょう。」

> この前の学習の時からさらに話し合って，ステップアップカードをもとに，課題を見つけて，改善策を考えました。

> 友だちからもらったステップアップカードを整理していたら，いろんな課題が出てきました。

> 特に○○の場面について課題が見つかりました。

> その課題についてどのように直すか話し合って，改善できるように練習しました。

　各班の状況を確認することで，最後にそれぞれの班でいかせる部分も出てくるものと考えられる。

「他の班の考えや読み方の工夫も取り入れて読み聞かせができるといいですね。」

・○○の場面は，もうちょっと工夫してみよう。

4 振り返る　学習したことを振り返り，これからの学びについて考えよう。

「今日の学習を振り返り，これからの学習について考えましょう。」

> 目的に向かって，協力して話し合えたね。

> 友だちからもらった意見を整理して読み方の工夫を考えられたね。

> 1年生に絵本のよさが伝わるように，読み聞かせ会を成功させたいな。

> はじめの頃より，読み聞かせが上手になってきたよ。みんなと話し合って練習できた。

「では，次回は1年生の教室に行って，読み聞かせ会を開きます。1年生に絵本を好きになってもらえるといいですね。」

・はい。楽しみです。
・練習通り，うまくできるといいな。

はんで意見を
まとめよう

第 **7** 時 （7/8）

本時の目標
話し合い，計画したことをもとに，役割や目的を意識して活動し，相手に絵本のよさが伝わるように表現することができる。

授業のポイント
1年生の教室で，それぞれの班の児童に読み聞かせをするようにする。相手意識をもって表現活動をする場を，設定するようにする。

本時の評価
話し合い，計画したことをもとに，役割や目的を意識して活動している。相手に絵本のよさが伝わるように表現している。

板書例

〈実践〉児童自身で話し合いや練習をして，読み聞かせ会を実践するという経験をします。司会進

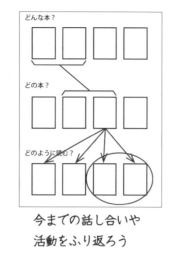

今までの話し合いや
活動をふり返ろう

○一年生の感想から活動をふり返りたい

ふり返り
○話し合ったことをいかして読み聞かせができた
○読み方をくふうして 一年生につたえられた

絵本のよさ
おもしろさ

※児童の発言を板書する。

---

1 つかむ　　1年生向けに読み聞かせ会を開こう。

「これまでに絵本の読み聞かせ会に向けて話し合いや練習をしてきたことをいかして，今日は1年生向けに読み聞かせ会を開きましょう。」

家でも練習してきたよ。情景が伝わるように読みたいな。

読み聞かせ会の進め方を確認しておかないといけないね。

1年生に絵本の面白さ，よさが伝わるように，できることをしっかりとしよう。

読み方の工夫についても大分話し合ったり練習したりしたね。

「これまでに計画してきたように，読み聞かせ会では，自分たちの思いを伝えたり，読み聞かせをしたりしましょう。最後には1年生に感想を聞くようにしましょう。1年生に絵本のよさが伝わるといいですね。」
・どんな感想を言ってくれるかなあ。

2 実践する
読む　　自分たちの思いを伝え，絵本の
読み聞かせをしよう。

「では，1年生の子たちに，読み聞かせ会を開きましょう。3年生の皆さんは，1年生の所へ行きましょう。」

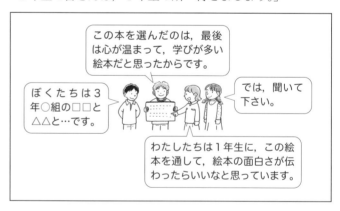

この本を選んだのは，最後は心が温まって，学びが多い絵本だと思ったからです。

ぼくたちは3年○組の□□と△△と…です。

では，聞いて下さい。

わたしたちは1年生に，この絵本を通して，絵本の面白さが伝わったらいいなと思っています。

　3年1班―1年1班などのように，事前に1年生の担任と打ち合わせをしておくようにする。
　展開2・3は児童自身で司会進行をし，絵本の読み聞かせを行う。教師は基本的に見守る姿勢で，必要に応じた支援を行う。

行も児童に任せるとよいでしょう。

はんで意見をまとめよう

め　読み聞かせ会をひらこう

⑦ 読み聞かせ会をする

【どのような会にしたい？】

○読み方のくふう
○絵本のよさがつたわるように
○話し合ったり、練習したりしてきたことが
　いかせるように
○一年生の見本になれるように

┈┈┈┈┈┈┈┈┈┈┈┈┈┈
※児童の発言を板書する。

🔍 主体的・対話的で深い学び

・これまでに話し合いをしてきたことや練習してきたことをいかして読み聞かせ会を開くことで，活動を通して学んできたことを実践に移すことができ，思考がよりアクティブになるものと考えられる。
・次時に，児童自身で読み聞かせ会を開いたことやそこに至るまでの経緯から活動全体を振り返ることで，より思考をはたらかせて話し合いのまとめを行うことができるようになる。

準備物

・各班が選んだ絵本
・各班で用意した準備物

---

3 実践する 聞く　絵本の読み聞かせの感想を1年生に聞いてみよう。

> 読み聞かせはどうでしたか。感想を聞きたいと思います。

> 感想を聞かせてくれてありがとう。嬉しいです。

> ○○さんはどう思いましたか。感想を聞かせてほしいな。

> 図書室にたくさんの本があるので，行って読んでみてね。

「各班の読み聞かせは終わりましたか。これで読み聞かせ会を終わりたいと思います。3年生は教室に戻りましょう。」

　どの班も読み聞かせ会が終わっていることを確認してから活動を終え，教室に戻るようにする。

4 振り返る　学習したことを振り返り，これからの学びについて考えよう。

> 今日の学習を振り返り，これからの学習について考えましょう。

> 緊張したけれど，今できることを頑張ったよ。

> 読み方を工夫して読み聞かせをすることができました。

> 話し合ったり練習したりしてきた成果を出すことができたよ。

> やっぱり話し合いって大切だね。活動を振り返りたいな。

「では，次の学習で，この単元の話し合い活動の全体を振り返るようにしましょう。」

はんで意見を まとめよう

第 8 時 (8/8)

本時の目標
司会などの役割を意識して話し合い、互いの意見の共通点や相違点に着目して、考えを整理し、まとめることができる。

授業のポイント
3色の付箋や新たな模造紙などを用意して、班での話し合いの中で出てきた意見を整理したりまとめたりしやすくし、思考がアクティブになるように支援する。

本時の評価
司会などの役割を意識して試行錯誤して協働的に話し合い、考えを整理し、まとめている。

板書例

〈交流〉よかったところ，改善した方がいいところへの気づきを交流し，共有することにより，今

学習や係活動などで何か決めるときは、
役わりを決めて話し合うとよい。

○話し合いの目的や進め方が決まっていて話し合いやすかった
○グループでの役わり分たんがあってよかった
○友だちと自分の考えをくらべたり、合わせたりして、いい読み聞かせ会になった

ふり返り

よかったところ

かだい

かいぜん

※児童の発言を板書する。

---

1 めあて つかむ 単元全体での話し合いの仕方について振り返ろう。

「今日は、この単元の活動で、班で話し合ったことを振り返ります。話し合い活動で、よかったところは青、課題は赤、その改善について考えたことは黄の付箋にそれぞれ書いて模造紙に貼っていきましょう。話し合いながら、付箋を動かして考えを整理したりまとめたりしましょう。」

読み聞かせ会に向けて、たくさんの時間、話し合ってきたね。

話し合ったときのことを振り返って、これからの学習にいかしたいね。

成果と課題だけでなく、その改善に向けても話し合いたいね。これからのためにも。

上手くいったこともあれば、課題もあったよね。たくさん意見を出し合おう。

2 話し合う 対話する これまでの活動を振り返り、成果と課題、その改善を考えよう。

「これまでの話し合い活動を振り返り、成果と課題、その改善について話し合い、考えましょう。」

脱線したときに話を元に戻すのが難しかったよ。

友だちの考え方も大切にして、一緒に考えることができたね。続けていこう。

話が脱線することがあったね。目的に向かって話し合うのが大切だね。

役割分担があったから、話し合いがしやすかったと思うよ。役割を果たせたね。

基本的に教師は、児童の活動を見守るようにし、姿を見取った上で、必要に応じた支援を行うようにする。

「上手く役割分担をして話し合えましたか。」
・できたと思う。
・上手く話し合えたね。

後の活動の充実を図ります。

【板書】

はんで意見をまとめよう

め　グループでの話し合い方をふり返ろう

⑧　学習をふり返る

話し合うポイント

(1)　よかったところ・・・・・・青
(2)　かだいとなるところ・・・・赤
(3)　かいぜんするための方法・・・黄

🔍 主体的・対話的で深い学び

- 1年生に向けた読み聞かせ会の運営の仕方や絵本の読み方の工夫などについて考え，実践してきたことをもとに，自分たちの活動の成果と課題，その改善について話し合い，考えをまとめていくことになる。自分たちの活動自体が教材となるため，俯瞰して客観的に見る必要がある。互いの意見を聞き合う中で，話し合いについて深い学びへと繋がっていくようにしたい。
- 意見の交流だけにとどまらず，探索的対話になるように日頃から指導を重ねていきたい。

準備物

- 各班が前時までに作成した模造紙
- 新たな模造紙
- 付箋（青・赤・黄）
- マジックペン

3 対話する 交流する　班で話し合ったことを交流しよう。

「話し合い活動について，班で話し合って考えたことを交流しましょう。」

> 最後まで協力して話し合いをしたので，よりよい読み聞かせになりました。

> 話し合いの目的や役割を決めていたのがよかったと考えました。

> これからの学習にいかせそうです。

> 絵本を選ぶ時に，友だちと意見が違って，どちらがいいか話し合うのが難しかったです。

　各班の発表後に，それぞれ質問や感想を受け付けるようにし，一方的な発表だけで終わらないようにする。

　各班で話し合った後の模造紙は，教室に掲示しておくと，休み時間にも児童が学習を振り返ることができる。

4 振り返る　学習したことを振り返り，これからの学びについて考えよう。

「学習したことを振り返り，これからの学びについて，どんなことにいかせるか考えましょう。」

> 教科の学習だけでなく，係活動なんかにもいかせると思います。

> もしかしたら，大人になってもこの学びをいかせるのかな。

> 何かを決めるときには，目的や役割を決めておくと話し合いやすいよ。

> 学校生活のいろんなことをみんなで話し合って決めていきたいです。

　話し合いの時にはどんなことが大切なのか整理して，今後の学びや生活につなげられるようにする。

「この単元の学習で学んだことを，これから他の事にもいかせそうですね。」

漢字の広場4

◉ 指導目標 ◉

・第2学年までに配当されている漢字を書き，文や文章の中で使うことができる。
・間違いを正したり，相手や目的を意識した表現になっているかを確かめたりして，文や文章を整えることができる。

◉ 指導にあたって ◉

①　教材について

　この学習は，「町に住んでいるつもりで，町の様子を説明する」という条件のある学習です。方角を表す言葉を手掛かりに想像して，文作りをします。絵から想像を膨らませるという，どの児童にも書きやすい内容になっています。これまでに学習した漢字を想起しやすいとともに，楽しく漢字の復習ができる教材となっています。

②　主体的・対話的で深い学びのために

　この学習では，「町に住んでいるつもりで，町の様子を説明する」という条件のもと，方角を表す言葉を意識して文を書きます。文作りの前に，「絵からどのようなお話を想像できますか」と問い，お話を想像する活動を取り入れることで，児童は活動しやすくなるでしょう。また，文作りが苦手な児童もイメージしやすくなるでしょう。文作りをした後，それぞれが作った文を交流し合います。交流することで，言葉や文作りに興味関心をもつことができるようになるでしょう。

知識及び技能	第2学年までに配当されている漢字を書き，文や文章の中で使っている。
思考力，判断力，表現力等	「書くこと」において，間違いを正したり，相手や目的を意識した表現になっているかを確かめたりして，文や文章を整えている。
主体的に学習に取り組む態度	積極的に第2学年までに学習した漢字を確かめ，今までの学習をいかして，漢字を適切に使った文を作ろうとしている。

◉ 学 習 指 導 計 画　　全 2 時 間 ◉

次	時	学習活動	指導上の留意点
1	1	・教科書の絵を見て，町の様子を説明する。 ・提示された漢字の読み方・書き方を確認する。	・声に出してこれまでに学習した漢字を正しく読めるかどうかをチェックする。間違えたり，正しく読み書きができなかったりした漢字は，繰り返して練習をするように促す。
	2	・提示された漢字を使って，町の様子を説明する文を書く。 ・書いた文を友達と読み合い，交流する。	・挿絵から自由に想像を膨らませ，接続詞を使用して文章を書かせる。 ・出来上がった文章を読み合い，互いのよいところを交流する。

DVD 収録（漢字カード，イラスト）

漢字の広場4

第 1 時 （1/2）

本時の目標
第2学年で学習した漢字を使って，絵にあった文を書くことができる。

授業のポイント
ペアやグループの人と挿絵からどのようなお話が想像できるかを話し合い，イメージを十分膨らませる。書く時間も十分取って，漢字の定着を図る。

本時の評価
今までの学習をいかして，進んで第2学年に配当されている漢字を使って文を考えようとしている。

板書例

〈漢字カードの使い方〉まず，イラストの上に漢字カードを貼り，読み方を確かめます。次に，カー

○二年生の漢字を読もう

| 北 | 天文台 | 家 | ・・・ |

※イラストの上の漢字カードを移動する

○町はどんな様子かな

北
・私の家・近所に犬がいる・天文台

南
・駅・線路があり，電車が走っている

東
・活気のある市場・古いお寺
・パンダの乗り物がある公園

西
・交番・バスケットゴールのある広場
・病院

※児童の発言を板書する。

○お話をそうぞうして作ってみよう

---

1 読む 確かめる　2年生の漢字を声に出して読もう。

「2年生までに習った漢字が出ています。読み方を覚えていますか。声に出してペアで確かめましょう。」

2年生までで覚えられなかった児童，一度覚えたけれど忘れてしまった児童もいる。読みの段階から，丁寧に取り組ませる。

「天文台」
えっと…「てんぶんだい」，「てん…」なんて読むのか忘れちゃったよ…。

「天文台」は「てんもんだい」と読むんだよ。「ぶん」という読み方の他に，「もん」とも読むんだね。

ペアで読み方の確認をテンポよく進めていく。

---

2 出し合う 対話する　町の様子について話し合おう。

絵から町がどのような様子だと分かりますか。見つけたことを整理していきましょう。

東西南北の方角が書いてあるよ。北の方に私の家があるよ。

町の南の方には，駅があるよ。電車が走っているよ。

絵から町の様子がどのようなものか，どんなお話ができるのかなどを話し合っていく。

文章を書くための素材を見つける活動である。

町には何があるのか，だれが何をしているのかを詳しく見ていく。

方角ごとに板書で整理すると分かりやすい。

「東の方には，何がありますか。」
・古いお寺がある。
・市場もあるよ。

ドを黒板の左に移し，板書として使います。

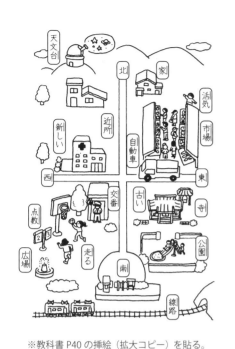

め

二年生で習った漢字を使って、お話を作ろう

漢字の広場4

※教科書P40の挿絵（拡大コピー）を貼る。
イラストの上に漢字カードを貼る。

・イラストからお話を考えたり，想像を膨らませたりすることは，どの児童にとっても，楽しい活動である。想像を膨らませて，友だちと考えたお話を交流することによって，次時の文章作りがスムーズになる。

準備物

・漢字カード 💿 収録【3下_05_01】
・教科書P40の挿絵の拡大コピー
（黒板掲示用イラスト 💿 収録【3下_05_02】）

---

3 想像する 対話する　どのようなお話なのか，想像してみよう。

「町の様子が分かるお話を想像して話し合いましょう。」

展開2で確認したことから，お話を想像して作っていく。
文章を書くための活動である。詳しく見ている児童の意見を広めたり，絵から想像できることも発表させたりして，文章にすることをできるだけたくさん見つけるように促す。
「他はどうですか。想像を膨らませてみましょう。」

---

4 書く 確かめる　2年生で習った漢字をノートに正しく書こう。

「2年生で習った漢字を正しくノートに書きましょう。」
次時で文章作りをする。正確に漢字が書けるように，40ページに出てきた漢字をノートに練習する。

ノートに早く書き終わった児童は，空いているところに繰り返し練習をしたり，国語辞典を活用してその漢字を使った別の言葉や熟語を書いたりするなど，時間をうまく活用させるとよい。

本時の目標
2年生で学習した漢字を使って，町の様子を説明する文を書くことができる。

授業のポイント
ペアやグループの人とイラストからどのようなお話が想像できるかを話し合い，イメージを十分膨らませる。書く時間も十分取って，漢字の定着を図る。

本時の評価
今までの学習をいかして，進んで第2学年に配当されている漢字を使って文を書こうとしている。

板書例

〈漢字カードの使い方〉まず，イラストの上に漢字カードを貼っておきます。児童が使用したカード

（れい）私の 家 は、町の 北 の方にあります。 近所 に、犬をかっている 家 があります。

○町の様子を町の人になり切って、せつめいする文を書こう

町の 東 には、 活気 のある 市場 があります。お店のおじさんが、 自転車 で買った商品をお店まで運んでいます。

町の 東 に 古いお寺 があります。夏になると、せみがたくさん鳴いています。夜祭りの時には、屋台がたくさん出ます。

西には、 新しい 病院があります。お医者さんはとてもやさしくて、町の人から信頼されています。

※児童の発言を板書する。

1 めあて つかむ　例文を声に出して読もう。

「40ページの例文を声に出して読んでみましょう。」
　本時の学習課題を共有するための活動。何人かの児童に音読させる。
　本時が「絵の中の町に住んでいるつもりで，町の様子を説明する文を書こう」という学習課題であることを確かめる。

町の誰になりきって，町を説明する文を考えたいですか。

ぼくは，「わたし」になりきって考えてみるよ。どんな説明にしようかな。

公園で遊んでいる女の子になりきって，文作りをしようかな。

　文作りが苦手な児童も，絵の中に出てきている人を1人決めて，文作りをすると書きやすくなる。

2 対話する　どんな文ができそうか，お話を想像しよう。

どんなお話ができそうですか。想像を膨らませてみましょう。

古いお寺では夏祭りがあって，屋台がいっぱい出るようなお話が想像できたよ。

　絵にどのようなものが出てくるか，どんな話ができるのかなどを探していく。
　文を書くための素材を見つける活動である。
　何があるのか，だれが何をしているのかを詳しく見ていく。
「どんなお話が想像できましたか。」
・市場には，バナナやりんごを売っているよ。
・魚も売っているね。
・買ったものを自動車で運んでいるよ。

を移動させると，使用していない残りの漢字がすぐに分かります。

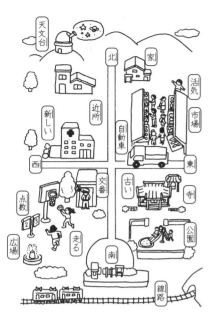

漢字の広場4

絵の中の町に住んでいるつもりで、町の様子をせつめいする文を書こう

※教科書P40の挿絵（拡大コピー）を貼る。
　イラストの上に漢字カードを貼る。
　児童が使用した漢字のカードを移動する。

主体的・対話的で深い学び

・イラストからお話を考えたり，想像を膨らませたりすることは，どの児童にとっても，楽しい活動である。想像を膨らませて，友だちと考えたお話を交流することによって，文章作りがスムーズになる。

準備物

・漢字カード（第1時使用のもの）
・黒板掲示用イラスト（第1時使用のもの）

---

3 書く　町の人になり切って，町の様子を説明する文を書こう。

「町に住んでいるつもりで，町の説明をする文を書きましょう。」

このページに出てきている漢字を使って，文を書きましょう。

西には，新しい病院があります。お医者さんは…

町の東には，活気のある市場があります。お店のおじさんが…

　展開2で確認したことから，40ページの絵を手掛かりに想像を膨らませて文を書く。
　文を書くための時間をできるだけ確保する。
　書くことが苦手な児童もいる。分からないことは，友だちに尋ねたり，アドバイスをもらったりして文を書くようにする。

4 交流する　書いた文章を交流しよう。

「出来上がった文章を友達と出し合ってみましょう。主語と述語が正しく書けているかも確かめましょう。」
　作った文の主語と述語をペアやグループの人と確認し合ったり，全体で交流したりする。

町の東に古いお寺があります。夏になると，せみがたくさん鳴いています。夜祭りの時には，屋台がたくさん出ます。

田中くん，とてもいい文章が書けたね。ノートにメモさせてね。

夜祭りの話はその町の人しか知らない感じがして，とてもいいと思うよ。

　交流する時間が足りないことも考えられるため，グループの中でノートを回して読み合う，全体の場で書いた文章を発表させるなど，交流のさせ方は様々でよい。状況に合わせて使い分ける。

すがたをかえる大豆／食べ物のひみつを教えます
[じょうほう] 科学読み物での調べ方

全授業時間 15 時間

◎ 指導目標 ◎

・比較や分類のしかた，辞書の使い方を理解し使うことができる。
・自分の考えとそれを支える理由や事例との関係を明確にして，書き表し方を工夫することができる。
・段落相互の関係に着目しながら，考えとそれを支える理由や事例との関係などについて，叙述を基に捉えることができる。
・幅広く読書に親しみ，読書が，必要な知識や情報を得ることに役立つことに気づくことができる。

◎ 指導にあたって ◎

①　教材について

　「すがたをかえる大豆」では，「大豆は有用な食材であり，人々は手を加えることにより様々な食品として利用してきた」ことが述べられています。3 年生の児童にとって，大豆の「変身」は，興味深い内容でしょう。筆者の主張は，具体的な事実の繰り返しで述べられ，最後に「このように」とまとめられています。この文章の構成や，「中」の「すがたをかえる」事実の並べ方の工夫に気づかせます。

　後半は，米，麦，牛乳など大豆と同じように様々に姿を変えて食べられている食材を取り上げ「食べ物のひみつ」をテーマとして説明する文章を書く学習をします。作文のひとつの領域としての「説明する文章」の書き方を学ばせます。

②　主体的・対話的で深い学びのために

　大豆や，後半で取り上げる米，麦などが，どんな食品に姿を変えるのか—まず，このことに興味をもたせ，主体的に学んでいこうとする意欲をもたせます。

　3 年生が説明文を書くためには，文の形式と表現の工夫を知っておくことが必要です。「すがたをかえる大豆」という具体例の学習を通して，どのように書けばよいか一定の見通しが立てられます。その見通しを前提にして，個人作業→グループでの対話→全体での交流という過程を経れば，説明文の書き方の理解を深めていけます。文章を読み合い助言し合うことで，より深く吟味もできます。

◎ 評価規準 ◎

知識 及び 技能	・比較や分類のしかた，辞書の使い方を理解し使っている。 ・幅広く読書に親しみ，読書が，必要な知識や情報を得ることに役立つことに気づいている。
思考力，判断力，表現力等	・「書くこと」において，自分の考えとそれを支える理由や事例との関係を明確にして，書き表し方を工夫している。 ・「読むこと」において，段落相互の関係に着目しながら，考えとそれを支える理由や事例との関係などについて，叙述を基に捉えている。
主体的に学習に取り組む態度	積極的に説明される内容とそれを支える事例との関係などについて叙述を基に捉えたり，それらを明確にして書き表し方を工夫したりしようとし，学習の見通しをもって，文章の説明の工夫を見つけてそれをいかして書こうとしている。

● 学習指導計画　全15時間 ●

次	時	学習活動	指導上の留意点
1	1	・大豆をどのように食べているか，経験を話し合う。 ・教材文を読み通し，学習課題を確かめる。	・大豆の食べ方や加工に関心をもたせるため，大豆や加工品の実物を何点か準備する。
2	2	・内容から段落ごとのまとまりを考えて分ける。 ・「はじめ」「中」「終わり」の組み立てにまとめる。	・事実（例）が書かれている「中」のまとまりをはじめに見つけさせ，そこから，「はじめ」「中」「終わり」の組み立てに気づかせる。
	3	・①②段落を要約し，「はじめ」の役割を話し合う。 ・「はじめ」に入れる「問い」を考える。	・「はじめ」の役割は，話題の提示とこれから説明することの予告であることに気づかせる。
	4	・「中」の各段落の「おいしく食べる工夫」と「食品」を読み取り，表に整理する。 ・各段落を比較し，説明の工夫を考える。	・「中」は「おいしく食べる工夫」が段落ごとに分けて書かれていること，繰り返し事例を挙げていることを分からせる。
	5	・文章全体の組み立て，段落内の文の組み立て，言葉や写真の使い方から，説明の工夫を見つける。	・「分かりやすく説明する」ための工夫に焦点を当てて考えさせていく。
3	6・7	・食べ物について書かれた本を読み，感想を交流する。 ・ここまでの学習を振り返る。	・読む本を準備しておく。 ・食べ物について書かれた本に興味をもたせる。
4	8	・次の学習内容を予想し，これまでの学習から，さらに知りたくなったことを話し合う。 ・学習の進め方を確かめる。	・「すがたをかえる大豆」で学習したことを振り返り，これからの学習にいかしていけるようにする。
	9・10	・書く食材を決め，例にあたる食品を調べる。 ・調べたことを，図や表にまとめる。 ・整理して，さらに知りたくなったことも調べる。	・「すがたをかえる大豆」の学習や「食べ物について書かれた本」の読書体験をいかして，調べる材料や内容を決めさせる。
	11	・「食べ物のひみつ」の文章の組み立てを考える。 ・組み立てメモを書き，助言し合う。	・「すがたをかえる大豆」の文章や教科書の組み立ての例を参考にして，組み立てメモを作らせ，友だちの助言で修正させる。
	12・13	・教科書の例文を参考にして，組み立てメモをもとに説明文の下書きをする。 ・下書きを読み直して修正し，清書をする。	・教科書の「組み立て例」と「例文」を比べて，メモの文章化をイメージさせる。 ・書き方を例文や既習の「工夫」で確かめる。
5	14・15	・自分と同じ食材，違う食材について書いた文章を読み，感想を交流する。 ・自分の文章の読み直しをする。 ・学習を振り返る。	・文章を読み合ったことをもとに，自分の文章を再度見直してみる。 ・「たいせつ」や「ふりかえろう」をもとに，説明で大事なことを確かめる。

📀 **収録（画像，黒板掲示用カード，児童用ワークシート見本）** ※本書P104～107に掲載しています。

本時の目標

大豆とその食べ方に興味をもち，例文を読んで，食べ物についての説明文を書く学習をすることが理解できる。

授業のポイント

大豆の食べ方や加工に関心をもたせるために，大豆や加工品の実物を何点か準備できるとよい。給食で食べた経験も出し合える。

本時の評価

すがたをかえる大豆と食べ方に関心をもち，例文で書き方を学んで，食べ物の説明文を書く学習であることが分かっている。

板書例

〈具体物でイメージを補強〉国語の学習は文から読み取るのが基本ですが，説明文では具体物で補強するのも１

〈学習のめあて〉

れいの書かれ方に気をつけて読み、それをいかして書こう

・せつめいのしかたのくふうを見つける
・食べ物についてせつめいする文を書く

に豆
きなこ
とうふ
なっとう
みそ
しょうゆ
えだまめ
もやし

↑
大豆

・大豆からとうふ知らなかった
・なっとうは知っていた
・食べ方がこんなにたくさん

※児童の発言を板書する。

---

1 経験交流　大豆について知っていること，食べた経験を出し合おう。

グループに，生の大豆を5，6粒ずつ配る。

「これは，わたしたちがよく食べているものです。なんだか分かりますか。」

・豆だけど，何という豆かなあ？
・豆まきを するときの豆です！

「これは大豆という豆です。これは，生の豆です。このまま食べられそうですか？」

・堅くて，食べられないみたい・・・。

ふつう生では食べません。食べたことがある人は，大豆をどのようにして食べたか，発表してください。

おばあちゃんが，煎って（炒って）くれたことがあります。豆まきをした後，食べました。

お母さんが，煮てくれました。

給食でも食べたことがあるよ。

2 予想する　「すがたをかえる」って何か，予想してみよう。

「それでは，大豆についてどんな勉強をしていくのか，教科書を開けてみましょう。」

扉のページを開けて，題を確認する。

・すがたをかえる大豆。
・食べ物のひみつを教えます。
・題が2つもある。姿を変えるってどういうことかな？食べ物の秘密って何？

まず「すがたをかえる大豆」から勉強します。「すがたをかえる」ってどんなことなのでしょう。

「すがたをかえる」って，変身かな？おもしろそう。

さっき先生が生の大豆を配ったけど，それと関係がありそう・・・。

大豆が変身するわけないでしょ。他に意味があるはずよ。

つの方法です。大豆から作られる食品は簡単に入手できるものばかりです。

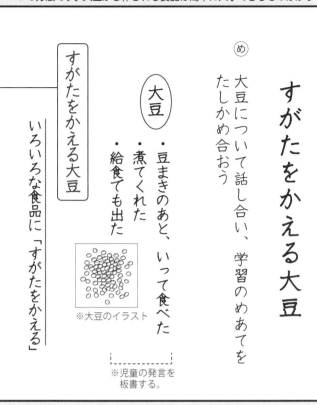

すがたをかえる大豆

（め）大豆について話し合い、学習のめあてをたしかめ合おう

大豆
・豆まきのあと、いって食べた
・煮てくれた
・給食でも出た
※大豆のイラスト
※児童の発言を板書する。

すがたをかえる大豆
いろいろな食品に「すがたをかえる」

主体的・対話的で深い学び

・大豆の食べ方や「すがたをかえる・・・」という題名について予想し合い，初めて知ったことを話し合うことで，この学習への関心を高めていく。大豆で作られた食品の実物を数点教室に持ち込めば，「どうしてこんなに姿が変えられるのだろうか」と児童の関心はさらに高まるだろう。

準備物

・生の大豆（班に5，6粒ずつ）
・醤油，きな粉，もやしなどの実物
・黒板掲示用カード DVD 収録【3下_06_01～3下_06_04】

3 交流する　大豆について初めて知ったことを話し合おう。

「『すがたをかえる・・・』って，どんなことなのか，まず先生が読んでみます。読み仮名もつけましょう。」
　　範読する。その後，一人読みをさせる。

・「すがたをかえる」って，大豆から作られる食べ物に変わるってことだった。
・大豆には見えないものに変身しているね。
・大豆のいろいろな食べ方が書いてあった。

大豆のことや食べ方で，初めて知ったことを話し合いましょう。

大豆ってこんなにいろいろなものに姿を変えるんだ！

お豆腐や醤油まで大豆から作られていたなんて知らなかった。

納豆は大豆から作られているのは，よく分かる。

大豆の食べ方って，たくさんあることが分かった。

できれば醤油など大豆製品の実物を見せる。

4 見通しをもつ　学習のめあて（学習課題）を確かめよう。

「大豆から作られた物がたくさん出てきましたね。この説明文は，読んで分かりやすかったでしょうか。」
・はい。よく分かりました。
・写真もあったので分かりやすかったです。
・コウジカビとか納豆菌がちょっと難しいです

この説明文で，どんなことを勉強していくのか，扉のページの右と左の文を読んで確かめましょう。

例の書かれ方に気をつけて読んでいく。例とは，お豆腐や納豆の説明のことだね。

説明のしかたの工夫を見つけて，食べ物の説明文も書くのね。

　　リード文は，斉読をさせて内容を確認する。
「今日の給食や晩御飯にも，大豆からできたものが出てくるかもしれませんね。探してみましょう。」

すがたをかえる大豆

本時の目標
文章を段落に分け，「中」の具体例を整理して，「はじめ」「中」「終わり」の3つにまとめることができる。

授業のポイント
正しく読めるように音読の時間を確保する。「中」の段落の内容の整理から始めて，「はじめ」「中」「終わり」の組み立てに気づかせる。

本時の評価
文章を段落に分けることができ，「はじめ」「中」「終わり」にまとめられることを理解している。

板書例

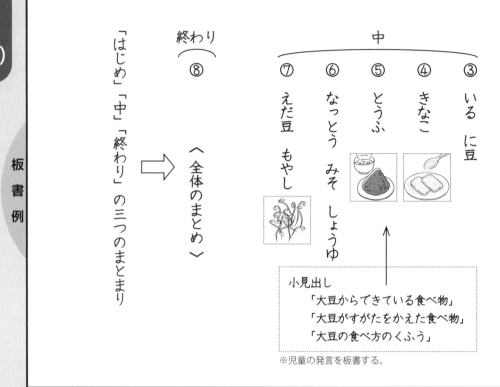

〈既習事項の振り返り〉段落や「はじめ」「中」「終わり」は3年の前半で学習しています。すべての

「はじめ」「中」「終わり」の三つのまとまり

終わり
⑧

〈全体のまとめ〉

中
⑦ えだ豆　もやし
⑥ なっとう　みそ　しょうゆ
⑤ とうふ
④ きなこ
③ いる　に豆

小見出し
「大豆からできている食べ物」
「大豆がすがたをかえた食べ物」
「大豆の食べ方のくふう」

※児童の発言を板書する。

---

1 読んで分ける

段落に分けながら全文を読み通そう。

「『段落』って，覚えていますか。どんなことで，どうして見分けるのでしたか。」
・文章を組み立てているまとまりでした。
・1つの段落にひとまとまりの内容が書いてある。
・段落のはじめは，1字下げて書いてある。

どの子も段落が分かる状態になるよう復習する

①の段落は「わたしたちの毎日・・」からですね。②の段落はどこから？③は・・・

②の段落は，「大豆は・・・」からです。

③の段落は，「いちばん分かりやすいのは・・・」からです。

「段落はいくつあったか，みんなで確かめましょう。」
　段落のはじめに①、②、③・・・⑧の番号をつける。

・全部で8段落あります。

---

2 音読する

正しく読めるように音読して，難しい言葉の意味を調べよう。

すがたをかえる大豆の例（おいしく食べる工夫）が書いてある段落はどこですか。例に挙げた食べ物の名前も班で確かめましょう。

わたしたちの毎日の食事には・・・

いったり，にたりって何？線を引いておこう。

ナットウキンやコウジカビもどんなものかな？

はじめは，まず小声の一人読みで読み方を確かめさせる。
「意味の分からない言葉は，国語辞典で調べましょう。『いったり，にたり』は『いる』『にる』で調べます。」
　国語辞典に載っていない言葉は教師が説明する。

「次は，みんなで一緒に音読しましょう。」
　班単位や1人ずつで段落ごとに交代して音読させ，正しく音読できるようにする。最後に斉読をする。

児童が学んだ内容をしっかりと思い出せるように復習をさせます。

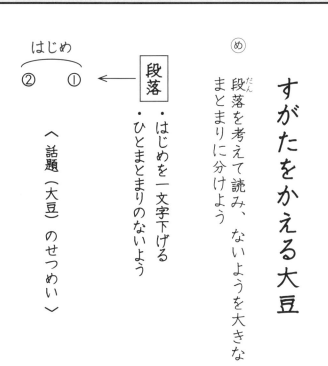

すがたをかえる大豆

め
段落を考えて読み、ないようを大きな
まとまりに分けよう

段落
・はじめを一文字下げる
・ひとまとまりのないよう

〈話題（大豆）のせつめい〉

はじめ
②　①　←

主体的・対話的で深い学び

・段落の分け方やまとめ方については，上巻の「言葉で遊ぼう・こまを楽しむ」で学習している。それを発表させ合うことで，すべての児童が内容を思い出せるようにする。段落分けは，番号をつけたり，音読をすることで確認させていき，対話を通して，「はじめ」「中」「終わり」にまとめられることを理解させる。まず，「中」がどこかを内容を話し合うことからつかませ，その前後の「はじめ」「終わり」を確認するようにすれば分かりやすい。

準備物

・黒板掲示用カード（第1時使用のもの）

3 整理する　すがたをかえる大豆の例が書いてある段落を見つけよう。

すがたをかえる大豆の例（おいしく食べる工夫）が書いてある段落はどこですか。例に挙げた食べ物の名前も班で確かめましょう。

④の段落は，きな粉だね。

③の段落に，煎った(炒った)豆や煮豆が書いてある。

⑤には，豆腐が書いてある。

・③から⑦の段落までに書いてある。
「この③から⑦までの段落のまとまりに題（小見出し）をつけるとすれば，どんな題がいいでしょう。」
　・「大豆からできている食べ物（食品）」
　・「大豆がすがたをかえた食べ物」
　・「大豆の食べ方の工夫」がいいです。
　　　段落の内容の共通性に気づかせ，1つの「まとまり」であることを分からせる。

4 まとめ　段落を「はじめ」「中」「終わり」の3つに分けよう。

「説明文の段落を大きなまとまりに分けると，どのように分けられますか。前に学習したことを思い出しましょう。」
　・「はじめ」「中」「終わり」です。
　・「言葉で遊ぼう」で勉強しました。

「すがたをかえる大豆」では，「はじめ」「中」「終わり」は，どうなりますか。

①と②が「はじめ」だよ。

③～⑦までがひとまとまりだったから，これが「中」ね。

⑧が「終わり」で，全体のまとめになる。

「はじめ」＝①②，「中」＝③～⑦，「おわり」＝⑧であることを，みんなで確認する。

「教科書P48の『①段落の組み立て』も見て確かめておきましょう。」

すがたをかえる 大豆

第 3 時 （3/15）

本時の目標
「はじめ」に書かれている内容と、「はじめ」の役割を捉え、「問い」の文を考えることができる。

授業のポイント
説明文の組み立てを知る上で、「はじめ」はなぜあるのか、本文（中）の前に、前置き（はじめ）があるわけ（役割）を対話を通して考えさせる。

本時の評価
「はじめ」の部分の内容と役割を捉えている。
「問い」の文を考えることができている。

板書例

〈②段落のないよう〉
大事な言葉‥ 大豆　ダイズ　たね　食べにくく
　　　　　　　　くふう　おいしく食べる

【れい】 大豆はかたくて食べにくいので、
おいしく食べるくふうがされてきた。

（読んでみたい もっと知りたい）

「はじめ」の役わり
←
これからせつめいする話題を、おおまかにしめしている。

「問い」の文
大豆をおいしく食べるには、どんなくふうがあるでしょう

---

1 読み取る　①の段落には何が書かれているだろう。

「今日は、『はじめ』の２つの段落を読んで勉強していきます。」

　　　①の段落を音読させる。
「①の段落に書かれていることを考える手がかりになる大事な言葉に線を引きましょう。」
　・「大豆」です。
　・ほとんど毎日口にしている
　・いろいろな食品
　・すがたをかえる

線を引いた言葉をもとにして、①の段落に書かれていることを一文で書きましょう。

「大豆はよく食べられている。」これでどうですか？

「大豆はいろいろな食品に姿を変えている。」の方がいいと思う。

「大豆は、いろいろな食品に姿を変えてよく食べられている。」にしようよ。

「調理」など語句の意味は、その都度確認する。

2 読み取る　②の段落には何が書かれているだろう。

　　②の段落を音読させる。
「②の段落でも大事な言葉に線を引きましょう。」
　・「大豆」は、やはり大事な言葉です。
　・ダイズ。大豆とどう違うのかな？
　・たね　・食べにくく　・くふう
　・おいしく食べる

　　大豆（豆）とダイズ（植物体）の書き分けを説明しておく。
「消化」など難しい言葉の意味も確認する。

②の段落に書かれていることも、一文で書きましょう。

大豆をおいしく食べる工夫をしてきた。

手がかりの言葉が多くて、難しいね。

まとめるよ。「大豆はかたくて食べにくいので、おいしく食べる工夫がされてきた。」

大豆は、ダイズの種で、かたくて食べにくい。

それをもとにして考えるとまとめやすくなります。

すがたをかえる大豆

め 「はじめ」の部分の役わりを考え、問いの文を作ろう

〈①段落のないよう〉
大事な言葉… 大豆　ほとんど毎日口に
　　　　　　いろいろな食品　すがたをかえる

【れい】　大豆は、いろいろな食品にすがたを
　　　　かえてよく食べられている。

主体的・対話的で深い学び

・①と②の段落の内容を，大事な言葉を手がかりにして話し合い，一文にまとめさせる。①と②の段落の内容がつかめたところで，「はじめ」のまとまりの役割を考えさせる。「『はじめ』を読んで分かったことやもっと知りたいことを話し合いましょう。」「ヒントは，②の段落の最後の文です。」など，教師からの助言やヒントが必要になってくる。また，教科書の「段落の組み立て」も参考にして，考えさせる。
・「問いの文」は，既習事項を想起させ，個々人で考えた文を発表し合って，話し合う。

準備物

・ワークシート（「はじめ」の段落をまとめて，「問い」の文を考える）
（児童用ワークシート見本 DVD 収録【3下_06_05】）

3 考える　「はじめ」の役割を考えよう。

「『はじめ』の2段落を，もう一度音読しましょう。」

「はじめ」を読んで，知ったことや，知りたいと思ったことを話し合いましょう。

昔からいろいろ大豆をおいしく食べる工夫をしてきたなんて知らなかったわ。

大豆を毎日のように食べていることを初めて知りました。

「おいしく食べる工夫」って何だろう，と思いました。

「『はじめ』を読むと，大豆について，ちょっと分かるようになりましたね。また，知りたいことも出てきましたね。そして，『中』につながるのです。」
・ちょっと分かって，もっと知りたくなるね。
・それを「中」で，詳しく説明するんだ。
「これが『はじめ』の役割なのです。」

　　教科書 P48 「①段落の組み立て」を再度確認する。

4 考える　「問い」の文を考えよう。

「『はじめ』には，問いの文がありましたね。」
　　「こまを楽しむ」の問いを思い出させる。
「『すがたをかえる大豆』に問いの文がありますか。」
・ありません。

どのような「問い」の文を入れたらよいか考えてノートに書きましょう。書けたら発表しましょう。

①と②の段落で書かれていたことから考えたら・・・

問いの文の終わりは「でしょう」や「でしょうか」だったな。

・大豆は，どんな食品に姿を変えているのでしょう。
・大豆をおいしく・・・どんな工夫があるでしょう。
・②の最後に問いを入れるから，「どんな工夫」の方がいい。
　「中」の説明も「工夫」と書いている。

　　グループ内で発表し，何人かは全体でも発表させる。発表について，意見を出して話し合う。

すがたをかえる大豆
第 **4** 時 （4/15）

本時の目標
「中」の各段落に書かれている「食べる工夫」と「食品」を整理し，説明の仕方の工夫に気づく。

授業のポイント
段落の内容を整理するための文や言葉を見つけて線を引かせておく。それを見て，表にまとめさせる。その表を見て，段落内容を比較させる。

本時の評価
段落ごとに，内容を表に整理でき，説明の仕方の工夫に気づいている。

板書例

〈表のまとめ方〉表にまとめる場合，できる限り余分な言葉を取り除き，短い文や言葉で書くと見

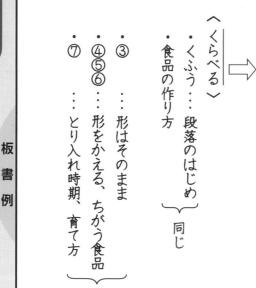

〈くらべる〉
・くふう … 段落のはじめ
・食品の作り方

・⑦
・④⑤⑥
・③

③ … 形はそのまま
④⑤⑥ … 形をかえる、ちがう食品
⑦ … とり入れ時期、育て方

同じ

ちがい

⑦	⑥	⑤	④
とり入れる時期や育て方をくふうする	目に見えない小さな生物の力をかりて、ちがう食品にする	大切なえいようだけ取り出して、ちがう食品にする	こなにひく
えだ豆 もやし	なっとう みそ しょうゆ	とうふ	きなこ

1 振り返る 「中」には，何が書いてあっただろう。

「『中』のまとまりには，何が書いてあったのですか。」

第2時の学習を思い出し，教科書P48「段落の組み立て」も見直させる。

すがたをかえる大豆の例が書いてあるんだね。

大豆をおいしく食べる工夫が書いてある。

「はじめ」で示された話題について説明をしている。

おいしく食べられるようにした「食品」が書かれている。

「題もつけましたね。」
・大豆がすがたをかえた食べ物
・大豆をおいしく食べる工夫。

「おいしく食べる工夫と姿を変えた食品が，③から⑦の段落に，それぞれ分けて書かれていますね。では，これからそれを確かめていきましょう。」

2 見つける 各段落のおいしく食べる「くふう」と「食品」に線を引こう。

「③から⑦のそれぞれの段落の，おいしく食べる工夫に波線，食品に二重線を引きましょう。」

③段落から順に音読しては線を引かせ，グループで確認してから，次の段落に進ませる。

③の工夫は，「その形のまま … おいしくする」に線を引いた。これでいいですか？

③の食品は，「いった豆」と「に豆」だね。

③はそれでいいわ。④の工夫は，「こなにひいて食べる」です。これでどう？

④の食品は「きなこ」です。

「線が引けて，グループで確認できたら，発表して下さい。みんなで確認しておきます。」
・⑤の工夫は，「大豆にふくまれる … ちがう食品にする」にしました。食品は「とうふ」です。

③〜⑦を確認する。

やすくなり，比較などもしやすくなります。

段数	③
おいしく食べるくふう	その形のままいる、にる
食品	いった豆　に豆

め　「中」に書いてあることを表に整理し、くらべてみよう

中

おいしく食べるくふうと、すがたをかえた食品
くふう＝なみ線
食品＝二じゅう線

すがたをかえる大豆

🔍 主体的・対話的で深い学び

・各段落の内容を整理するときは，個人作業→班やグループでの確認→全体での発表と共有化の3段階の活動をさせ，主体的な活動と対話的な活動をつないでいく。
・「中」のまとまりの学習のまとめとして，各段落の共通点と相違点を対話の中から見つけさせていく。共通点と相違点に目を向けさせるためには，教師の発問（展開4）がポイントになる。

準備物

・ワークシート（「中」に書いてあることを整理する表）
　（児童用ワークシート DVD 収録【3下_06_06】）
・画像「豆腐ができるまで」 DVD 収録【3下_06_07】

3 まとめる　③〜⑦段落の内容を表に整理しよう。

ワークシートを配る。

「線を引いたところをもとにして，③〜⑦段落の内容を短くまとめて表に整理します。」
　教科書P48の「ノートの例」も参考にさせる。

「ではまた，発表し合って，みんなで確認しましょう。」
・⑤の工夫は「大切な栄養だけ取り出して，違う食品にする」にしました。食品は「豆腐」です。

　煮方，豆腐の作り方，使う微生物なども確認する。

4 比べる　表を見て，③〜⑦の内容を比べてみよう。

「各段落に共通している書き方や内容がありましたね。では，違うところはありますか。『工夫の中身』を比べてみましょう。」
・③は，形はそのままで食べるけど，④⑤⑥は，形を変えたり，違う食品に変えている。
・⑦は，③とも，④⑤⑥とも，少し違うね。
「同じ『中』でも，共通点と違う点があるのですね。」

すがたをかえる大豆

第 5 時 （5/15）

本時の目標
文章全体や段落の組み立て，言葉や写真の使い方から，説明の工夫が分かる。

授業のポイント
説明文の場合，読んで分かりやすいということが大事な点になる。「分かりやすく説明する」工夫に焦点を当てて考えさせていく。

本時の評価
文章全体や段落の組み立て，言葉や写真の使い方に着目し，筆者の説明の工夫が理解できている。

〈接続詞の理解〉 文をつなぐ言葉の使い方は，具体的な文の中で埋解させます。複数の事例で確かめ

板書例

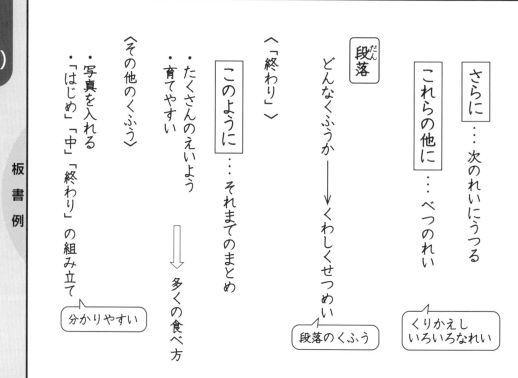

段落

さらに … 次のれいにうつる

これらの他に … べつのれい

どんなふうか ── くわしくせつめい

くりかえし いろいろなれい

段落のくふう

〈「終わり」〉

このように … それまでのまとめ

・たくさんのえいよう
・育てやすい

⬇ 多くの食べ方

〈その他のくふう〉
・写真を入れる
・「はじめ」「中」「終わり」の組み立て

分かりやすい

---

1 考える 段落のはじめの言葉や事例の並べ方から説明の工夫を確かめよう。

「『中』の段落のはじめの言葉を□で囲みましょう。」
・③段落は，|いちばん分かりやすいのは|
・④が，|次に|，⑤が，|また|・・・

これらの言葉がはじめにあるとそれぞれどんなことが分かりますか。

③の場合は，いちばん分かりやすいことから説明していることが分かる。

「次に」，次の説明に移る，「さらに」で付け足しだと分かる。

□で囲んだ言葉があると文のつながりが分かりやすい。これも説明の工夫ね。

「『中』の段落は，どれも，何が書いてありますか。」
・大豆をおいしく食べる工夫の例が書いてあります。
「このように，繰り返しいろんな例を挙げて書いていく説明の仕方をどう思いますか。」
・例がいろいろあった方が，おいしく食べる工夫がよく分かります。これも説明の工夫ですね。

---

2 調べる 段落の中の文の組み立てを調べよう。

「『中』の③〜⑦の段落は，何で分けられている（どこが違っている）のですか。」
・おいしくする工夫の違いで分けてあります。
・粉にひくとか，栄養を取り出すとか・・・だね。
「例をただ並べるだけではなく，おいしくする工夫の違いで段落に分けて説明しているのですね。」

では，段落の中の文の組み立ての工夫も見つけて話し合いましょう。

段落のはじめに，どんな工夫か書いてあったね。

次に，その工夫の詳しい説明が書いてあるよ。

どの段落も，同じように書いている。これも説明の工夫だよ。

詳しい説明というのは，食品の作り方のことだね。

たり，接続詞がないとどうなるかなど，比較するのもよいでしょう。

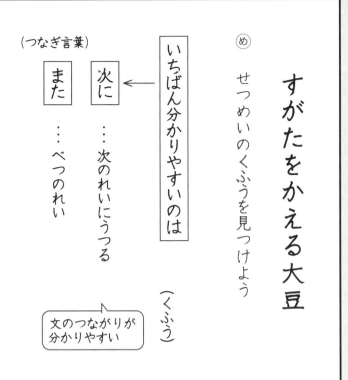

（つなぎ言葉）

め
せつめいの くふうを 見つけよう

すがたをかえる大豆

（くふう）

いちばん分かりやすいのは

次に
　　…次のれいにうつる

また
　　…べつのれい

次に
文のつながりが
分かりやすい

主体的・対話的で深い学び

・文章の組み立てや段落内の文の組み立てから，筆者の説明の工夫をつかむのは，児童にとっては難しい活動である。できる，できないの個人差も大きくなる。ここは，対話の役割が大きくなってくる。友だちの考えを聞いたり，話すことで自分の考えを整理させることで捉えさせていく。前時にまとめた表も活用すると分かりやすいだろう。「すがたをかえる大豆」を読む学習の最後なので，筆者の考えも，しっかりと読み取らせておきたい。

準備物

・ワークシート（第4時使用のもの）

---

3 読み取る 「終わり」には，何が書かれているだろう。

　⑧の段落のはじめの言葉も□で囲ませる。

「『このように』は，どんな時に使う言葉ですか。」
　・これまで書いてきたことをまとめるときです。
「『このように』が出てきたら，『まとめが書いてあるな』と考えましょう。では⑧段落を読みましょう。」
　　「終わり」はまとめ。一人読みと斉読をする。

どのようにまとめてありますか。

痩せた土地に強く育てやすいとも書いています。

筆者は，大豆を食べる工夫をどう思っているのでしょう。

畑の肉と言われるぐらい栄養があるんだ。

こんなに多くの食べ方の工夫がされてきたのは，たくさんの栄養を含んでいるからです。

昔の人の知恵に感心しています。

　　前時のワークシートの「終わり」欄に記入させる。

4 まとめ その他の説明の工夫（写真など）も見つけよう。

「はじめから全文を読んで，他にも説明の工夫はないか，探しましょう。」

写真がたくさん載せてあったから，どんな食品かよく分かったね。

畑から抜いたダイズの写真を初めて見ました。こんな風にできるんだと，とてもよく分かったわ。

題も工夫してあるね。はじめは「何だろう」と思ったし，勉強したら「なるほど」と思いました。

「説明文を分かりやすく書く書き方の工夫は？」
　・「はじめ」「中」「終わり」の組み立てで書きます。
　・「はじめ」で，何について説明するのか分かるからいいね。
　・「中」の説明で詳しく分かるし，「終わり」で，ちゃんとまとめもできるから，分かりやすいよ。

すがたをかえる大豆／食べ物のひみつを教えます　91

本時の目標

食べ物について書かれた本を読み，内容や説明の仕方について感想をまとめて交流することができる。

授業のポイント

「食べ物」についての本を読んだ経験のない児童も多いのではないかと思われる。簡単な読み聞かせを取り入れるなど，まず興味をもたせるようにしてもよい。

本時の評価

食べ物について書かれた本を選んで読み，感想をまとめて友だちに伝えている。

板書例

〈読みたい本の選び方〉題名だけでは自分が思っていた内容と違う場合もあります。目次や前書き

「魚がへんしん！」
「すがたをかえる食べものずかん」 など

〈感想を書こう〉
・はじめて知った　　・おもしろい
・友だちにつたえたい　　・せつめいのしかた

〈感想をつたえ合おう〉
・小麦は小麦こにしやすい
　　へんしん
・魚は，かつおぶし…など，大豆いじょうに

〈ふり返ろう〉
・「たいせつ」
・科学読み物での調べ方

※児童の発言を板書する。

1 交流する 「すがたをかえる○○」を出し合おう。

パン（または，うどん，あられ，ソーセージなど食物の加工品）を見せる。

「大豆はいろいろなものに姿を変えて食べられていましたが，このパンは，何が姿を変えたものでしょう。」
・パンは小麦粉から作られる。
・小麦粉のもとは小麦だから，小麦が姿を変えた。
　小麦の画像または実物を見せ，パンと比べる。

他に，どんな食品が何から姿を変えて作られていますか？

ポップコーンは，トウモロコシから作られています。

チョコレートは，カカオ豆から作られるんだよ。

うどんも小麦が姿を変えたものだよ。

2 読書をする 食べ物について書かれた本を読もう。

「このような食べ物について書かれた本があります。教科書（P49 下）の本の紹介を見てみましょう。」

どれか，読んでみたい本がありますか。

「魚がへんしん！」がおもしろそうだな。読みたいです。

「野菜・くだものからつくる食べもの」って何だろう？読んで知りたいな。

「では，本を選んで読みましょう。後で，知ったことや友だちにも教えてあげたいことを話し合いましょう。」

本時までに，図書室や市の図書館などから借りる，家にある本を持ち寄らせるなどして，読める本が手元に準備できているようにしておく。本選びや準備には，個別の支援も必要。

後書きなどで大体の内容をつかんで選ばせるのがよいでしょう。

すがたをかえる大豆

め 食べ物について書かれた本を読み、感想を交流しよう

〈すがたをかえる○○〉

パン	うどん	小麦
ポップコーン	↑	とうもろこし
チョコレート	↑	カカオ豆

※児童の発言を板書する。

〈本をえらんで読んでみよう〉

🔍 主体的・対話的で深い学び

・自分の興味や関心のある本を選ばせる。うまく選べない児童には，教師の助言も必要になってくるだろう。感想文を交流し意見を出し合うことで，自分の読み方や書き方のよさと課題を知ることができ，学びが深められる。また，友だちの感想に触発されて，次の読書に向かおうとする意欲や主体性をもつことにもつながっていく。

準備物

・パン，うどん，あられ，ソーセージなど食物の加工品の画像または実物
・小麦の画像 **DVD** 収録【3下_06_08】または，実物
・食べ物について書かれた本（児童各自1冊ずつ）
・感想文用ワークシート **DVD** 収録【3下_06_09】

3 伝え合う　読んだ本の感想を書いて，交流しよう。

読んで，こんなことを初めて知った，おもしろいなあ，教えてあげたい，ということを話し合いましょう。

「魚がへんしん！」を読みました。魚は，さしみ，かつおぶし，かまぼこなど，大豆以上に変身していました。

「○○」という本を読みました。小麦は小麦粉にしやすいということが初めて分かりました。

「説明の仕方についての感想はありませんか。」
・写真やイラストと一緒に説明がしてあったので，分かりやすかった。興味がわいてきた。
「もっと知りたくなったことも出し合いましょう。次は，別の食べ物のことを書いた本を読んでみるのもいいでしょう。」
　　自主的，発展的な読書へと広げる。

4 振り返る　学習してきたことを振り返ろう。

「P49の『たいせつ』を読みましょう。」
・題名から予想したり，扉のページで話し合ったね。
・「中」の例や段落の役割も，いろいろ話し合った。
・筆者の書き方の工夫も話し合ってよく分かったよ。

教科書の「科学読み物での調べ方」を読んで，分かったことを確かめましょう。

目次や索引で，知りたいことが載っているページを見つけたらいいのね。

調べたことを記録するときは，奥付に書いてあることも記録しておく。

自分に必要なところを中心に読めばいい。

目次，索引，奥付などは，実際の本で確かめておく。

食べ物のひみつ を教えます

第 8 時 （8/15）

本時の目標

何について，どのように学習していくのか，見通しをもつことができる。

授業のポイント

「すがたをかえる大豆」で学習したことを振り返り，これからの学習にいかしていけるようにする。

本時の評価

学習する内容や学習の進め方が理解できている。

板書例

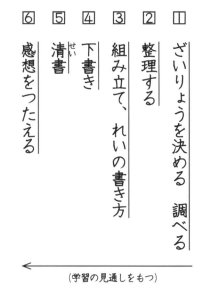

〈学習の進め方〉

1 ざいりょうを決める　調べる

2 整理する

3 組み立て、れいの書き方

4 下書き

5 清書

6 感想をつたえる

自分たちが調べて、せつめい文を書く
分かりやすく書くくふう（れい、写真、題）
他にどんなへんしんがあるか
おかしへのへんしん
他においしく食べる方ほう

（学習の見通しをもつ）

※児童の発言を板書する。

---

1 予想する　次はどんな学習をするのだろう。

「『すがたをかえる大豆』の学習の続きで、次はどんな学習をするのでしょう。まず、題から予想しましょう。」
　「食べ物のひみつを教えます」という題を板書してみんなで声を合わせて読ませる。

「題の横の3行の文を読んで確かめましょう。」
　教科書P51を開けて、3行の文を読ませる。

・今度は，自分たちが説明する文章を書くのだね。
・大豆と同じように姿を変えて食品になる材料について書くんだ。
・書いたら，友だちと読み合う。

2 振り返る　よく分かる説明文を書くにはどうすればよいだろう。

「『すがたをかえる大豆』を読むと、大豆が姿を変えることがよく分かりました。どこを読んでそう思いましたか。」
・大豆が豆腐になることが書いてあったからです。
・納豆の例も書いてありました。

工夫して分かりやすく書こうとする動機付けをしておく。

欠です。「何について」「どのように」をしっかりつかませましょう。

食べ物のひみつを教えます

め
「何について」「どのように」学習して
いくのかを確かめよう

〈題から学習を予想しよう〉
・「ひみつ」おもしろそう
・べつの食品のへんしん？
・すがたをかえる→もっと他のことも
　　　　　　　　　　　　←
　　　　　　　　※児童の発言を
　　　　　　　　　板書する。

主体的・対話的で深い学び

・「すがたをかえる大豆」で学習したことを振り返りながら，違う材料を取り上げて，今度は自分たちが説明文を書いていくのだという気構えをもたせるようにする。「すがたをかえる大豆」という，手本になる説明文があるので，「学習の進め方」と併せて，これからの学習の見通しをここでしっかりともたせておく。それが，これからの主体的な活動につながり，対話の質を高めていくことにもなる。

準備物

---

3 交流する　食べものについて知りたくなったことは何だろう。

「『すがたをかえる大豆』を勉強して，食べ物のどんなことが分かりましたか。」
・そのままでは食べられない物でも，工夫をして姿を変えたらおいしく食べられるということです。
・食べ物の姿の変え方にも，いろいろあることが分かりました。

それでは，食べ物について，もっと知りたくなったことはありませんか？

「すがたをかえる大豆」で出てきた以外にどんな変身があるか知りたいな。

よく食べているお菓子は何から変身したのか調べたい。

姿を変えないでおいしく食べる方法もいろいろ知りたいです。

---

4 見通しをもつ　学習の進め方を確かめよう。

大豆のように姿を変えて食品になる材料についての説明文を書くのですね。学習の進め方をどうしますか？

その前に，何について書くのか決めないと・・・，何がいいかな。

みんなが読みたくなるような題を考えないといけないね。

説明文だから，いろいろ調べないと書けないよ。

「教科書の『学習の進め方』で確かめましょう。」
　　P51の下図を読む。

・やっぱり，はじめに書く材料を決めないと・・・。
・どんな風に姿を変えるのか，調べるのに手間がかかりそうだね。
・書くのも，下書きしてから，清書するんだ。
・友だちが書いた説明文を読むのが楽しみだ。

食べ物のひみつ を教えます

第 9,10 時 (9,10/15)

本時の目標
調べたい食材を決めて調べ、おいしく食べる工夫と食品を整理することができる。

授業のポイント
「すがたをかえる大豆」の学習や「食べ物について書かれた本」の読書体験をいかして、調べる材料や調べる内容を決める。

本時の評価
調べたい食材を決め、図書館などで調べている。
調べたことを図や表に整理している。

〈必要な資料の準備〉せっかく調べようと張り切っている児童なのに、肝心の本や資料がなく、思うように調

板書例

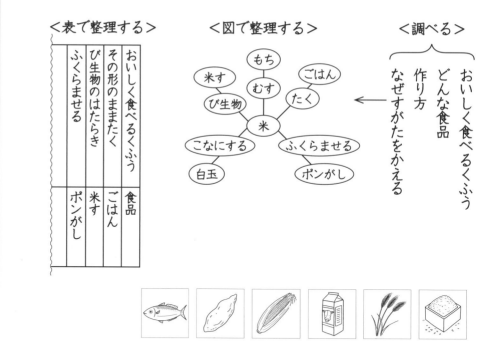

＜表で整理する＞

おいしく食べるくふう	び生物のはたらき	その形のままたく	ふくらませる
食品	ごはん	米す	ポンがし

＜図で整理する＞

米 — もち／むす／ごはん／たく／こなにする／白玉／ふくらませる／ポンがし／米す／び生物

＜調べる＞
おいしく食べるくふう
どんな食品
作り方
なぜすがたをかえる

---

1 決める　調べる材料を決めよう。

教科書の「①ざいりょうを決め、調べよう。」を読む。

「まず、何から始めるのですか。」
・調べたい材料を決めます。
・教科書に載っている材料から、選ぶんだね。
・私は、果物を調べたかったけど・・・残念。
　米、麦など6つの材料を確かめる

各自で選ばせずに、6つの材料をグループごとに割り振るのも一つの方法。児童の実体に応じて、グループ活動として調べさせるのでもよい。

2 調べる　決めた材料について調べよう。

「選んだ材料について何を調べればよいのですか。」
・おいしく食べる工夫です。
・食品もです。どんな食品に姿を変えるのか。
「『すがたをかえる大豆』をもう一度読み返して、調べておいたらよいことを確かめましょう。」
・食品の作り方も、調べておこう。
・なぜその食品に変えたらいいのかも調べよう。

事前に調べて、必要な本を必要数そろえておく。

96

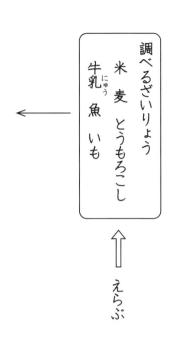

食べ物のひみつを教えます

め
材料をえらび、食べるくふうと作られる
食品を調べて整理しよう

調べるざいりょう
米　麦　とうもろこし
牛乳　魚　いも

← えらぶ →

主体的・対話的で深い学び

・本時は，食材を選ぶ・調べる・整理するといった一人ひとりの児童が主体的に活動することが中心となる学習である。本単元の前半で学習したことをいかして，「何を」「どうするのか」が見通せることで，自主的・主体的な学習活動を引き出すことができる。

・調べる段階での協力や調べた内容を整理するときに助言し合ったりする場面で，対話ができる。

準備物

・黒板掲示用カード **DVD** 収録【3下_06_10~3下_06_12】
・小麦の画像（第6・7時使用のもの）
・調べるための本や資料（必要数）

3 整理する　調べた内容を整理しよう。

「表にまとめる方法もありますね。見てみましょう。」
・こっちの方が，簡単にまとめられそうだな。
・でも，図の方がおもしろそう！

「図か表かどちらかの方法で，調べたことを整理しましょう。」
・図にまとめよう。魚はいろいろあるな。すり身にしたのがかまぼこ。生のまま食べるのが刺身・・・

4 さらに調べる　さらに知りたいことを調べよう。

「こんなことは，どうして調べたらいいでしょう。」
・もっと別の本を探して調べたらいい。
・栄養士さんに聞いたら，分かるかも知れない。
・家の人に聞いてみよう。
「調べて分かったことは，ノートに書いておきましょう。図や表に書き足せるものは，書き足しておきましょう。」

本時の目標

説明する文章の「はじめ」「中」「終わり」に書く内容を考え，組み立てのメモを作ることができる。

授業のポイント

「すがたをかえる大豆」での学習を振り返りながら進める。読み直してもよい。
組み立てメモを書く時間を十分確保する。（少なくとも20分）

本時の評価

分かりやすい例の挙げ方を考えて，文章の組み立てのメモを書くことができている

板書例

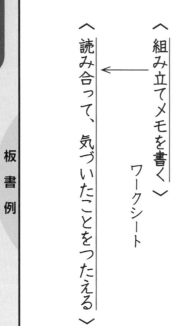

〈組み立て表の書き方〉文章の組み立てが一目で分かるように書きます。短い言葉や箇条書きにすると見やすいです。「はじめ」

〈書き方（せつめい）のくふう〉
・「はじめ」「中」「終わり」に分ける
・れいのあげかた
　一段落に一つのれい
　食べるくふう→作りかた、食品
　れいは多く
・「次に」「また」・・・つなぎ言葉
・写真もいかす
・「終わり」・・・「このように・・・」（まとめ）

〈組み立てメモを書く〉
ワークシート

〈読み合って、気づいたことをつたえる〉

---

1 振り返る 「すがたをかえる大豆」の文章を振り返り，組み立てを考えよう。

「『すがたをかえる大豆』の文章も，組み立てに沿って書かれていましたね。どんな組み立てでしたか。」
・「はじめ」「中」「終わり」の組み立てでした。

「それぞれ，どんなことを書けばよかったのですか。」
・「はじめ」は，説明する話題を示していました。
・「中」は，例を挙げて説明します。
・「終わり」は，まとめです。

2 考える 例の挙げ方の工夫を考えよう。

「『すがたをかえる大豆』の書き方を参考にして，例の挙げ方の工夫を考えましょう。」

「『大豆』にはなかった，工夫も考えてもいいですよ。」
・まず，食品の写真を見せるところから始めよう。
・自分が食べて感じたことも入れようかな・・・。

　自分が調べた材料と食べ方の工夫を具体的にイメージしながら，例の挙げ方の工夫を話し合わせる。

のように短くまとめにくい場合は，本文と変わらぬ書き方にさせる方法もあります。

食べ物のひみつを教えます

め 分かりやすい文章の組み立てメモを作り、読み合って意見をつたえよう

はじめ えらんだざいりょうのこと

中 調べたこと・れいをあげて

終わり まとめ（自分の意見？）

主体的・対話的で深い学び

・分かりやすい説明文の書き方の工夫を考え，自分なりの構想を立てさせる。ここでは「すがたをかえる大豆」で学習したことと，友だちの意見の二つをヒントにして，どんな説明文を書くか考え，組み立てメモを作成する。組み立てメモを読み合い，助言し合うことで，気づかなかったことを教えられ，文章の構想を練り上げていくことができる。

準備物

・ワークシート（組み立てメモ用紙）
（児童用ワークシート見本 DVD 収録【3下_06_13】）

---

3 まとめる　説明する文の書き方をまとめ，組み立てメモを書こう。

「他にも，工夫できることはありませんか。文章全体で考えたことでもいいですよ。」

・「次に」「また」などのつなぎ言葉を入れると，文のつながりがよく分かります。
・「はじめ」に問いの文を入れた方が分かりやすい。
・写真も上手く使ったらいい。題も工夫する。

では，書き方の工夫をグループで話し合ってまとめましょう。

「はじめ」に，どんな材料の食べ方の工夫なのか話題の説明をする。

「はじめ」「中」「終わり」の組み立てで書く。

「中」は，工夫の方法の違いで段落に分ける。例は多い方がいい。つなぎ言葉も使う。

「終わり」は，「このように…」から書き始めて，まとめを書く。

4 話し合う　組み立てメモを読み合い，助言し合おう。

組み立てメモ用のワークシートを配る。

「では，組み立てメモを書きましょう。『はじめ』の最初に題も考えて書き入れましょう。」

教科書の「組み立てのれい」も見させる。「中」は，箇条書きのように書きやすいが，「はじめ」は，何を書くか考えるよりも，実際に文で書かせた方が3年生には分かりやすいかもしれない。

書けたら，友だちと読み合って，気づいたことを伝え合いましょう。

お米から作られるお菓子もあるんじゃないかな。おかきとか・・・。

そうね。どうやって作るのかな。また，調べてみるわ。

「友だちの意見を聞いて，組み立てメモを書き直してもいいですよ。」

食べ物のひみつ を教えます
第 12,13 時（12,13/15）

本時の目標
組み立て表をもとにして，事例を挙げながら段落に分けて文章を書くことができる。

授業のポイント
前時の「説明するときの書き方」を振り返りながら，書き方を例文で確かめるようにする。組み立てや書き方を重視して書くようにする。

本時の評価
「食べ物のひみつ」について，組み立てに沿って事例を挙げながら，段落に分けて説明する文章を書いている。

板書例

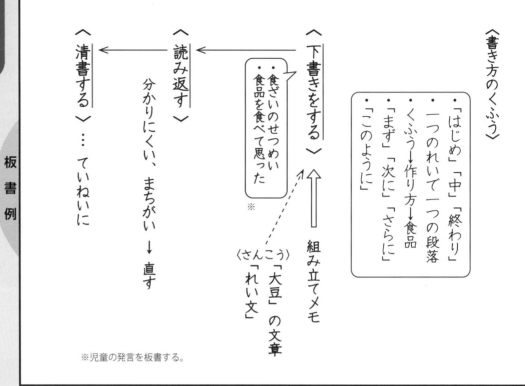

〈書き方のくふう〉
・「はじめ」「中」「終わり」
・一つのれいで一つの段落
・くふう→作り方→食品
・「まず」「次に」「さらに」
・「このように」

〈下書きをする〉
・食ざいのせつめい
・食品を食べて思った
※

組み立てメモ

〈さんこう〉「大豆」の文章「れい文」

〈読み返す〉
分かりにくい、まちがい→直す

〈清書する〉…ていねいに

※児童の発言を板書する。

---

1 読む・比べる 「清書した例文」を読み，「組み立てのれい」と比べてみよう。

「組み立てメモをもとに，説明する文章を書きます。まず，どう文章に書けばよいのか，教科書の例文『いろいろなすがたになる米』を読みましょう。」
　　　一人読みをして，その後斉読をする。

「文章の組み立ては，どうなっていますか。」
・「はじめ」「中」「終わり」になっています。

「組み立てのれい」と比べて，どのように文章が作られていったか確かめましょう。

「はじめ」は，1つの文にまとめて説明をしている。

「終わり」は，「まとめ」の中身が書いてある。

「中」は組み立ての3つの例が，1つずつの段落になっている。

「組み立てメモ」をこんな風に文章にしていけばいいんだ。

　　　2つを比較することで，組み立てメモをどのように文章化するか，イメージをもたせる。

2 読む・確かめる 「例文」の中の書き方の工夫を確かめよう。

「『例文』の書き方の工夫を確かめましょう。『組み立て』と比べたときに気づいていることもありますね。」
・「はじめ」「中」「終わり」に分けてある。
・「ごはん」と「もち」と「白玉」の説明が1つずつの段落に分けて書いてあります。

他の工夫も見つけましょう。「中」のはじめの段落には何が書いてありますか。2つめ，3つめと比べてみましょう。

「米をその形のままたいて食べる工夫」です。その後，ご飯のことを書いています。

2つめ3つめも，まず工夫が書いてあり，その後に食品が書いてある。

3つの段落は同じ書き方だ。「まず」や「次に」などつなぐ言葉も使っている。

「『はじめ』や『終わり』は，どうですか。」
・「終わり」は「このように」で始めてまとめている。

→「米は」を「いもは」「魚は」に変えれば、「はじめ」「終わり」の文にできます。

<table>
<tr><td colspan="2">

食べ物のひみつを教えます

</td></tr>
</table>

⊗ 組み立てやくふうを考えて、「食べ物の
ひみつ」の文章を書こう

〈組み立てのれいと、れい文をくらべよう〉

| はじめ |
ざいりょうについて → 米には … くふうが …

| 中 |
ごはん、白玉、もち → 3段落に

| 終わり |
まとめ → このように … 食べられているのです。

主体的・対話的で深い学び

・「すがたをかえる大豆」の文章や教科書の例文・組み立ての例を参考にして、自分が書く文章の構想を確かなものにしていく。グループの友だちと話し合うことで、どんな文章を書けばよいかがより明確になっていくだろう。

・下書きと清書は、一人ひとりの児童の活動になってきて、対話的な活動は入ってこない。その分、書くことが苦手な児童に対する教師の個別の援助が必要になってくる。

準備物

・前時で書いた「組み立てメモ」

---

3 下書きする　「組み立てメモ」をもとにして、下書きを書こう。

「『すがたをかえる大豆』や教科書の『例文』の書き方の工夫を参考にして書きましょう。」

・「はじめ」で「・・・、工夫があります」だけでなく、とうもろこしの説明も書いてもいいですか。

「いいですよ。」

　　文章化が難しい児童には例文の書き方を真似させる（例：「はじめ」の食材名だけ変える）とよい。まず、一定の形を踏まえて書けることを目指す。

「大豆」の文章や「例文」は参考だから、自分で工夫したり、書き足したりしてもいいですよ。

魚の種類によって、作られる食品が違うことも書いておこう。

私は「ポン菓子」を食べたことがあるので、思ったことも書くわ。

---

4 清書する　下書きを読み返して直し、清書をしよう。

「書けたら読み返して、分かりにくいところや、文字、言葉の間違いなどがあれば書き直しましょう。」

・この文は長くて分かりにくい。2つに分けよう。

・「何が」のところが抜けていた。書き入れよう。

・分かりにくいのではないけど、もっといい文を思いついたので、変えてもいいですか。

「いいですよ。」

下書きをもとに、清書をしましょう。丁寧に書きましょう。

題は、「へんしん！さつまいも」。読んでみようと思ってくれるかな。

一字一字丁寧に書こう。段落のはじめを一字下げるのを忘れないようにしよう。

　　清書は教師が預かって目を通しておく。

食べ物のひみつ を教えます

第 **14,15** 時（14,15/15）

本時の目標
友だちの書いた文章を読み合い，感想やよいところを伝え合うことができる。

授業のポイント
児童は内容にも興味を示すので，まず「食べ物のひみつ」を知り合う。そして，観点に沿って説明の形や書き方にも目を向けさせる。

本時の評価
友だちの書いた文章を読んで，説明の仕方の理解を深め，感想やよいところを伝えている。

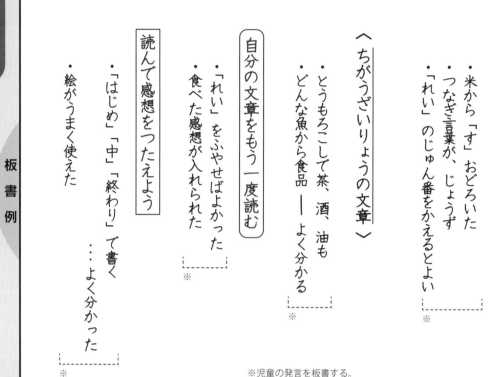

板書例

〈説明文を書かせる〉説明には，説明の方法，書き方があることに気づかせることが大事です。説明

〈ちがうざいりょうの文章〉
・米から「す」おどろいた
・つなぎ言葉が，じょうず
・「れい」のじゅん番をかえるとよい

自分の文章をもう一度読む
・とうもろこして茶，酒，油も
・どんな魚から食品 ── よく分かる

・「れい」をふやせばよかった
・食べた感想が入れられた
　　　　　　　※

読んで感想をつたえよう
・「はじめ」「中」「終わり」で書く
　　　　…よく分かった
　　　　　　　※
・絵がうまく使えた

※児童の発言を板書する。

---

1 読む 伝える 同じ食材について書いた者が文章を読み合い，感想を伝え合おう。

同じ食材について書いた4人程度で1グループを作り，文章を回覧して読み合い，感想を書く。

「よいところ，直したらよいところ，その他に思ったことを，ワークシートと付箋に書きましょう。」

付箋は説明文の用紙に貼っていく。

「グループで，司会を交代しながら，順番に一人ずつの説明文について思ったことを話し合いましょう。」

司会はぼくです。青木くんの説明文について話し合います。

お米から酢ができるなんて知らなかったので驚きました。

つなぎ言葉が上手に使われていて分かりやすかった。

「中」の事例の順番を変えたらもっと分かりやすいと思います。

グループでの話し合いを，全体で紹介しあって，交流する。

---

2 読む 伝える 違う食材について書いた者が文章を読み合い，感想を伝え合おう。

違う食材について書いたグループでも読み合い，感想を書く。

「選んだ材料が違うと，食べ方の工夫も違うかもしれません。自分の文章と比べながら読んでみよう。」

・どんな食べ方の工夫があるか，楽しみだな。
・書き方の工夫は同じだと思うけど・・・。

今度は，わたしが司会です。市川さんの説明文について話し合います。

ポップコーンは知っていたけど，とうもろこしからお茶や酒，油まで作られるとは知りませんでした。

どの魚からどんな食品ができるか，よく分かるように書いてありました。

ぼくより食品の例が多かったけど，うまく説明していました。

グループでの話し合いを，全体で紹介しあって，交流する。

食べ物のひみつを教えます

め 友だちの書いた文章を読み合い、感想をつたえよう

読んで感想をつたえよう
・よいところ
・直したらよいところ
・そのほかの感想

←〈同じざいりょうの文章〉

主体的・対話的で深い学び

・同じ食材について書いたグループでの対話，違う食材について書いたグループでの対話，2つの異なったグループで対話をさせることで，児童の学びの幅が広がる。この2つの対話が，自分が書いた文章の自己評価にもつながってゆけば，説明文の理解を深め，書く力を高めることにもなるだろう。

準備物

・付箋
・ワークシート（「食べ物のひみつ」の感想を書こう）
（児童用ワークシート見本 DVD 収録【3下_06_14】）

3 自己評価　友だちの感想や意見をもとに，自分が書いた文章を読んでみよう。

「自分が書いた『食べ物のひみつ』の説明文を，もう一度読んでみましょう。」

　各自で自分の文章を黙読する。

説明文を読み合った後で，自分が書いた文章を読んでみて，思ったことを言いましょう。

姿を変えた食品の例をもっと多くすればよかったと思います。

「また」のようなつなぎ言葉をもっと考えて使えばよかった。

「まとめ」に，自分が食べた感想が入れられてよかった。

「はじめ」で材料の説明も入れて，うまく書けたと思います。

　友だちの説明文，自分の文章に対する意見や付箋に書かれたことをもとに，自分の文章を見直す。

4 振り返る　学習を振り返ろう。

「食べ物のひみつ」を書いて，分かったこと，できるようになったことを話し合いましょう。

「はじめ」「中」「終わり」のまとまりで書くとよいことがよく分かりました。

つなぎ言葉がうまく使えました。他でも使えそう！

例を調べるのが難しかったけど思っていた以上にできました。

　「たいせつ」「ふりかえろう」「いかそう」も読む。
・例を3つ書けました。友だちも「ヨーグルトの例が分かりやすい」と言ってくれました。
・書くときにも，段落を分けて書くと，自分でも分かりやすいことが分かりました。
・自分で絵を描いて，うまく説明に使えました。
・今度，社会科の時間で調べたことを説明するときにこの書き方を使ってみようと思いました。

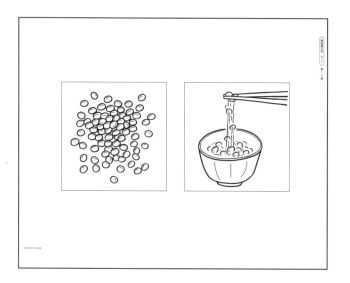

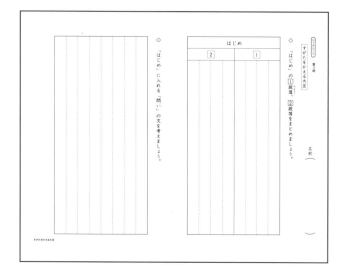

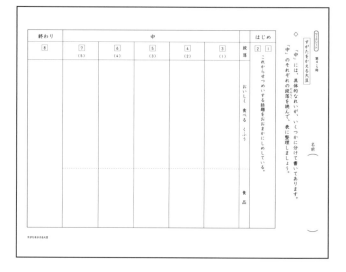

DVD 収録（画像, 黒板掲示用カード, 児童用ワークシート見本）

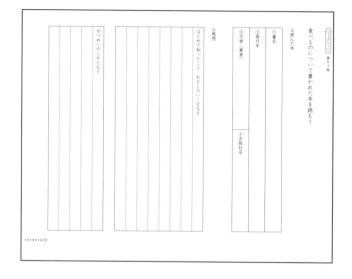

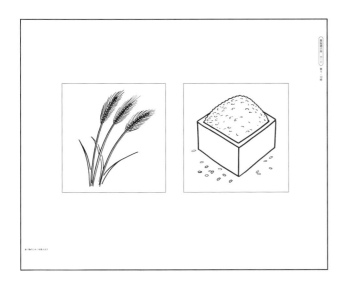

食べ物のひみつを教えます

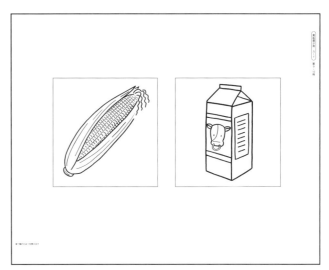

食べ物のひみつを教えます

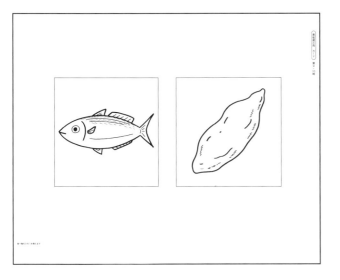

食べ物のひみつを教えます

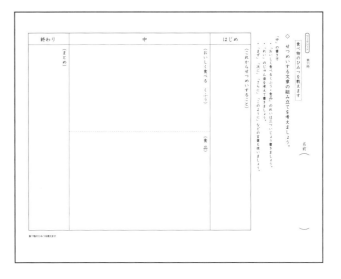

◇　せつめいする文章の組み立てを考えましょう。

食べ物のひみつを教えます

名前（　　　　）

終わり	中	はじめ
（まとめ）	（おいしく食べる　くふう）　（食品）	（これからせつめいすること）

食べ物のひみつを教えます

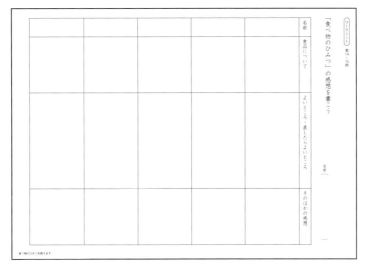

「食べ物のひみつ」の感想を書こう

名前（　　　　）

名前	食品について	よいところ・直したらよいところ	そのほかの感想

食べ物のひみつを教えます

ことわざ・故事成語

◉ 指導目標 ◉

・長い間使われてきたことわざや故事成語の意味を知り，使うことができる。
・目的を意識して，伝えたいことを明確にすることができる。

◉ 指導にあたって ◉

① 教材について

　　ことわざや故事成語について調べ，「ことわざ辞典」をグループごとに作って読み合う学習です。ことわざについては，児童も，日常生活の中で親や祖父母などから聞いたりして，「ああ，あれもそうか。」と思い当たることもあるかと思われます。ことわざは，先人の知恵や教訓などが短い言葉の中に込められており，予想した意味と違う場合，2つの異なる意味をもつ場合などもあって，興味をもって取り組める教材です。故事成語は，漢語が多く，児童にとっては言葉が難しく感じられるかも知れませんが，その由来と併せて学習すれば，興味がもてる学習素材です。

② 主体的・対話的で深い学びのために

　　ことわざも故事成語も，それが表している意味が把握できなければ，学習が進みません。一つ一つのことわざや故事成語の意味や由来を調べ，理解していく過程で十分時間をかけて対話や協力をさせることが必要です。できる限り多くの例に接することで，知識を広げると同時に関心を高めていけます。そのためにも，教科書に例示された以外にも，多様な例を提示できるようにしましょう。グループで作った「ことわざ辞典」をより多くの他のグループと交換して読み合ったり，クイズに答えるのもその一つの方法です。自分たちでクイズ作りを自由学習として取り組ませるのもよいでしょう。

◉ 評価規準 ◉

知識 及び 技能	長い間使われてきたことわざや故事成語の意味を知り，使っている。
思考力，判断力，表現力等	「書くこと」において，目的を意識して，伝えたいことを明確にしている。
主体的に学習に取り組む態度	積極的にことわざや故事成語の意味を知ろうとし，学習課題に沿って，調べたことをまとめて書こうとしている。

◉ 学習指導計画　全4時間 ◉

次	時	学習活動	指導上の留意点
1	1	・ことわざとはどんな物かを知る。 ・教科書に載っていることわざの意味などを調べ，発表する。	・ことわざに興味をもたせる。 ・様々なことわざがあり，生活の中などで使われていることに気づかせる。
1	2	・故事成語とは何かを知る。 ・教科書に載っている故事成語の由来と意味を調べ，発表する。	・ことわざと故事成語を比べて，共通点や違いを見つけさせる。 ・由来と併せて意味を理解させる。
2	3	・ことわざや故事成語の中から選んだものについて由来，意味などを調べる。 ・調べたことをカードに書く。	・調べるまでの段取りを丁寧にする。 ・例文など，個人の活動だけでは難しいものは，グループなどで相互援助をさせる。
2	4	・各自が調べたカードをグループで集めて「ことわざ辞典」を作る。 ・作ったことわざ辞典を読み合い，感想を伝える。 ・クイズで，学んだことの練習をする。 ・ことわざや故事成語の本を読んでみようとする。	・「ことわざ辞典」は，グループで話し合い協力して作らせる。 ・相手を代えたりしながら，より多くの辞典を読み合えるようにする。 ・クイズは，楽しみながら取り組ませる。

🄼 収録（資料，児童用ワークシート見本）※本書 P118 〜 119 に掲載しています。

本時の目標
ことわざに関心をもち，意味や使われ方を調べて理解することができる。

授業のポイント
ことわざがどんなものか捉えさせ，例示されたことわざの意味を調べる。様々なことわざがあることに気づかせる。

本時の評価
知っていることわざを出し合い，ことわざの意味を調べて理解できている。興味をもって学習に取り組んでいこうとしている。

板書例

〈ことわざの意味〉ことわざには，言葉をそのまま読めば「何だろう？」と思い，意味を調べて「なるほど」

〈知っていることわざ〉
・百聞は一見にしかず
・ぬかにくぎ
・知らぬがほとけ
・やけ石に水

※児童の発言を板書する。

〈ことわざの意味を調べよう〉

☆さるも木から落ちる

《意味》木登りがじょうずなさるでも落ちることがある

《教え》すぐれた人でも時にはしっぱいする。ゆだんしてはいけない。

ワークシートに書く　発表しあう

いちばん気に入ったことわざは？

---

1 つかむ ことわざって何だろう。

「急がば回れ」と書いたカードを黒板に貼り，みんなで声をそろえて読ませる。

「危険な近道よりは，安全な遠回りの道の方が結局は早く着ける。多少時間や手間がかかっても安全確実な方を選んだ方がいいですよ，という意味です。」
　教科書 P56 を各自で読ませ，「笑う門には福来たる」の意味やことわざとは何かをつかませる。

・ことわざって言うんだ。
・生きていく上での知恵や教えを短い言葉で言い表しているのだ。

---

2 経験交流 知っていることわざを発表し合おう。

グループで出し合い，ノートに書いていく。

「では，グループの話し合いで出てきたことわざを発表しましょう。」
・「負けるが勝ち」を知っています。
・花より団子！

全体で交流し，より多くのことわざを知る。

と思えるものも多くあります。その面白さに気づかせたいものです。

主体的・対話的で深い学び

・グループや全体で知っていることわざを交流し，ことわざについての知識を広めるとともに，興味をもたせていく。教科書に掲載されていることわざの意味調べは，できる限り独力で主体的に調べさせたいが，友だち同士での協力も可能にしておいて，どの児童も活動がやりきれるように配慮しておく。これからの4時間の学習で，ことわざのもつ生活の知恵や教訓を「おもしろい」と感じさせ，次には，それを「使ってみたい」と思わせるようにしていきたい。

準備物

・ワークシート「ことわざの意味を調べよう」
（児童用ワークシート見本
　DVD 収録【3下_07_01，3下_07_02】）
・参考資料「二つのちがう（反対の）意味をもつことわざ」
　DVD 収録【3下_07_03】
・ことわざを書いたカード（黒板掲示用）
　「急がば回れ」「笑う門には福来たる」

（め）
ことわざ・故事成語（こじせいご）

いろいろなことわざがあることを知り、意味を調べてみよう

| 急がば回れ |
| 笑う門（かど）には福来たる |

生きていく上での
ちえ、教え
- - - - ことわざ

---

3 調べる　ことわざの意味や教えを調べよう。

「教科書に載っていることわざを読んでみましょう。」
　P57を斉読または1人1つずつ交代で音読する。

「知っていることわざがありますか？」
　・「猿も木から落ちる」は，知っています。
　・「善は急げ」も聞いたことがあるような・・・？
「これらのことわざの意味を調べましょう。」
　国語辞典やことわざの本などで調べてワークシートに書き込ませる。（時間が足りないようなら，半分選んで調べさせ，残りは課外学習とさせてもよい。）

「2つの違う意味をもつことわざもあります。」

4 発表する　調べたことわざの意味や教えを発表し合おう。

「グループの中で，調べたことわざの意味を発表し合いましょう。」
　1人が1つずつ発表して順番に交代していく。発表を聞いて，気づいたことがあれば伝える。

「どのことわざが，一番気に入りましたか。」
　・「猿も木から落ちる」です。ぼくも，よく油断して失敗するから・・・・。
　・私は「善は急げ」です。

ことわざ・故事成語
第 2 時 （2/4）

本時の目標
故事成語に関心をもち，由来，意味，使われ方を調べて理解することができる。

授業のポイント
ことわざとの違いや似ているところを理解させる。由来が分からないと意味が推測できないので，由来と併せて意味を調べさせる。

本時の評価
故事成語の由来や意味を調べて理解できている。興味をもって学習に取り組んでいこうとしている。

板書例

〈故事成語の意味と由来を調べよう〉

☆矛盾（むじゅん）

〈意味〉ものごとのつじつまが合わないこと。

〈由来〉どんな物でもつき通せる矛（ほこ）と、どんなものでもつき通せない盾（たて）を売る人がいた。
「あなたの矛であなたの盾をついたら、どうなりますか?」と聞かれて、答えられなかった。 →

☆推敲（すいこう）
☆漁夫（ぎょふ）の利（り）

〈ことわざと故事成語をくらべよう〉

ことわざ
↑
短い言葉でいろいろ表す
↑
こうしたらよいという教え
↑
言葉がむずかしい
↑
元になる中国の話がある
↓
故事成語

※児童の発言を板書する。

---

1 つかむ 　故事成語って何だろう。

「蛇足」と書いたカードを黒板に貼り，読み方を教えてみんなで声をそろえて読ませる。
「これは，どういう意味でしょう。『蛇』はへびです。」
　・へびの足って，何のこと?へびに足なんかないよ。
「これは，必要のないものを付け足すことで，全体をだめにしてしまうことです。」

教科書 P58 を読み，故事成語について確かめさせる。
　・故事成語って言うんだ。
　・中国の古い出来事や物語が元になっている。

2 調べる 　故事成語の由来や意味を調べよう。

「教科書に載っている故事成語を読んでみましょう。」

「矛盾」「推敲」「漁夫の利」を斉読させる。
「どれか，知っているものはありますか。」
　・知らない。どれも難しそう。
　・「矛盾」って，聞いたことがあるかも・・・。

ワークシートを配り，国語辞典や故事成語の本などで調べさせ，書き込ませる。

盾」＝「ほことたて」など漢字の意味からアプローチするのも１つの方法です。

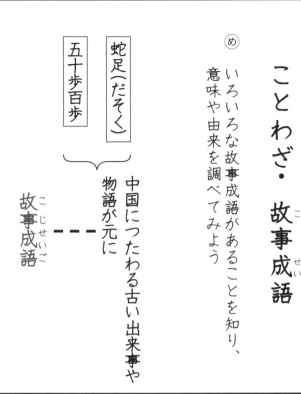

いろいろな故事成語があることを知り、意味や由来を調べてみよう

ことわざ・故事成語（こじせい）

蛇足（だそく）
五十歩百歩
→ 中国につたわる古い出来事や物語が元に　故事成語（こじせいご）

主体的・対話的で深い学び

・故事成語は，漢語で表された言葉なので，ことわざより難しく感じじられ、児童にとっては，とっつきにくいかも知れない。由来を知って意味を理解することで，ことわざとは少し違った故事成語の面白みが分かってくるだろう。この学習過程で，対話や共同活動をできるだけ取り入れ，みんなで故事成語の面白味を味わえるようにさせたい。それが，日常生活や文章を書くときに使ってみようかという動機付けにもなるだろう。

準備物

・ワークシート「故事成語の意味と由来を調べよう」
（児童用ワークシート見本 DVD 収録【3下_07_04】）
・故事成語を書いたカード（黒板掲示用）
「蛇足」「五十歩百歩」

3 発表する　故事成語について調べたことを発表しよう。

「グループの中で，調べた故事成語の意味と由来を発表し合いましょう。」
　1人が1つずつ発表して順番に交代していく。発表を聞いて，気づいたことがあれば伝える。

「教科書P146の『知ると楽しい故事成語』も読んでみましょう。」
　・「蛇足」って，こういう由来があったのか。
「他にもどんな故事成語があるか調べてみましょう。」

4 比べる 感想交流　故事成語とことわざを比べ，また，学習した感想を交流しよう。

「『ことわざ』と『故事成語』を勉強して，感じたことを言いましょう。」
　・普段の生活や文章の中に，使ってみたいなあと思いました。
　・どちらも，長い間伝えられてきた言葉なんだ。

本時の目標

好きなことわざや故事成語を選んで由来や意味などを調べ,カードにまとめることができる。

授業のポイント

選び方も全く好きなように選ぶ,テーマや特徴を決めて選ぶなど,いくつかの方法がある。それぞれグループで選び方も明確にした方が選びやすい。

本時の評価

ことわざや故事成語を選んで辞典などで調べ,カードにまとめて書いている。

板書例

〈カードに書く〉カードに調べたことなどを書かせる場合,はじめは,教師が用紙を作ってそれに書き込ま…

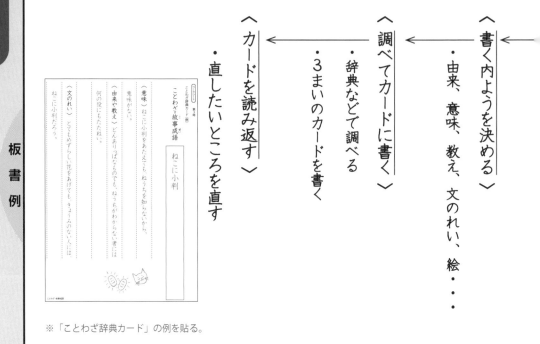

〈書く内ようを決める〉
・由来,意味,教え,文のれい,絵・・・

〈調べてカードに書く〉
・辞典などで調べる
・3まいのカードを書く

〈カードを読み返す〉
・直したいところを直す

ことわざ辞典カード 例
ことわざ・故事成語
ねこに小判

〈意味〉ねこに小判をあたえても,ねうちを知らないから,意味がない。

〈由来や教え〉どんりっぱなものでも,ねうちがわからない者には何の役にもたたね。

〈文のれい〉とてもめずらしい花をあげても,きょうみのない人には ねこに小判だろう。

※「ことわざ辞典カード」の例を貼る。

1 選ぶ どんなことわざや故事成語を選べばよいのだろう。

「グループで,ことわざ辞典を作ります。」
　・面白そう。どうやって作るの？
「1人3つずつ調べてカードに書きます。それを集めて本にします。3つの中に,できれば,ことわざと故事成語のどちらも入っている方がいいですね。」

選び方を相談しましょう。一人ひとり自由に選んでも,テーマや特徴を決めて選んでもいいです。

ぼくは,1人ずつ,自由に好きなのを選ぶのがいいな。

動物が入っていることわざや故事成語にしたらどう？

食べることや体に関係があるものも面白いかも・・・。

「では,3つずつことわざや故事成語を選びましょう」
　図書室の本などから選ばせてもよいが,教師が一覧のようなものを参考資料として用意するのもよいだろう。(DVDに「いろはかるた」を収録)

2 決める カードに書く内容を考えよう。

カードに何を書けばよいか,教科書を見て確かめておきましょう。教科書以外のことも入れてもいいですよ。

ことわざは意味と教え,故事成語は意味と由来は,入れないといけないね。

ことわざや故事成語に関係のある絵も入れたらどうかな？

文の例も入れるのか。これを,考えるのが難しそうだな。

似た意味のことわざなども,あるんじゃないかな。調べてみたらどうかな？。

　グループで,話し合いがまとまったら,カード用紙を3枚ずつ配る。

ます。慣れてくれば，自分で工夫した「マイカード」を作らせてみましょう。

ことわざ・故事成語

⊕ ことわざや故事成語を調べて、カードに書こう

〈えらぶ〉
・ことわざと故事成語のどちらも入れる
・えらび方…自由、テーマやくちょうで決める

（動物にかん係、いろはかるたの中からなど）

主体的・対話的で深い学び

・まずは，書きたいことわざや故事成語を選ぶ場面でしっかり話し合わせ，自分の選び方に確信がもてるようにさせる。児童一人ひとりは，それほど多くの言葉を知っているわけではないので，みんなで出し合ったり，教師が候補を提示してやるなど，選択の幅が広がるような援助が必要だろう。例文も，うまく作れない児童もいることが考えられる。助け合いながら，例文を作り上げていく過程も大切になってくる。

準備物

・参考資料「いろはかるた」 **DVD** 収録【3下_07_05】
・ワークシート「ことわざ辞典カード」1人3枚ずつ
（児童用ワークシート見本 **DVD** 収録【3下_07_06】）

---

3 調べる 書く　選んだことわざや故事成語について調べ，カードに書こう。

国語辞典やことわざの本，故事成語の本などで調べさせる。グループで助け合って調べてもよいことにしておく。

では，調べたことをカードに書いていきましょう。

「ねこに小判」は、猫に小判をあげても値打ちを知らないから・・・。

猫の絵と小判の絵を描いておいたらいいね。

う～ん，文の例を作るのが難しい。誰か，いい案はないかな・・・。

「1つ書けたら，2つめを調べて書きましょう。」
・次は，「馬の耳に念仏」を調べよう。
・最後は，故事成語で「虎の威を借る狐」。これで，ぼくの分は終わりだ。

4 確かめる　カードを読み返して，修正するところが無いか確かめよう。

自分の書いたカードを読み返してみましょう。直したらよいところは，ありませんか。

例文も3枚ともしっかり書けたから，これでいいや。

故事成語の由来の文が少し長すぎて分かりにくいかな・・・。書き直してみよう。

「自分でどう直してよいか分からないときは，グループの友だちと相談してもいいですよ。」
・「もちはもちや」の文の例が何か変なんだけど・・・これ，どう思う？
・この言葉を入れ替えたらどうかな。
「直したいところがあれば，今，書き直してカードを完成させましょう。」
・絵に色を塗って，これで完成！

ことわざ・故事成語
第 4 時 （4/4）

本時の目標
調べたカードを集めてことわざ辞典を作り，読み合って感想を伝えよう。

授業のポイント
完成したことわざ辞典を読み合って感想を伝える。クイズでことわざと故事成語の学習の成果を確かめる。

本時の評価
作り方を話し合ってことわざ辞典を作っている。
ことわざ辞典を読んで感想を伝えている。

板書例

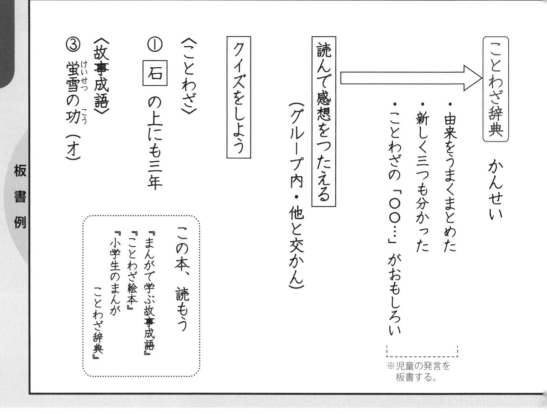

〈クイズの活用〉児童はクイズやゲーム的なことが好きです。導入，練習，まとめ，様々な場面で

〈故事成語〉
③ 蛍雪の功（オ）

〈ことわざ〉
① 石 の上にも三年

クイズをしよう

読んで感想をつたえる
（グループ内・他と交かん）

ことわざ辞典 かんせい
・由来をうまくまとめた
・新しく三つも分かった
・ことわざの「○○…」がおもしろい

※児童の発言を板書する。

この本、読もう
『まんがで学ぶ故事成語』
『ことわざ絵本』
『小学生のまんが
ことわざ辞典』

---

1 作る　カードのとじ方などを話し合い，ことわざ辞典を作ろう。

「みんなのカードを集めて，ことわざ辞典を作りましょう。」

辞典の作り方を相談しましょう。まず，とじる順番はどうしますか。

やっぱり，あいうえお順にとじるのがいいよ。

内容で分けてとじた方がいいわよ。

それを調べた人ごとにまとめた方がいいわ。

「他に，辞典の作り方や工夫で意見はありませんか。」
・表紙を作ってつけた方がいいです。
・目次もあった方がいいんじゃないかな。
・最後に，作った人の名前も入れたいな。
「いろいろ意見が出ていますね。決めた方法で，自分たちのグループのことわざ辞典を作りましょう。」

　とじ方の工夫は，グループで考えさせても教師が教えても，どちらでもよい。

---

2 感想を伝える　ことわざ辞典を読んで感想を伝えよう。

「出来上がったことわざ辞典をグループで回し読みをして，感想をノートに書きましょう。」
・1人で作るより，グループのみんなで作った方が，数も多くなって，種類も多くなるからいいな。
・いちばん気に入ったことわざをノートに書き写しておこう。

ことわざ辞典を読んだ感想を出し合いましょう。

故事成語の由来は，書くと長くなりそうなのだけど，うまくまとめられていました。

知らなかったのが3つ分かった。「頭隠して尻隠さず」が一番おもしろかった。

「他のグループとことわざ辞典を交換して読み合いましょう。感想も伝えられたらいいですね。」

　時間があれば，いくつかのグループと交換し合う。

クイズを有効に使いましょう。

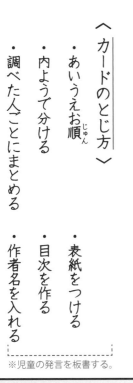

ことわざ・故事成語（こじせいご）

め ことわざ辞典を作って読み合い、感想をつたえよう

〈カードのとじ方〉
・あいうえお順（じゅん）
・内ようで分ける
・調べた人ごとにまとめる

・表紙をつける
・目次を作る
・作者名を入れる

※児童の発言を板書する。

主体的・対話的で深い学び

・カードのとじ方も，順番だけでなく，いろいろな工夫ができる。児童に話し合わせて，主体的に本時の学習に入り込めるようにする。出来上がった「ことわざ辞典」の読み合いは，グループ内だけでなく，時間の許す限り他のグループと交換をして，より多くを読ませることで，児童の関心を高め視野を広げたい。

・最後のクイズは，楽しみながら，より多くのことわざや故事成語と触れ合わせることを目的とする。

準備物

・ワークシート「ことわざ・故事成語クイズ」
（児童用ワークシート見本 **DVD** 収録【3下_07_07】）

---

3 練習する　ことわざ・故事成語クイズをしよう。

「では，クイズで，習ったことの練習をしましょう。」
・やったー！クイズ大好き！

クイズ問題を配り，答えを書かせる。制限時間（5分程度）を設ける。

何の上に三年なんだろう・・・？

これは分かる。「負けるが勝ち」だ！

え～，「ダイヤより高いものはない」・・・違うだろうな・・・。

「百聞は一見にしかず」。分かった！（ウ）。

「書けたら，答え合わせをしていきましょう。」
・①は，「石の上にも三年」です。
・②は，「一寸の虫にも五分のたましい」です。
「正解が多い人も少ない人もいましたが，みんな新しく覚えられたのもたくさんありましたね。」

4 読む　ことわざや故事成語について書かれた本を読もう。

「教科書P59の『この本，読もう』を見ましょう。」
・故事成語やことわざが，マンガの本になっている。
・絵本もあるわ。
・教科書にもマンガが載っていて分かりやすかった。

この中で，読みたい本を1冊選ぶとするとどれを選びますか。

ぼくは，「まんがことわざ辞典」にしよう。

「まんがで学ぶ故事成語」です。由来がまんがになると面白そうだから。

ことわざは，いろいろな動物や植物も出てくるから，絵本がいいな。

できれば，3冊とも教室に持って行けるのがよいだろう。他にも図書室にあれば，その本も持って行く。1冊は読み聞かせをするとよい。

ことわざ・故事成語　117

収録（資料，児童用ワークシート見本）

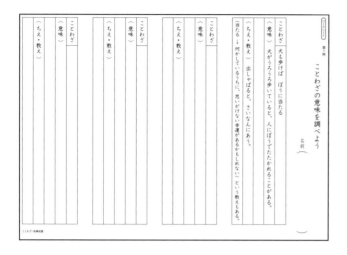

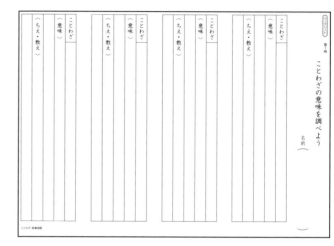

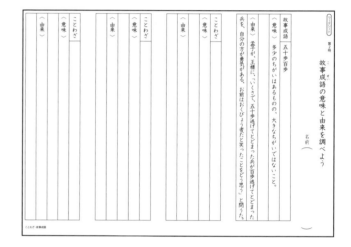

参考資料　第1時

二つのちがう（反対の）意味をもつことわざ

（1）**犬も歩けばぼうに当たる**

① 出しゃばると思わぬさいなんにあうから、じっとしていたほうがよい。
　　↑
　犬が歩き回ると、人間にぼうでうたれる

② 何もしないより、何かやってみた方が思わぬこう運にめぐりあえる。

※ もともとは①の意味だったが、今は両方の意味で使われている。

（2）**秋なすはよめに食わすな**

① おいしい秋なすは、もったいないからよめには食べさせない。

② 秋なすを食べると体がひえるので、よめには食べさせないほうがよい。

（3）**情けは人のためならず**

① 人に情けをかけたら、やがてはめぐりめぐって自分にもよいことになって返ってくるから、人には親切にしたほうがよい。

② 情けをかけることは、その人のためにはならないので親切にはしないほうがよい。

※ ①の意味が正しく、②はあやまりなのだが、②の意味も広まってしまった。

（4）**大欲は無欲に似たり**

① 大きなのぞみを持っている人は、小さなりえきなど気にしないので、欲がないように見える。

② 欲の深い人は、欲に目がくらんでかえってそんをすることが多いので、けっ局、欲のない人と同じけっかになる。

118

ことわざ辞典カード（例）

ことわざ辞典カード（例）

ことわざ・故事成語

ねこに小判

〈意味〉ねこに小判をあたえても、ねうちを知らないから、意味がない。

〈由来や教え〉どんありっぱなものでも、ねうちがわからない者には何の役にもたたねい。

〈文のれい〉とてもめずらしい花をあげても、きょうみのない人には、ねこに小判だろう。

ことわざ辞典カード（ワークシート）

ことわざ辞典カード

ことわざ・故事成語

〈意味〉

〈由来や教え〉

〈文のれい〉

ことわざ・故事成語クイズ（記入例）

ことわざ・故事成語クイズ　名前（　　　）

1 つぎのことわざの□に当てはまる言葉をいれましょう。

① 石 の上にも三年
② ごう 虫 にも五分のたましい
③ 縁 の下の力持ち
④ 親の心 子 知らず
⑤ 好きこそものの 上手 なれ
⑥ ただ より高いものはない
⑦ 勝ち
⑧ 負けるが 木 を見て 森 を見ず

2 次の故事成語の意味を下からえらびましょう。

① 画竜点晴 （ エ ）
② 水魚の交わり （ ア ）
③ 蛍雪の功 （ オ ）
④ 百聞は一見にしかず （ ウ ）
⑤ 有終の美を飾る （ イ ）

（ア）はなれることができないぐらいとても親しいつき合い
（イ）さいごまでものごとをやりとげて、りっぱに終わること
（ウ）なんども人に聞くより、自分の目でたしかめるほうがよいこと
（エ）ものごとを完成させるためのさいごの大切なしあげ
（オ）苦労して学問にはげむこと

ことわざ・故事成語クイズ（ワークシート）

ことわざ・故事成語クイズ　名前（　　　）

1 つぎのことわざの□に当てはまる言葉をいれましょう。

① の上にも三年
② 二寸 にも五分のたましい
③ の下の力持ち
④ 親の心 知らず
⑤ 好きこそものの なれ
⑥ より高いものはない
⑦ 木を見て
⑧ 負けるが

2 次の故事成語の意味を下からえらびましょう。

① 画竜点晴 （　）
② 水魚の交わり （　）
③ 蛍雪の功 （　）
④ 百聞は一見にしかず （　）
⑤ 有終の美を飾る （　）

（ア）はなれることができないぐらいとても親しいつき合い
（イ）さいごまでものごとをやりとげて、りっぱに終わること
（ウ）なんども人に聞くより、自分の目でたしかめるほうがよいこと
（エ）ものごとを完成させるためのさいごの大切なしあげ
（オ）苦労して学問にはげむこと

漢字の意味

◉ 指導目標 ◉

・漢字と仮名を用いた表記を理解して文や文章の中で使うことができる。
・第3学年までに配当されている漢字を読むことができる。また，第2学年までに配当されている漢字を書き，文や文章の中で使うとともに，第3学年に配当されている漢字を漸次書き，文や文章の中で使うことができる。

◉ 指導にあたって ◉

① 教材について

　漢字には意味があり，同じ発音でも意味により使い分けがなされています。仮名では同じ「はな」でも，花や鼻という漢字を使うと明確に意味が伝わります。これが表意文字である漢字の長所であり，一方児童にとっては使い分けが難しいところです。このことを踏まえて，本単元ではまず漢字には意味がある（表意文字）ことを振り返り，文脈に合った適切な漢字を使うという意識をもたせます。そして，漢字を使うことの良さ（利便性）や必要性に気づかせます。

　漢字は文の中で使えなければ漢字の力がついたとはいえません。漢字学習は「読み書き」中心になりがちですが，意識的に「言葉（熟語）作り」と「短文作り」を取り入れた指導をすることが大事です。わたしたちは話を聞くときも，聞いた言葉を頭の中で一旦漢字に変換して，文の意味を捉えています。ですから，この漢字の力は「聞く力」にも関わっているといえます。

② 主体的・対話的で深い学びのために

　教科書でとりあげられているのは，ごく一部の例であり，これだけで漢字が正しく使えるようになるわけではありません。ワークシートで取り扱う事例を多少補充はしていますが，さらに，この学習を窓口にして，同じ音の漢字や言葉を教科書や辞典で調べるなど，活動を通して漢字の有用性や使い分けについて気づかせていくようにします。

　学習後半の文作りは，児童の理解の度合いが試される場面です。作った文は，グループで交流し合い，自分が作った文が正しいかどうか確認や友だちが作った文からの学び合いをさせていきます。時間があれば，他のグループとも交流し，より多くの事例に触れさせた方がよいでしょう。

知識 及び 技能	漢字と仮名を用いた表記を理解して文や文章の中で使っている。
思考力，判断力，表現力等	第3学年までに配当されている漢字を読んでいる。また，第2学年までに配当されている漢字を書き，文や文章の中で使うとともに，第3学年に配当されている漢字を漸次書き，文や文章の中で使っている。
主体的に学習に取り組む態度	今までの学習をいかして，漢字と仮名を用いた表記を理解しようとし，積極的に文や文章の中で使おうとしている。

● 学 習 指 導 計 画　　全 2 時 間 ●

次	時	学習活動	指導上の留意点
1	1	・同じ発音でも，意味が違えば使われる漢字も違ってくることを調べる。 ・教科書①の問題を読み，絵や文から当てはまる漢字を考える。	・「このはしわたるな」の一休さんのとんち話で導入し，同音異字の使い分けに興味をもたせる。 ・平仮名では意味がはっきりせず，また読みにくいことに気づかせ，漢字を使う必要性を理解させる。
	2	・教科書②の問題を考え，文に合う正しい漢字や熟語を考える。 ・読み方が同じ漢字を教科書の漢字一覧表から調べる。 ・調べた漢字を使って短文を作り，交流をする。 ・まとめと振り返りをする。	・ワークシートで問題を補充し，できるだけ多くの問題に接することができるようにする。 ・どの漢字や熟語が当てはまるか，文脈やヒントになる語から考えさせる。 ・文に書くことにより，文中で漢字を使うには漢字の意味を考え適切に使うことを意識させる。

DVD 収録（黒板掲示用カード，児童用ワークシート見本）

   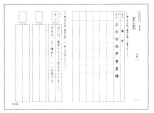

漢字の意味

第 1 時 （1/2）

本時の目標
漢字には意味があることを理解し，漢字の働きと正しく使う大事さに気づく。

授業のポイント
「なぜ面倒な漢字を使うの？」という児童の思いにこたえるように，漢字を使うよさ，必然性を意識させる。

本時の評価
同じ読み方でも意味の異なる漢字があることを知り，漢字を使う意義や漢字を使い分ける大事さに気づいている。

板書例

〈表意文字と表音文字〉文字には仮名のように音だけを表す文字と，漢字のように意味も表す文字

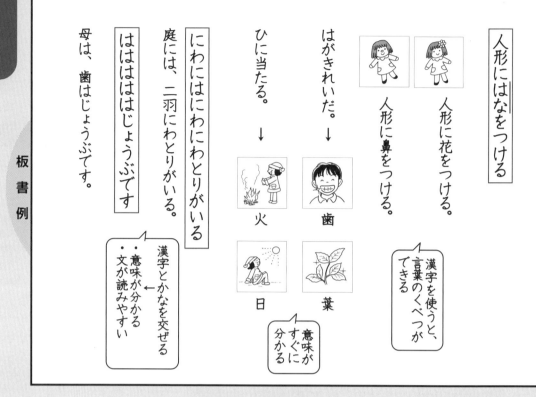

人形にはなをつける

人形に花をつける。
人形に鼻をつける。

漢字を使うと、言葉のくべつができる

はがきれいだ。 → 火
ひに当たる。 → 歯
→ 日
→ 葉

意味がすぐに分かる

にわにはにわにわとりがいる
庭には、二羽にわとりがいる。

漢字とかなを交ぜる
・意味が分かる
・文が読みやすい

はははははじょうぶです
母は、歯はじょうぶです。

---

1 つかむ 一休さんはどうしただろう。

「とんちの一休さんのお話を知っていますか？」
　・知ってる！マンガで読んだことがある。
「殿様に呼ばれた一休さんがお城の堀の橋を渡ろうとしたら，こんな立て札が立ててありました。」
　　「このはしわたるな」のカードを黒板に貼る。
「一休さんは，どうしたでしょう。」

殿様と一休さんの考えとやりとりについて話し合いましょう。

殿様は，堀に架かった橋を渡るなと書いて困らせようとした。

一休さんは，ひらがなで書かれた「はし」を渡る橋じゃなく「端っこ」だと，とんちでやり返した。

一休さんは，橋の真ん中じゃなく，端を通って渡りました。

「2つの『はし』を区別する方法はないでしょうか？」
　・声に出して読んでみます。（アクセントで区別）
　・漢字で書けば，すぐに区別できます。

---

2 理解する どちらを思い浮かべるかな？

　教科書 P60 の絵のコピーと「人形にはなをつける」と書いたカードを黒板に貼る。

黒板のカードの文で，どちらの絵を思い浮かべますか。ノートに漢字で書きましょう。

わたしは，①の絵だから「人形に花をつける」ね。

ぼくは②を思い浮かべたから，「人形に鼻をつける」だ。

　　2つの文を黒板に書きに来させ，全員にどちらを書いたか挙手をさせる。
「どうしてこんな違いが起きるのか，どうすればよいのか，教科書（P60の上段）を読みましょう。」
　・漢字は意味も表すから，漢字で書けばいいのだね。
「漢字を使うと言葉の中身（意味）を区別できるのですね。」
　・殿様も橋と漢字で書けばよかったのに・・・。

があります。ここでは表意文字のよさに気づかせます。

漢字の意味

め 文を読みやすくする漢字のはたらきを知ろう

← 「橋」（とのさま）

このはしわたるな
・漢字て書く
・声に出して読む
二つの「はし」の区べつ

→ 「端」（一休さん）

・一休さんの話で導入をして，まず，児童の気持ちを授業に向けさせる。

・ひらがなで書いた例文を提示し，書かれた内容を対話を交えてみんなで考えることで，文を読む上での漢字の働きや使い方を理解させていく。

・仮名ばかりで書かれた意味の分かりにくい文が，漢字を交えて書くことで意味が一目瞭然となる過程は，児童にとっては，驚きの発見となり，次の課題への学習意欲にもつながるだろう。

準備物

・黒板掲示用カード「このはしわたるな」「人形にはなをつける」「にわにはにわにわとりがいる」「ははははじょうぶです」
　DVD 収録【3下_08_01】

・教科書 P60 の絵のコピーまたは，黒板掲示用カード
　DVD 収録【3下_08_02】

3 区別する 「歯」と「葉」，「火」と「日」を区別しよう。

教科書（P60 下）の例題①を読んで考えさせ，漢字を書き入れさせる。黒板にも書かせる。

「『は』には2つの意味がありますね。何と何ですか。」
・口の中の「歯」と，草や木の「葉」っぱ，です。
「『ひ』にも2つの意味がありますね。何と何ですか。」
・燃える「火」と，太陽の「日」です。

『はがきれいだ』を，『歯がきれいだ』や『葉がきれいだ』と漢字を使って書くと，どんなよいところがありますか。

漢字で書くと，すぐに意味が分かります。

説明しなくても漢字を見ただけで分かります。

国語辞典で「は」「ひ」を調べさせてもよい。

4 考える 「にわにはにわにわとりがいる」を分かりやすく書こう。

「にわにはにわにわとりがいる」と書いたカードを黒板に貼る。
「この文を読んでみましょう。どう読むのかしばらく考えてもいいですよ。」
・にわには，にわ，にわ，とりが・・・あれ？
・分かった！「にわには，にわ，にわとりがいる。」

分かりやすく書くには，どう書けばいいでしょう。

漢字を使って書けば，分かりやすいです。

読むときは，区切って読めば分かりやすいね。

点（読点）もつけると，分かりやすいです。

「教科書（P61 上段前半）を読んで確かめましょう。」
・「ははははじょうぶです。」は「母は歯は丈夫です。」
・漢字と仮名を交ぜて書くと意味が分かりやすい。

漢字の意味

第 **2** 時 (2/2)

本時の目標
文脈に合った漢字を正しく使い、漢字の意味に合う短文を作ることができる。

授業のポイント
展開3、4の学習に時間をかける。自分で同音異字を見つけ出す活動と、文の中で漢字を使えることを大事にする。

本時の評価
漢字や熟語の意味を理解し、文の意味に合う適切な漢字を使って文を書いている。

板書例

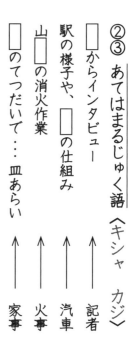

〈当てはまる漢字を見つける〉文脈からどの漢字が当てはまるか考えさせたり、ヒントとなる語を

②③ あてはまるじゅく語 〈キシャ　カジ〉

□からインタビュー　　　→　記者
駅の□の様子や、□の仕組み　→　汽車
山□の消火作業　　　　　→　火事
□のてつだいで…皿あらい　→　家事

③ 〈 同じ読み方で意味のちがう漢字 〉

ウ　右　羽　雨
セイ　世　正　生　西　声　青　星　晴　整

文｜
　　｜兄は、高校生です。
　　北きょく星が、見えました。

※展開3で児童が見つけた漢字や、作った文を板書する。

---

1 選ぶ　文に合う漢字を選ぼう。

「『カイ』というとどんな漢字を思い浮かべますか？『○○のカイ』というふうに言ってみましょう。」
・貝がらの貝です。
・学級会の会です。

教科書（P61）②の①の問題で、2つの文に「階」と「回」のどちらの漢字があてはまるのかを考えて書き入れましょう。

階　回

2つ目は、「二回目」の回です。

文から考えると、1つ目は「二階」です。

「もう少し『カイ』の漢字を使った練習をしましょう。」
　　ワークシート「れんしゅう」を配る。書けたら答え合わせをする。

・①の答えは「海水浴」です。
・②の答えは「運動会」です。

---

2 選ぶ　文に合う熟語を選ぼう。

次は熟語です。まず②の問題の答えを書きましょう。発表の時は、選んだ理由も言いましょう。

1つ目の答えは「記者」です。インタビューを受けるのだから「記者」です。

2つ目は、駅という言葉が入っているから「汽車」だと思いました。

「では、③の問題も同じように答えを書いて、発表しましょう。」
・「消火」が出てくるから、「火事」だと思いました。
・じゃがいもの皮むきや皿洗いだから「家事」です。

「ワークシートで練習しましょう。」
・①は、インフルエンザで学校が休みになるのだから「休校」です。

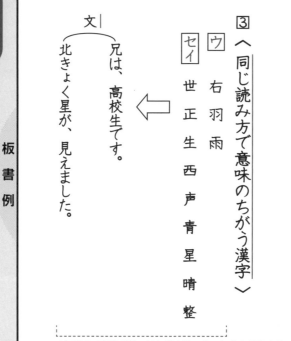

見つけて考えさせます。

漢字の意味

（め）同じ読み方で意味のちがう漢字を見つけ、文を作ろう

① あてはまる漢字〈カイ〉
二□の中央から　　→　階
二□目の海外旅行　→　回

主体的・対話的で深い学び

・展開1・2は，教科書の問題（文に合う漢字や熟語を選ぶ）を使っての学習だが，より多くの問題に取り組めるよう，ワークシートで追加の問題を入れた。

・展開3・4のうち，同音異字の漢字を見つける学習は教科書の漢字一覧を使えば，ほぼどの児童も見つけられる。作った文は，グループで交流し合うことで，自分が作った文が正しいかどうか確認し，友だちが作った文から学び合いができる。

準備物

・ワークシート「れんしゅう」
（児童用ワークシート見本 **DVD** 収録【3下_08_03】）

・ワークシート「漢字調べと文作り」
（児童用ワークシート見本 **DVD** 収録【3下_08_04】）

---

3 探す　読み方が同じで，意味の違う漢字を見つけよう。

「読み方は同じでも，意味が違う漢字は他にもあります。探してみましょう。」
　　　漢字を調べるワークシートを配り，記述の仕方を指導する。

教科書の終わりの『これまでに習った漢字』のページから見つけて書き出してみましょう。

「イン」が見つかった。引くの「引」と，全員の「員」だ。

「ウ」は，雨，右，羽，3つもあった。まだまだありそうだわ。

　　　多く見つかるのは，「カ」「キ」「シ」「セイ」など。これらから調べさせてもよい。

・たくさんあってびっくりした。
・こんなに見つかるとは，思わなかったね。

---

4 文を作る　同じ読み方で意味の違う漢字で短い文を作ってみよう。

「見つけ出した同じ読み方の漢字を使って，短い文を作り，ワークシートの②に書き込みましょう。」
　　　文は，教科書の例文のように，前後の言葉からその漢字が分かることを条件にする。

・「公園のすべり台で遊んだ。」「百円のノートを買った。」
　・・・1つできた！

「兄は高校生です。」「北きょく星が，見えました。」

ワークシートに書いた文をグループで発表し合いましょう。

「わたしは，花だんに水をまきました。」と「友だちが，校歌の練習をしていました。」を作りました。

　　　最後に2時間の学習の感想や分かったことを交流する。

短歌を楽しもう

◉ 指導目標 ◉

・易しい文語調の短歌を音読したり暗唱したりするなどして，言葉の響きやリズムに親しむことができる。

◉ 指導にあたって ◉

① 教材について

　日本の文学の一つに，短歌や俳句があります。このうち短歌は，昔から百人一首として庶民の教養や遊びとして，暮らしに根づいてきた歴史があります。意味はよく分からないけれど，かるたを通して覚えてしまったという人もいます。本単元は，4つの短歌を声に出して読み，感覚を通してその語調や響きを捉えさせることがねらいです。短歌の内容を大まかに捉えさせるとともに，何度も音読することによって言葉の響きやリズムを体感させることを大切にします。

　短歌の「五，七」や「七，五」の語調は，声に出して読んだときの調子のよさ，響きのよさが重要な要素となっています。このような言葉や文の「調子」は，説明よりも音読や手拍子など体を通して捉えることが基本です。言語活動には「声に出して読む」おもしろさ，楽しさがあることに気づかせたいものです。

② 主体的・対話的で深い学びのために

　音読をして，文語調の言葉の調子や響きを楽しむのが学習のめあてですが，意味も分からずただ読むだけ，というのでは短歌とはわけの分からないもの，難しいもの，となってしまう恐れもあります。短歌のよさを味わうためにも，情景や作者の思いにも触れさせることが大切です。限られた時間でも，対話によって，こうした作品理解にも取り組ませます。

　短歌の内容や文語の表現は児童だけでなく大人にとっても難しいものです。ここでは何が歌われているのか，分かりにくい言葉や歌の内容は基本的に教師が教えるようにします。また，「天の原・・・」の歌については，安倍仲麿が唐（中国）で詠んだ歌であることなどもお話として伝えると，内容の理解や音読を深めることができます。

◉ 評価規準 ◉

知識及び技能	易しい文語調の短歌を音読したり暗唱したりするなどして，言葉の響きやリズムに親しんでいる。
主体的に学習に取り組む態度	学習課題に沿って，易しい文語調の短歌を進んで音読したり暗唱したりするなどして，言葉の響きやリズムに親しもうとしている。

◉ 学習指導計画　全1時間 ◉

次	時	学習活動	指導上の留意点
1	1	・短歌とは何かを知り，学習課題を確かめる。 ・4首の短歌のおよその内容を知り，リズムに気をつけて音読する。 ・好きな短歌を1首選んで書写をし，暗唱をする。	・短歌の特徴を捉えさせ，短歌を声に出して読み，楽しむことをめあてとさせる。 ・難しい語句や，文語の読み方や意味は教師が補説して理解させる。 ・およその意味を捉えさせ，イメージさせたうえで音読に取り組ませるようにする。

DVD 収録（画像）

本時の目標

情景を想像したり，日本語特有のリズムを感じたりしながら短歌を音読・暗唱し，文語の調子に親しむことができる。

授業のポイント

語句や内容は，児童には難しいところもある。教師が説明し，何度も音読させる。深く理解するのではなく，感じ，楽しむことに重点をおく。

本時の評価

短歌の五七調や七五調のリズムに気づき，言葉の響きやリズムを楽しみながら音読や暗唱をしている。

板書例

〈仮名書きの短歌〉良寛の歌のように仮名書きの短歌は，漢字に置き換えていくと意味も捉えやすくなりま

むしのねも のこりすくなに なりにけり

よなよなかぜの さむくしなれば （良寛）

・調子よく読める
・虫の声も、少なくさみしい
・夜ごとの風も寒くなる

音読をする

→

秋来ぬと 目にはさやかに 見えねども

風の音にぞ おどろかれぬる

すきな短歌を書き写し、暗しょうする

奥山に紅葉踏み分け 鳴く鹿の

声聞く時ぞ 秋は悲しき

風けいが目にうかぶ

※児童の発言を板書する。

---

1 つかむ — 短歌について知り，学習のめあてを確認しよう。

良寛の短歌を，ゆっくり2回範読する。

「このような歌を短歌と言います。この作者は良寛です。どんな季節のことが歌われていますか。」
・風が寒くなる頃。秋かな・・・。

「みなさんも，声に出して読んでみましょう。」
・むしのねも のこりすくなになりにけり…（一斉音読）
　文語の表現については，各首で説明をしていく。

音読してどんな感じがしましたか。短歌とはどんなものか，教科書で確かめましょう。

とても調子よく読めました。リズムがある感じです。

自然の様子，感じたこと，心に思うことなどを表します。

短歌は五・七・五・七・七の31音で作られた詩です。

リード文を読んで「声に出して読み，言葉の調子や響きを楽しむ」という学習のめあてを確かめる。

---

2 音読する — 歌の意味を確かめて，前の2首を読んでみよう。

良寛さんの短歌はどんなことを歌って（表して）いるのでしょう。知っている言葉を探してみましょう。

「よなよな」の「よ」は「夜」のことかな。夜ごとにということだと思う。

「さむくしなれば」は寒くなってきたので・・・かな？

「むしのね」は、虫の鳴く声のことかな・・・。

「良寛さんは，いつどんなことを思っているかな？」
・秋の夜，虫の声も少なくなりさびしく思っています。
　思ったことを簡単に話し合い，最後に，現代語に訳した文で確認し合う。

　2つめの短歌を2回範読し，その後音読させる。
「2つめの短歌も，同じように話し合いましょう。」
・風の音で秋が来たことが分かって，驚いたのかな。
・静かに秋が近づいて来た感じがするよ。
　2首の短歌を，リズムに気をつけて音読させる。

す。但し，仮名書きのよさや，そこから受ける感じも大切に鑑賞させます。

短歌を楽しもう

短歌を声に出して読み、言葉の調子や
ひびきを楽しもう

短歌

五・七・五・七・七の三十一音

しぜんの様子
感じられること　心に思うこと

主体的・対話的で深い学び

・音読をして，文語調の言葉の調子や響きを楽しむのが学習のめあて
だが，短歌のよさを味わうためにも，情景や作者の思いにも少しは
触れさせることが大切である。1時間という限られた時間での学習
であるが，対話によって，こうした作品理解にも取り組ませる。

・音読や暗唱は，できるだけ多くさせるようにして，五七五七七の言
葉の調子や響きを楽しませたい。

準備物

・紅葉の画像 **DVD** 収録【3下_09_01~3下_09_03】

---

3 音読する　歌の意味を確かめて，後の2首を読んでみよう。

「3つめの短歌も，まず先生が読んでみます。その後，みん
なにも音読してもらいます。」
　まず一人読み。読み慣れたところで斉読する。

これは，どんな様子や思いを詠んだ歌でしょう。

山の奥で，紅葉の落ち葉を鹿が踏み分けて鳴いている。

その鹿の鳴き声を聞いて，秋は悲しいと感じている。

この人も山奥にいるんだね。猿丸太夫って，どんな人かな？

　思ったことを交流し，現代語訳で意味を確認する。
「最後の短歌も，先生が読んだ後で音読してもらい，同じよ
うに話し合ってもらいます。」
・「春日なる三笠の山」は，春日にある三笠山かな？
　どういう状況で詠んだ歌か，少し説明しておく。

　2首の短歌を，リズムに気をつけて音読させる。

---

4 暗唱する　好きな短歌を書き写し，覚えよう。

好きな短歌を1つ選びましょう。なぜ選んだか理由も言いましょう。

「むしのねも…」が好きです。ひらがな書きで，親しみやすい感じがします。

「秋来ぬと…」がいいです。理由は…。

私は「奥山に…」がいいわ。風景がいちばん目に浮かぶから。

「選んだ好きな短歌をノートに書き写し，教科書を見なくて
も言えるように覚えましょう。まず，五七五七七のはじめ
の1文字ずつを見て言えるようになりましょう。（「秋，目，
見，風，お」のように）」
　覚えた短歌を暗唱させる。
・秋来ぬと目にはさやかに・・・・。
・むしのねものこりすくなに・・・・。
　できれば全員の児童に暗唱発表をさせる。
　このあと，百人一首を紹介してもよい。

漢字の広場 5

◉ 指導目標 ◉

・第 2 学年までに配当されている漢字を書き，文や文章の中で使うことができる。

・間違いを正したり，相手や目的を意識した表現になっているかを確かめたりして，文や文章を整えることができる。

◉ 指導にあたって ◉

① 教材について

　この学習は，「学校の様子を日記にまとめる」という条件のある学習です。絵を見て，学校の様子を想像し，提示された漢字を使って文を作ります。絵から想像を膨らませるという，どの児童にも書きやすい内容になっています。これまでに学習した漢字を想起しやすいとともに，楽しく漢字の復習ができる教材となっています。

② 主体的・対話的で深い学びのために

　この学習では，「学校の様子を日記にまとめる」という条件のもと，その日にあった出来事を文で書きます。文作りの前に，「絵からどのようなお話を想像できますか。」と問います。お話を想像する活動を取り入れることで，児童は活動しやすくなるでしょう。また，文作りが苦手な児童もイメージしやすくなるでしょう。文作りをした後，それぞれが作った文を交流し合います。交流することで，言葉や文作りに興味関心をもつことができるようになるでしょう。

◉ 評価規準 ◉

知識 及び 技能	第2学年までに配当されている漢字を書き，文や文章の中で使っている。
思考力，判断力，表現力等	「書くこと」において，間違いを正したり，相手や目的を意識した表現になっているかを確かめたりして，文や文章を整えている。
主体的に学習に取り組む態度	積極的に第2学年までに学習した漢字を確かめ，今までの学習をいかして，漢字を適切に使った文を作ろうとしている。

◉ 学習指導計画　全2時間 ◉

次	時	学習活動	指導上の留意点
1	1	・教科書の絵を見て，学校でどんなことをしているか説明する。 ・提示された漢字の読み方・書き方を確認する。	・声に出してこれまでに学習した漢字を正しく読めるかどうかをチェックする。間違えたり，正しく読み書きができなかったりした漢字は，繰り返して練習をするように促す。
	2	・提示された漢字を使って，学校の様子を日記につけるように書く。 ・書いた文章を友だちと読み合い，交流する。	・挿絵から自由に想像を膨らませ，学校の様子を日記にまとめるように文章で書かせる。 ・出来上がった文章を読み合い，互いのよいところを交流する。

DVD 収録（漢字カード，イラスト）

漢字の広場 5

本時の目標
第2学年で学習した漢字を使って，絵にあった文を考えることができる。

授業のポイント
ペアやグループの人と挿絵からどのようなお話が想像できるかを話し合い，イメージを十分膨らませる。書く時間も十分取って，漢字の定着を図る。

本時の評価
今までの学習をいかして，進んで第2学年に配当されている漢字を使って文を考えようとしている。

板書例

〈漢字カードの使い方〉まず，イラストの上に漢字カードを貼り，読み方を確かめます。次に，カー

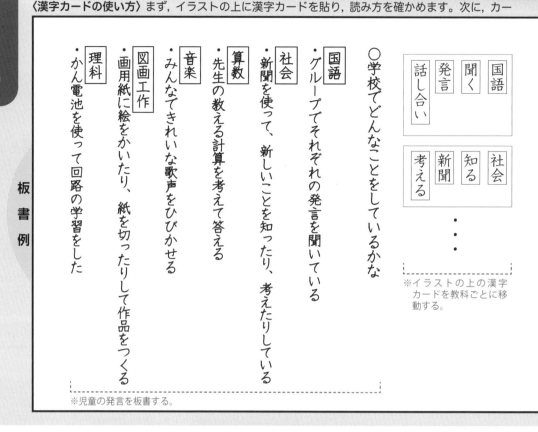

○学校でどんなことをしているかな

国語	・グループでそれぞれの発言を聞いている
社会	・新聞を使って、新しいことを知ったり、考えたりしている
算数	・先生の教える計算を考えて答える
音楽	・みんなできれいな歌声をひびかせる
図画工作	・画用紙に絵をかいたり、紙を切ったりして作品をつくる
理科	・かん電池を使って回路の学習をした

※児童の発言を板書する。

| 国語 | 発言 | 聞く | 国語 |
| 話し合い | | | |

| 社会 | 知る | 新聞 | 考える |

・
・
・

※イラストの上の漢字カードを教科ごとに移動する。

---

1 読む 確かめる　2年生の漢字を声に出して読もう。

「2年生までに習った漢字が出ています。読み方を覚えていますか。声に出してペアで確かめましょう。」

　2年生までに覚えられなかった児童，一度覚えたけれど忘れてしまった児童もいる。読みの段階から，丁寧に取り組ませる。

ペアで読み方の確認をテンポよく進めていく。

2 出し合う 対話する　学校の様子について話し合おう。

　絵から学校でどのような生活をしているのか，どんなお話ができるのかなどを話し合っていく。

　文章を書くための素材を見つける活動である。学校には何があるのか，誰が何をしているのかを詳しく見ていく。

　児童の発言を教科ごとに板書で整理すると分かりやすい。

「図画工作の時間は，何をしているでしょう。」
・絵をかいているよ。
・はさみで紙を切っている子もいるね。

め

漢字の広場5

二年生で習った漢字を使って、学校でどんなことをしているのかを考えよう

※教科書P64の挿絵(拡大コピー)を貼る。
　イラストの上に漢字カードを貼る。

🔍 主体的・対話的で深い学び

・イラストからお話を考えたり，想像を膨らませたりすることは，どの児童にとっても，楽しい活動である。想像を膨らませて，友だちと考えたお話を交流することによって，文章作りがスムーズになる。

準備物

・漢字カード **DVD** 収録【3下_10_01】
・教科書P64の挿絵の拡大コピー
　(黒板掲示用イラスト **DVD** 収録【3下_10_02】)

---

3 想像する 対話する　　どのようなお話なのか，想像してみよう。

「学校の様子が分かるお話を想像して話し合いましょう。」

絵から学校でどんなことをしているのかが分かるお話を想像してみましょう。

1時間目は国語です。国語の時間は，グループでそれぞれの発言を聞いて，話し合いをしました。

6時間目の理科では，かん電池を使って，回路を作る実験をしました。

　展開2で確認したことから，64ページを手掛かりとして，想像してお話を作っていく。
　文章を書くための活動である。詳しく見ている児童の意見を広めたり，絵から想像できることも発表させたりして，文章にすることをできるだけたくさん見つけるように促す。

4 書く 確かめる　　2年生で習った漢字をノートに正しく書こう。

「2年生で習った漢字を正しくノートに書きましょう。」
　次時で文章作りをする。正確に漢字が書けるように，64ページに出てきた漢字をノートに練習する。

「算数」「計算」「教える」…あまり漢字を使っていなかったから，漢字を忘れていたよ。気を付けよう。

覚えていると思っていたけど，忘れてしまっている漢字もあるね。もう少し練習しておこう。

　ノートに早く書き終わった児童は，空いているところに繰り返し練習をしたり，国語辞典を活用してその漢字を使った別の言葉や熟語を書いたりするなど，時間をうまく活用させるとよい。
「次の時間は，この漢字を使って文を書きます。」

本時の目標

2年生で学習した漢字を使って，学校での生活を記す文章を書くことができる。

授業のポイント

ペアやグループの人と挿絵からどのようなお話が想像できるかを話し合い，イメージを十分膨らませる。書く時間も十分取って，漢字の定着を図る。

本時の評価

今までの学習をいかして，進んで第2学年に配当されている漢字を使って文を書こうとしている。

板書例

〈漢字カードの使い方〉まず，イラストの上に漢字カードを貼っておきます。児童が使用したカード

○学校生活の日記をつけるように文を書いてみよう

（れい）|理科|の時間に，|かん電池|を使って，じっけんをした。

一時間目の|国語|の時間は，|グループ|で話し合いをしました。友だちの|発言|をしっかりと聞きました。

二時間目は|算数|です。南山先生がわり算の|計算|を|教えて|くれました。私は手をあげて|答える|ことができました。

三時間目は，……

四時間目は，……

五時間目は，……

六時間目は，……

※児童が作った文を板書する。

---

1 めあて つかむ 　例文を声に出して読もう。

「64ページの例文を声に出して読んでみましょう。」

本時の学習課題を共有するための活動である。何人かの児童に音読させる。

本時が「学校生活の日記をつけるように文章を書こう」という学習課題であることを確かめる。

日記を書くときに気をつけることは何ですか。

いつ，だれが，何をしたのかが分かるように，短く書きます。

短い文で区切った方が読みやすいです。

文作りが苦手な児童も，日記を書いた経験があるので，文は書きやすいはず。展開2でイメージをもたせるようにする。

「文の中に，『○時間目』や『○○の時間』などの言葉も入れましょう。」

2 対話する 　どんな日記ができそうか，お話を想像しよう。

どんなお話ができそうですか。想像を膨らませてみましょう。

2時間目は算数です。先生がわり算の計算を教えてくれます。

1時間目の国語の時間は，グループで話し合いをしました。

絵にどのようなものが出てくるか，どんな話ができるのかなどを探していく。

いつ，どのようなことをしたのかを自分が経験したように文に表すために，その素材探しをする。出てきた発言を板書し，文作りが苦手な児童の手掛かりにする。

を移動させると，使用していない残りの漢字がすぐに分かります。

漢字の広場5

⊕ 二年生で習った漢字を使って、学校生活の日記をつけるように文章を書こう

※教科書 P64 の挿絵 (拡大コピー) を貼る。
イラストの上に漢字カードを貼る。
児童が使用した漢字のカードを移動する。

🔍 主体的・対話的で深い学び

・イラストからお話を考えたり，想像を膨らませたりすることは，どの児童にとっても，楽しい活動である。想像を膨らませて，友だちと考えたお話を交流することによって，文章作りがスムーズになる。

準備物

・漢字カード (第1時使用のもの)
・黒板掲示用イラスト (第1時使用のもの)

---

3 書く 学校生活の日記をつけるように文章を書こう。

「学校生活の日記をつけるように文章を書いてみましょう。」

展開2で確認したことから，64 ページの絵を手掛かりに想像を膨らませて文を書く。

文を書くための時間をできるだけ確保する。

書くことが苦手な児童もいる。分からないことは，友だちに尋ねたり，アドバイスをもらったりして文を書くようにする。

---

4 交流する 書いた文章を交流しよう。

「出来上がった文章を友だちと読み合いましょう。」

作った文章をペアやグループの人と読み合ったり，全体で交流したりする。

交流する時間が足りないことも考えられるため，グループの中でノートを回して読み合う，全体の場で書いた文章を発表させるなど，交流のさせ方は様々でよい。状況に合わせて使い分ける。

三年とうげ

全授業時間 6 時間

◉ 指導目標 ◉

・登場人物の気持ちの変化について，場面の移り変わりと結び付けて具体的に想像することができる。
・様子や行動，気持ちや性格を表す語句の量を増し，話や文章の中で使い，語彙を豊かにすることができる。
・登場人物の行動や気持ちなどについて，叙述を基に捉えることができる。

◉ 指導にあたって ◉

① 教材について

　「三年とうげ」は，朝鮮の民話です。そこで転ぶと三年しか生きられないという三年とうげで転んでしまい，気を落としているおじいさんを，水車屋のトルトリがユーモアと機知で立ち直らせる話です。この民話のおもしろさはトルトリが話した発想の転換にあります。このような優しさや，物事を良い方に捉えようという生きる知恵がこのお話の主題でしょう。話のおもしろさについて話し合うとともに，構成にも目を向けさせます。民話には，結末に至るまでの共通したパターンがあります。そして，自分が選んだ民話のおもしろさを伝える学習につなぎます。この学習を通して，民話や昔話のよさに気づき，また，読んでみたいという気持ちに児童をさせたいものです。

② 主体的・対話的で深い学びのために

　登場人物の行動や気持ちを読み取る手がかりになるのは，文中にある言葉と挿絵です。これらをもとに対話を重ねさせることで，物語の世界に入り込ませ，理解を深めさせていきます。児童にこのお話のおもしろさとその理由を考えさせますが，これは物語の主題を捉える学習とも関わっています。「三年とうげ」を読むだけでなく，他のお話も読んで紹介し合い，話し合う活動は，民話や昔話への児童の視野を広げていくことになります。ここで民話や昔話のおもしろさに気づき，それを味わわせることが，民話や昔話と触れ合う次のステップにつながっていくでしょう。

◉ 評価規準 ◉

知識 及び 技能	様子や行動，気持ちや性格を表す語句の量を増し，話や文章の中で使い，語彙を豊かにしている。
思考力，判断力，表現力等	・「読むこと」において，登場人物の行動や気持ちなどについて，叙述を基に捉えている。 ・「読むこと」において，登場人物の気持ちの変化について，場面の移り変わりと結び付けて具体的に想像している。
主体的に学習に取り組む態度	登場人物の気持ちの変化について，積極的に場面の移り変わりと結び付けて具体的に想像しようとし，学習課題に沿って，物語を紹介しようとしている。

● 学習指導計画　全6時間 ●

次	時	学習活動	指導上の留意点
1	1	・読んだことのある民話や昔話を交流する。 ・学習課題を確認する。 ・範読や挿絵からあらすじをつかみ，はじめの感想を交流する。	・今までに読んでおもしろかったことを出し合い，昔話や民話に興味をもたせる。 ・「三年とうげ」の内容を予想させ，これからの学習の見通しをもたせる。 ・「この本，読もう」も参考にして，他の民話を読んでおくことを呼びかける。
1	2	・三年とうげの特徴と登場人物を確認し，物語を場面分けする。 ・三年とうげの言い伝えを知る。 ・出来事の発生を読み取り，話し合う。	・様子を表す言葉や挿絵を手がかりにして，三年とうげの風景やおじいさんの様子を読み取らせる。 ・言葉のリズムを感じながら三年とうげの言い伝えを読ませる。
1	3	・トルトリの人物像を考える。 ・おじいさんの行動や気持ちが変わっていく様子を読み取る。 ・おじいさんの行動や気持ちの変化について話し合う。	・様子を表す言葉や挿絵を手がかりにして，おじいさんの変化を読み取らせる。 ・「おもしろい歌」やおじいさんの転ぶ様子など，リズムを捉えて音読させる。
1	4	・「三年とうげ」の学習を振り返り，おもしろいと思ったところと理由を書く。 ・書いたことを発表して話し合う。	・おもしろさの観点を確認してから，おもしろいと思ったところを見つけさせる。 ・発表を聞いた感想や意見を出させる。
2	5	・これまでに読んだ民話や昔話の中から紹介したい話を1つ選ぶ。 ・紹介のしかたを調べ，紹介する内容をまとめる。	・第1時に提起して読ませた本やそれまでに読んだ本の中から選ばせる。 ・教科書の「しょうかいのれい」や「三年とうげ」の学習をもとにして紹介内容を考えさせる。
2	6	・民話や昔話のおもしろさを紹介し合う。 ・発表を聞いて気づいたことを伝え合う。 ・学習を振り返る。	・発表のしかた，聞き方を確認してから発表させる。 ・発表や話し合いを通して，1人1人の児童の捉えかたの違いや共通点，民話の共通点などに気づかせる。

📀 収録（画像，イラスト，児童用ワークシート見本）※本書 P150 ～ 151 に掲載しています。

三年とうげ

第 ① 時 （1/6）

本時の目標
読んだ経験を紹介し合って民話や昔話に興味をもち，学習課題を確認して学習の見通しをもつことができる。

授業のポイント
昔話や民話に興味をもたせる。「三年とうげ」がどんなお話か予想させ，これからの学習を見通して興味をもたせる。

本時の評価
読んだことのある民話や昔話を簡単に紹介している。学習課題を確認し，これからの学習に対する見通しがもてている。

板書例

〈挿絵の活用〉物語の挿絵も，文章の読み取りの助けになります。「三年とうげ」の挿絵を見れば，

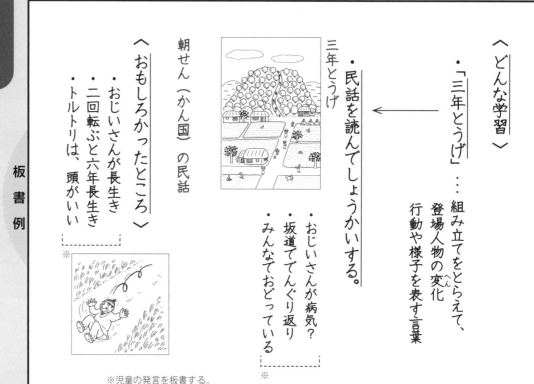

〈どんな学習〉
・「三年とうげ」…組み立てをとらえて，
　登場人物の変化
　行動や様子を表す言葉

・三年とうげ
・民話を読んでしょうかいする。

　・おじいさんが病気？
　・坂道ででんぐり返り
　・みんなでおどっている
　　　　　　　　　　　　※

朝せん（かん国）の民話

〈おもしろかったところ〉
・おじいさんが長生き
・二回転ぶと六年長生き
・トルトリは、頭がいい

※児童の発言を板書する。

---

1 紹介する　今までに読んだ民話や昔話を紹介し合おう。

世界の民話を1つ読み聞かせて導入する。（「おおきなかぶ」など，長ければ一部分だけでもよい）

・知ってるよ。読んだことがある。
「これはロシア（「おおきなかぶ」の場合）の民話です。」

今まで読んだ民話や昔話でおもしろいと思ったお話はありますか。どこがおもしろかったかも言いましょう。

「かさじぞう」です。お地蔵さんが，お礼におじいさんの家に行くところがおもしろかった。

「3びきのこぶた」です。3びきめの家がオオカミに壊されなくてよかった。

　　読んだことのある民話や昔話を出し合い交流する。
「民話は人々が昔から伝えてきたお話です。世界の国々にも日本にも，様々な民話や昔話があります。」

---

2 確かめる　「三年とうげ」でどんな学習をするのか確かめよう。

「三年とうげ」はどんなお話なのか扉のページ（P65）を見て予想しましょう。

三年経つと何かが起こるのかな？おもしろさを見つけて，と書いてあるね。

文の組み立てを捉えて読んでいけばいいのね。

「民話を紹介しよう」だから，自分で読んで紹介するんだね。

「リード文の説明がP78にもあるので，『見通しをもとう』の3行も読んでおきましょう。」
・読むときは，登場人物の行動や様子を表す言葉に気をつけたらいいのだ。
・登場人物の変化を見ていけばいいようだね。

　「三年とうげ」の学習と並行して他の民話を読むことを呼びかける。簡単に学習計画を伝え，「この本，読もう」も参考にして，休み時間や放課後を利用して本を選ばせる。

138

およその物語の展開を想像させる手がかりにできます。

三年とうげ

め どんな学習をするのかたしかめ、題名やさし絵、読み聞かせから思ったことを話し合おう

〈古くから語りつたえられてきたお話〉

☆今までに読んだ民話や昔話

〈世界〉大きなかぶ　三びきのこぶた　はだかの王様 …

〈日本〉かさじぞう　花さかじいさん　うらしまたろう …
　　　　　　　　　　　　　　　　　　　　　　※

🔍 主体的・対話的で深い学び

・今までに読んだ民話や昔話を交流し，これからの学習に興味をもたせる。

・挿絵を見て気づいたことを話し合ったり，はじめの感想を交流することで，「三年とうげ」の話のイメージを膨らませ，次時の学習につなげていく。

準備物

・民話や昔話の本（「この本，読もう」で紹介されている本や，その他図書室で借りたもの，児童に家から持って来させたものなど）
・東アジア地図
・黒板掲示用イラスト 📀 収録【3下_11_01～3下_11_08】

---

3 つかむ　どんなお話なのか－挿絵を見て，読み聞かせを聞こう。

まず「三年とうげ」の挿絵を見て，気づいたことを発表しましょう。

村のむこうに峠がある。三年峠だね。

おじいさんが峠で休んでいる。日本の服ではないみたい。

坂道ででんぐり返りをしている，なぜ？

おじいさんが驚いている。何か起きた！病気になった？

「作者と挿絵をかいた人は誰ですか。」
　・作者は，リ・クムオギ，絵は，パク・ミニです。
　・日本の人の名前ではないね。
「2人はお隣の国，朝鮮（韓国）の人です。これは，朝鮮の国に伝わってきた民話なのです。（地図で位置を確認する）まず，先生が読むので，『三年とうげ』とは何なのか，考えながら聞きましょう。」

　　教科書を目で追わせて，ゆっくり範読する。

---

4 感想をもつ　はじめの感想を出し合おう。

「どんなお話か，あらすじは分かりましたか。」
　・はい。
　・ここで転んだら三年しか生きられないので，「三年とうげ」なのだ。

お話はおもしろかったですか。また，どこがおもしろかったですか。

2回転ぶと6年生きることになる，と考えたところがおもしろかったです。

おじいさんが長生きできたところが おもしろくてよかったです。

トルトリは，頭がいいなと思いました。

　　ここで，教師は児童の傾向をつかむ。断片的な感想でもよしとし，児童の発言をほめる。

「このお話の組み立てや，おもしろさについてもこれから学習していきます。家でも読んでおきましょう。」

三年とうげ

第 2 時 （2/6）

本時の目標
物語の設定と，三年とうげの様子や，そこで起こった出来事を読み取ることができる。

授業のポイント
様子を表す言葉や挿絵を手がかりにして，三年とうげの風景やおじいさんの様子を読み取らせる。

本時の評価
物語の設定と三年とうげの様子や，そこで転んでしまったおじいさんの様子を読み取っている。

板書例

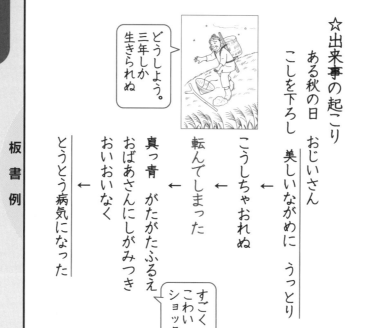

☆言いつたえ

「三年とうげで転ぶでない。
三年とうげで転んだならば，
三年きりしか生きられぬ。」

☆出来事の起こり
ある秋の日　おじいさん
こしを下ろし　美しいながめに　うっとり
→ こうしちゃおれぬ
→ 転んでしまった
→ 真っ青　がたがたふるえ
おばあさんにしがみつき
おいおいなく
→ とうとう病気になった

すごく
こわい
ショック

どうしよう。
三年しか
生きられぬ

---

1 つかむ　三年とうげはどんなところか，登場人物は誰か確かめよう。

「三年とうげ」を音読させる。（交代して指名読み）

「これは，いつ，どこのお話で，誰が出てきますか。」
・いつは・・・昔の話だと思います。
・どこは，あるところ，三年とうげと近くの村です。
・おじいさん，おばあさん，トルトリが出てくる。

三年とうげはどんなところですか。様子を表す言葉を見つけて考えましょう。

秋には木の葉が色づき，白いすすきが光ります。

春にはたくさんの花が咲きます。

あまり高くない，なだらかな峠です。

誰だってため息が出るほどよい眺めです。

挿絵でどこが峠か確認させる。かえで，がまずみ，すすきの画像や挿絵からも，秋の峠のきれいな様子を想像させる。

---

2 場面に分ける　物語を場面に分けよう。

「民話や昔話の多くに当てはまる組み立てを，教科書（P78）で確かめましょう。」
・①始まり②事件が起こる③事件が解決する④むすび（その後）の４つの場面の組み立てです。

「三年とうげ」では，①〜④は，それぞれどんな場面で，どこからどこまでですか。挿絵も考える参考になりますね。

①は，三年とうげの説明と言い伝えが書いてあるので，P68の10行目までです。

②は，おじいさんが峠で転んで病気になったところ。P70の11行目までだね。

③は，おじいさんが元気になるP75の最後までだよ。

④では，ぬるでの木のかげで歌ったのは誰だった？と尋ねて終わっている。

三年とうげの様子が書いてあるところを，もう一度音読させる。

み取りの深さにつながります。時間がなければ教師が説明してもよいでしょう。

主体的・対話的で深い学び

・三年とうげはどんなところか，登場人物は誰か，①〜④の場面はどこまででどんな場面か，以上は，これから物語を読んでいく上での基本になる部分なので，話し合ってすべての児童が理解できるようにする。

・①②の場面の読み取りは，様子を表す言葉や挿絵を手がかりにして，対話を通してイメージを膨らませながら捉えさせていく。

準備物

・画像（かえで，すすき，反物）

📀 収録【3下_11_09~3下_11_11】

・がまずみ等の植物の写真

・黒板掲示用イラスト（三年とうげと村風景，三年とうげ，石につまずくおじいさん）（第1時使用のもの）

三年とうげ

め 三年とうげの様子と出来事の起こりを読み取ろう

☆三年とうげ

《春》 すみれ たんぽぽ れんげつつじ
さきみだれる

《秋》 かえで がまずみ ぬるで
美しく色づく

すすき—白く光る

⇒ すてき—白く光る

だれだって，ため息が出る
よいながめ

---

3 話し合う 三年とうげの言い伝えについて話し合おう。

「このきれいな景色の三年とうげには言い伝えがありましたね。どんな言い伝えでしたか。」

・「三年とうげで転ぶと三年しか生きられない」です。

「その言い伝えを読んでみましょう。」

言い伝えの文のリズムを意識させて読ませる。

・「三年とうげで転ぶでない。…」
（一斉音読→リズムを工夫して指名読み）

この言い伝えを，村の人たちはどう思ったでしょう？皆さんは，どうですか？

もし，わたしが村人だったら，やっぱり怖かったと思うわ。

昔，そこで転んだ人が，3年で死んだから，こんな言い伝えができたのでは…。

転ばないようにおそるおそる歩いたと書いてあるから，とても怖がっていた。

みんな，言い伝えを，ずっと，信じてきたんだね。

---

4 読み取る 三年とうげでどんな出来事が起きたのだろう。

「どんな事件が起きたのか②の場面を読みましょう。」

一斉読みをさせる。

・おじいさんが，三年とうげで転んでしまった。

「事件が起きるまでのおじいさんの様子を，挿絵も参考にして話し合いましょう。」

・峠で一休みして美しい眺めにうっとりしていた。

・のんびりしている感じだね。

・日が暮れそうになったので，慌てて帰ろうとした。

転んだ時とそのあとのおじいさんの様子を，文から順に確かめましょう。

真っ青になって，震えました。すごく怖かったのです。

寝込んで病気になってしまいました。ショックが強かったのね。

おばあさんにしがみついて，おいおい泣きました。

おじいさんの様子を思い浮かべながら音読させる。

三年とうげ

第 3 時 （3/6）

本時の目標
おじいさんの様子や気持ちの変化と，おじいさんを立ち直らせたトルトリの人物像を読み取ることができる。

授業のポイント
「おもしろい歌」やおじいさんの転ぶ様子など，リズムを捉えて音読させ，おじいさんが元気になっていく姿を捉えさせる。

本時の評価
トルトリの考えや人物像と，その言葉を聞いたおじいさんの様子や気持ちの変化を読み取っている。

板書例

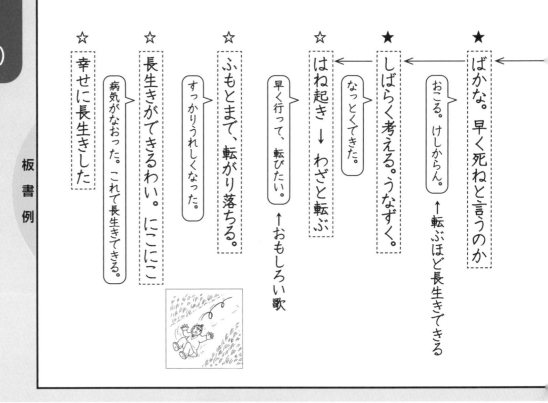

〈板書用カード〉板書が比較的多く，書く内容が決まっている場合は，事前にカードにしておいて，それを

（右から）
★ ばかな。早く死ねと言うのか
おこる。けしからん。 ↑転ぶほど長生きできる
★ しばらく考える。うなずく。
なっとくてきた。
☆ はね起き → わざと転ぶ
早く行って、転びたい。 ↑おもしろい歌
☆ ふもとまで、転がり落ちる。
すっかりうれしくなった。
☆ 長生きができるわい。にっこにっこ
病気がなおった。これで長生きできる。
☆ 幸せに長生きした

---

1 つかむ
見舞いに来たトルトリはどんな人で，何をしたのだろう。

「おじいさんの病気は，どうなっていきましたか。」
・どんどん重くなるばかりだった。
「おじいさんはどうなるのか，③を読みましょう。」
　　③場面を各自一人読みさせる。

「どんな人が見舞いに来て，何をしたのですか。」
・トルトリという水車屋の子どもが来ました。
・おいらの言うとおりにすれば治ると言った。
・三年とうげで何度も転べば長生きできると言った。

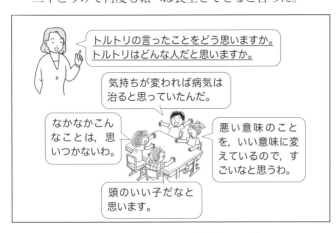

トルトリの言ったことをどう思いますか。トルトリはどんな人だと思いますか。

気持ちが変われば病気は治ると思っていたんだ。

なかなかこんなことは，思いつかないわ。

悪い意味のことを，いい意味に変えているので，すごいなと思うわ。

頭のいい子だなと思います。

話し合いで，トルトリの機知（知恵）を認識させる。

2 読み取る
トルトリの話を聞いて，おじいさんはどう変わっていったのだろう。

「おじいさんの様子の変化を挿絵や文中の言葉から見ていきましょう。」
　　③の始め〜 P73 の 10 行目までを再度読ませる。

・「どうすればなおるんじゃ。」と言った。
・もう一度転ぶと言われて，「ばかな。」と怒った。

　ふとんから顔→ばかな→しばらく考えて→うなずき→なるほど→はね起き→三年とうげへ行き，わざとひっくり返り，と変わっていった様子を話し合う。
「『なるほど』と言ったのはどうしてですか。」
・トルトリの言葉に納得したからだと思います。

様子の変化から，気持ちの変化も考えましょう。

助かるかもしれないと思ったから「どうすれば…」とふとんから顔を出した。

はじめは怒ったけど，話を聞いてやっと納得できた。

急に元気が出てきたので，はね起きて，三年とうげに行った。

貼ると板書の時間を短縮することができます。（本時の［＿＿＿＿］の部分）

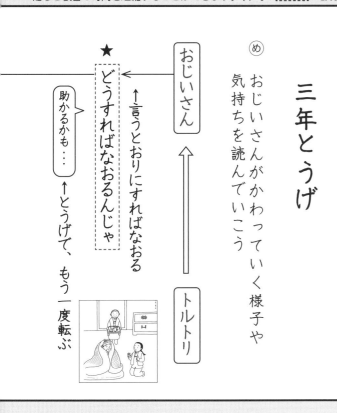

三年とうげ

め　おじいさんがかわっていく様子や気持ちを読んでいこう

おじいさん　←　トルトリ

↑言うとおりにすればなおる

★どうすればなおるんじゃ

助かるかも…　→とうげで、もう一度転ぶ

主体的・対話的で深い学び

・おじいさんの様子や気持ちの変化を捉えるのが本時の学習の中心になる。文中の言葉や挿絵を手がかりにして考えていくが，対話を重ねることで理解を深め，また，読み取りが苦手な児童も含めて児童みんなに理解を共有させたい。

・おじいさんの行動や気持ちの変化に対する考えも，対話をすることで，互いに学び合い，自分の考えが検証し合えることが期待できる。

準備物

・黒板掲示用イラスト（トルトリとおじいさん，転がるおじいさんアップ）（第1時使用のもの）

・［＿＿＿＿］内の言葉は，カードにして準備しておいた方が，板書に手間取らない。

・画像（水車）**DVD** 収録【3下_11_12，3下_11_13】

---

3 読み取る　「おもしろい歌」が聞こえてきておじいさんは，どうしたのだろう。

「『おもしろい歌』をみんなで音読しましょう。」
　　「えいやら…」の歌を調子よく楽しく読ませる。

「おじいさんが，転んでいる様子のところもみんなで音読しましょう。」
　　「ころりん … ひょいころ，ころりん」も同じように調子よく読ませる。

おもしろい歌を聞いたおじいさんの様子や気持ちを話し合いましょう。

転べば転ぶほど長生きができると思って，すっかり嬉しくなりました。

喜びすぎて，ふもとまで転がり落ちても，平気な顔をしている。

これで長生きができると思って嬉しくてたまらないから，にこにこ笑っている。

「おじいさんの様子や気持ちの変化を考えながら、もう一度③を音読しましょう。」

4 話し合う　おじいさんの行動や気持ちの変化について話し合おう。

　　④場面を音読させる。
「最後におじいさんはどうなりましたか。」
　・すっかり元気になって，長生きしました。
　・めでたし，めでたしだね。
「ぬるでの木のかげから聞こえてきた『えいやら…』の歌を歌ったのは誰だと思いますか。」
　・やっぱり，トルトリかな・・・。
　・ぼくもそう思います。

おじいさんの行動や気持ちの変化について意見を出し合って話し合いましょう。

怖がったり，急に元気になったり，すぐに気が変わるなあと思った。

ころりん，ころりん転がっているとき，すごく楽しそうだった。

元気になって，仲よく，幸せに，長生きができてよかった。

最後に，全文を音読させる。

三年とうげ　143

三年とうげ

第 4 時 （4/6）

本時の目標
「三年とうげ」を読んで，おもしろいと思ったところを書き，発表することができる。

授業のポイント
物語の設定，登場人物の行動や気持ちの変化，言葉の使い方や文の調子などから，おもしろいと思ったところを見つけさせる。

本時の評価
「三年とうげ」のお話のおもしろさを捉え，感想を書いて発表している。

板書例

④ 幸せに 長生きした 歌ったのはだれ？

〈行動や気持ちを表す言葉〉
・真っ青になり ・はね起きる ・にこにこわらい

〈調子のよい言葉〉
・長生きしたけりゃ ・えいやら えいやら

おもしろいと思ったところを書く
・トルトリが言ったこと
・おじいさんがかわっていくところ
・言いつたえやおもしろい歌

発表する
↓
→感想 意見
↓
全体でも発表

※児童の発言を板書する。

---

1 振り返る 「三年とうげ」の物語の内容と組み立てを振り返ろう。

　全文を指名読みで音読させていく。
「三年とうげとは，どんなところでしたか。また，なぜこれが物語の題になったのでしょう。」
　・春も秋もため息がでるほどのよいながめだった。
　・ここで転ぶと三年しか生きられないという言い伝えがあった。
　・三年とうげが物語の主な舞台で，ここの言い伝えをめぐっての話だから，題になったと思います。

「三年とうげ」は，どんなお話で，物語の組み立ては，どうなっていましたか。

三年とうげで転んで病気になってしまったおじいさんが，トルトリのおかげで元気になったお話です。

①三年とうげの説明，②おじいさんが転んで病気になり，③トルトリのおかげで元気になり，④幸せに長生きしたという４つの場面でできています。

2 振り返る 行動や様子を表す言葉，調子のよい言葉はどれだろう。

登場人物の行動や気持ちを表す言葉もありましたね。例えばどんな言葉がありましたか。

「ふとんからはね起きると」

「真っ青になり，がたがたふるえました。」

「にこにこわらいました。」

　教科書で見つけた言葉に線を引いておかせる。
「調子のよい言葉も，いくつか出てきましたね。」
　・「三年とうげで転ぶでない。・・・生きられぬ。」
　・「えいやら ・・・ こりゃめでたい。」
　・「ころりん，・・・ひょいころ，ころりん」

　それぞれ，声に出して読んでみさせ，これも教科書に線を引いておかせる。

かせることが必要です。いきなり「さあ書きましょう。」ではよい文は書けません。

三年とうげ

め
「三年とうげ」を読んでおもしろいと
思ったところを書いて発表し合おう

〈組み立て〉

①
よいながめ　言いつたえ

②
おじいさんが転ぶ　病気

③
「何度も転べば長生き」→ 転んで元気に

🔍 主体的・対話的で深い学び

・展開１・２では，児童に意見を出し合わせながら，「おもしろいと思うところ」を見つける観点となるところを振り返らせておく。
・本時の後半の展開では，「おもしろいと思うところ」を，なぜそう思ったのかを意識しながらノートにまとめさせるようにするのがよい。
・グループでは，発表するだけでなく，感想や意見も交流させる。

準備物

・黒板掲示用イラスト（第1時使用のもの）

---

3 書く　「三年とうげ」を読んで，おもしろいと思ったところを書こう。

「物語に組み立て，人物の行動や気持ちの表し方，その変化もありましたね。そして，言葉の使い方や文の調子。いろいろ振り返ってみました。」

振り返ってみたことも参考にして，「三年とうげ」を読んでおもしろいと思ったところと，そのわけをノートに書きましょう。

言い伝えやおもしろい歌のところが，すごく調子がよくておもしろい。声に出して言いたくなるよ。

トルトリの言葉やおもしろい歌を聞いて，おじいさんの気持ちや様子が変わっていくところがおもしろいな。

「書けたら，読み返してみて，自分が言いたいことが分かるように書けているか確かめましょう。」

---

4 発表する　おもしろかったところを発表して話し合おう。

書けたら，グループで発表し合いましょう。聞いて感想や意見があれば伝えましょう。

ぼくは，トルトリが，２回転べば６年，３回転べば９年生きられると言ったところがすごくおもしろかった。それは・・・。

やっぱり，おじいさんの変わりっぷりがおもしろかったよ。

わたしも，トルトリはすごく知恵があるなあと感心しました。

グループから１人ずつ，みんなの前で発表させる。

・三年とうげの言い伝えから，お話が進んでいくのがおもしろかったと思います。おじいさんや村の・・・
・眺めのよい峠なのに怖い言い伝えがあるのがおもしろかったです。わたしもこんな峠を・・・

「みんながおもしろかったと思ったところを思い浮かべながら，もう一度全文を読みましょう。」

三年とうげ

第 5 時 （5/6）

本時の目標
民話や昔話の中から紹介したい本を選び，おもしろさを見つけてまとめることができる。

授業のポイント
まず本が選べること。迷って選べない児童がいたら，教師が助言する。「しょうかいのれい」や「三年とうげ」の学習をもとにして紹介内容を考えさせる。

本時の評価
紹介したい本を選び，おもしろさを見つけている。選んだ本が紹介できるようにまとめている。

板書例

〈埋出が大事〉ただ「おもしろかった」だけでなく，なぜおもしろかったのか理由を考えさせることで，作品

☆ しょうかいのしかた
①題名、どこの国（地いき）
②登場人物、大きな出来事
③おもしろいと思うところ、理由、感想
　出来事
　人物の変化（へん）｝よかった、心にのこった
　言葉や文

☆ ワークシートにまとめる
【れい】・「三びきのやぎのがらがらどん」ノルウェー
　三びきのやぎ（どれも名前はがらがらどん）
　トロル（おそろしいばけもの）・・・

しょうかいのれんしゅう

---

1 つかむ　読んできた民話や昔話を紹介し，今日の学習のめあてを知ろう。

はじめの時間から読んできた本を紹介しましょう。

わたしは，スリランカの昔話の「ふしぎな銀の木」を読みました。

わたしは，3冊も読みました。1冊目は・・・。

ぼくは「3びきのやぎのがらがらどん」を読みました。

どんな民話を読んだのか，題名だけでよいので伝え合わせる。全員の発表でなくてもよい。

「読んだ民話の中で，これはおもしろい，という1冊を選んで紹介し合っていきます。今日はその準備です。三年とうげでも，おもしろさは伝えてきましたね。」
・物語の設定や，登場人物の様子や変化，言葉の使い方や調子などについて書いたね。
・今度も，読んでおもしろいと思ったところを伝えればいいんだね。

2 読み返す　紹介したい本を選んで，内容やおもしろさを確かめよう。

「では，紹介したい本を1冊選びましょう。三年とうげの勉強を始めてから読んだ本でも，もっと前に読んだ本でも構いません。」
・ぼくは，「いたずらおばけ」にしよう。
・わたしは「スーホの白い馬」がいちばんよかった。

どんなお話なのか，なぜ紹介したのかを分かってもらうには，どんなことを書けばよいでしょうか。

主人公とどんな出来事があったか，あらすじを書いたらいい。

もう一度本を読んで，大事なことはノートにメモをしておきましょう。

おもしろかったところと，なぜおもしろかったかも書かないとだめよ。

各自で選んだ本を一人読みさせ，おもしろかったこと（よかった，心に残った）をメモさせておく。

の理解が深まり，自分の考えも見つめ直して深めることができます。

三年とうげ

め 自分が読んだ民話や昔話のおもしろさを
まとめよう

☆ みんなにしょうかいしたい民話や昔話

・本を一さつえらぶ（これをしょうかいしたい！）

・もう一度読んでたしかめよう
　　登場人物、できごと、おもしろいところ

・ノートにメモ ←

主体的・対話的で深い学び

・自分が読んだ民話や昔話について，どんなことを紹介すればよいのかを，「三年とうげ」で学んだことや「しょうかいのれい」を参考にして話し合う。
・話し合う中で，「このおもしろさを紹介したい，みんなに知ってほしい」という気持ちを高めていくことが，主体的に取り組める意欲につながっていく。

準備物

・児童が読んだ本（紹介したい本の候補を何冊か持ち込ませる）
・ワークシート（お話しょうかいカード）
（児童用ワークシート見本 DVD 収録【3下_11_14】）

3 調べる　選んだ本の紹介のしかたを調べよう。

「教科書のP79に，紹介の例が書いてあります。読んで参考にしましょう。」
　　「しょうかいのれい」を斉読させる。

どんな順番で，何が書いてありましたか。

次は，登場人物や，どんな出来事が起こったか。

おもしろいと思うところがその次。内容は，三年とうげと同じようなことだね。

はじめに題名と，どこの国の民話か書いてあります。

最後に「是非読んで下さい。」と言っています。

「例の文を読んで，うまく紹介しているな，工夫しているなというところはありますか。」
・「次は・・・わくわくしてきます。」と，自分の感じたことを書いているところです。
・3つの段落に分けて書いています。

4 まとめる　紹介する内容をまとめ，紹介の練習をしよう。

「紹介することをワークシートにまとめます。もう一度確認です。シートには何を書けばよいでしょう。」
・題名とどこの国のお話か。
・登場人物と大きな出来事。中心になる出来事です。
・おもしろいと思うところ。
・おもしろい理由や感想も書いた方がいいです。

「しょうかいのれい」も参考にして，今，確認したことをワークシートにまとめましょう。

「いたずらおばけ」は，イギリスの民話だったな。登場人物は一人暮らしの・・・。

3びきのやぎの名前がどれも「がらがらどん」というのが，まずおもしろい。

「まとめられたら，紹介の練習をしましょう。隣の人に聞いてもらってもいいですよ。」
・段落の間は，少し間をおいて話した方がいいよ。

三年とうげ

第 6 時 （6/6）

本時の目標
自分が選んだ民話や昔話を紹介し合い，1人1人の感じ方の違いに気づき，友だちの捉え方から学ぶことができる。

授業のポイント
民話や昔話のおもしろさを伝えることも大切だが，友だちの発表を聞いて学ぶことも大切にしたい。

本時の評価
自分が見つけたおもしろさを伝え，友だちの発表から感じ方の違いや作品の捉え方を学んでいる。

板書例

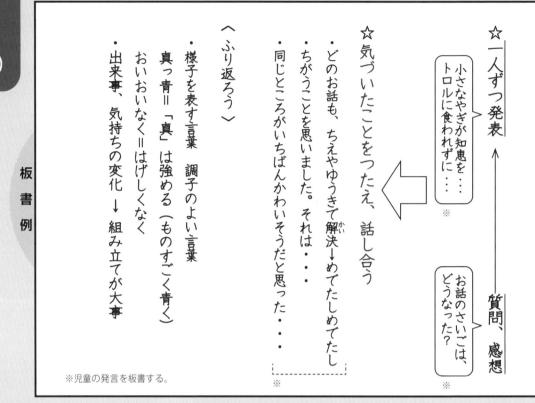

〈発表者を選ぶ〉全体で何人かの児童に発表させる場合，自主的に発表させるのもよいが，学びが深まるよう

☆一人ずつ発表

小さなやぎが知恵を…トロルに食われずに…
※

お話のさいごは，どうなった？
※

質問、感想

☆気づいたことをつたえ、話し合う

・どのお話も、ちえやゆうきで解決→めてたしめてたし
・ちがうことを思いました。それは・・・・
・同じところがいちばんかわいそうだと思った・・・
※

〈ふり返ろう〉

・様子を表す言葉　調子のよい言葉
真っ青＝「真」は強める（ものすごく青く）
おいおいなく＝はげしくなく
・出来事、気持ちの変化 → 組み立てが大事

※児童の発言を板書する。

---

1 つかむ　発表の準備をし，今日の学習のめあてをつかもう。

「前の時間に書いたワークシートを読み返して，発表する内容を，もう一度確かめましょう。」
・これでバッチリ！すぐに発表できる。
・もう1つだけ思いついたので，付け足しておこう。

「今日は，グループの中で選んだ民話や昔話の紹介をしてもらいます。全体でも，後で交流をします。」

発表のしかたも考えましょう。どんなことに気をつけたり工夫したら，うまく紹介できますか。

相手に話しかけるように発表したらいいと思います。

いちばん大事なところを，特に丁寧に話します。

大きな声ではっきり言うことも大事です。

---

2 発表する 聞く　民話や昔話のおもしろかったところを紹介し合おう。

「グループの中で1人ずつ順番に発表していきます。1人が終わったら，質問や感想を出しましょう。」
「聞く人は，どんな聞き方をすればいいでしょう。」
・話している人の方を向いて聞く。
・お話の内容やおもしろいところを思い浮かべながら聞くのがいいと思います。
・気づいたことを，メモしておくのもいいね。

それでは，話し方，聞き方に気をつけて，発表を始めましょう。

小さなやぎが，後から来る方が大きいからと言って，トロルに食われなかったところが・・・。

お話の最後はどうなったのですか？

やぎは，知恵をはたらかせて，トロルに食われずに済んだのね。

話に詰まる児童がいれば，教師が質問して話の続きを引き出すなどの支援をする。

な発表内容を教師が指名して発表させることが必要な時もあります。

主体的・対話的で深い学び

- それぞれがまとめた民話や昔話のおもしろさを発表し合い，1人1人の着眼点や捉え方の違いに気づかせる。またそれは，1人1人の児童の民話や昔話の捉え方を多様にし，深めることにつながる。
- 学習した成果を振り返り，新たな読書への意欲をもたせる。次に読むときは，今回の学習をいかしたより深い読みが期待できるだろう。

準備物

- 前時に作成したワークシート（お話しょうかいカード）

（板書）

三年とうげ

⊕ 民話(みんわ)や昔話のおもしろさを
しょうかいし、話し合おう

〈グループで発表し合おう〉

発表する人	聞く人

発表する人
- 話しかけるように
- 大きな声ではっきり
- 大事なところはていねいに

聞く人
- 話す人を見て
- 思いうかべながら
- 気づいたことをメモ
※

---

3 交流する　紹介を聞いて気づいたことを伝え合おう。

「みんなが紹介した民話や昔話で気づいたこと，おもしろいと思ったところや理由が自分とは違うところや似ているところなどを伝えて話し合いましょう。」

山田さんが紹介した本はとてもおもしろそうなので，読んでみたいと思いました。

スーホの白い馬が，必死になって帰って来て死ぬところが，ぼくもいちばんかわいそうだと思いました。

どのお話も知恵や勇気で出来事を解決して，最後はめでたしめでたしになるね。

「ふしぎな銀の木」で末の王子がしたことに，わたしは違うことを思いました。それは…。

　何人かの特徴的な紹介を，全体の中でも発表させる。誰に発表させるかは，机間指導中に見つけるか，事前にワークシートを読んでおいて選ぶ。

---

4 振り返る　学習したことを振り返ろう。

教科書 P79「ふりかえろう」を読んで，どんなことが学べたか振り返りましょう。

様子を表す言葉や調子のよい言葉がいろいろあったね。

どの民話も大体，始まり→出来事が起こる→解決→結びの形になっているね。

言葉に気をつけたり，物語や人物がどう変わっていくかに気をつけて読みたいな。

「出てきた言葉で，真っ青と青，おいおい泣くと泣く，はね起きると起きるは，どう違うのでしょう。」
　「真」は言葉の意味を強める。「おいおい泣く」や「はね起きる」は，動作化してもよい。こんな言葉のおもしろさにも気づかせる。

「『たいせつ』や『いかそう』も見ておきましょう。」
- 事件の起こりや解決の場面で，気持ちや考えが変わることがよく分かるから，組み立ても大事だね。

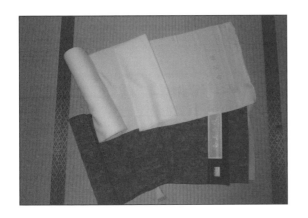 

たから島のぼうけん

◉ 指導目標 ◉

・書く内容の中心を明確にし，内容のまとまりで段落をつくったり，段落相互の関係に注意したりして，文章の構成を考えることができる。
・書こうとしたことが明確になっているかなど，文章に対する感想や意見を伝え合い，自分の文章の良いところを見つけることができる
・様子や行動，気持ちや性格を表す語句の量を増し，話や文章の中で使い，語彙を豊かにすることができる。
・間違いを正したり，相手や目的を意識した表現になっているかを確かめたりして，文や文章を整えることができる。

◉ 指導にあたって ◉

① 教材について

　組み立てを考えて架空の冒険物語を書くという学習です。この書く活動を通して，「三年とうげ」で学んだように，物語には場所や人物の設定と「始まり」「出来事」「解決」「むすび」といった基本的な組み立て（パターン）があることをより確かに理解させます。この組み立てに沿って書き進めればよいことに気づかせ，また，出来事が起こる場面（発端）や山場（クライマックス）を設けること，段落や正しい表記法も指導します。

② 主体的・対話的で深い学びのために

　「事実をありのまま書く」ことは苦手だと思っている児童は，案外多いものです。その反面，架空の話などは，友だちとよく作り合って楽しんでいます。空想を書いてもいいというのは作り（書き）やすいのでしょう。これを「書きたい」という意欲につなぐこともできそうです。書くことは考えることです。
　この単元では，物語を作り上げていく過程で，児童が交流したり話し合いをする場面をできるだけ多く設定しています。それらの活動を通して，よりよい，よりおもしろい物語作りを目指します。ここで作品のよさを認め合い，達成感が得られれば，それは意欲につながり，次の学習機会には，より主体的に学習に取り組むことが期待できるでしょう。

◉ 評価規準 ◉

知識 及び 技能	様子や行動，気持ちや性格を表す語句の量を増し，話や文章の中で使い，語彙を豊かにしている。
思考力，判断力，表現力等	・「書くこと」において，書く内容の中心を明確にし，内容のまとまりで段落をつくったり，段落相互の関係に注意したりして，文章の構成を考えている。 ・「書くこと」において，間違いを正したり，相手や目的を意識した表現になっているかを確かめたりして，文や文章を整えている。 ・「書くこと」において，書こうとしたことが明確になっているかなど，文章に対する感想や意見を伝え合い，自分の文章の良いところを見つけている。
主体的に学習に取り組む態度	積極的に構成を工夫しようとし，学習課題に沿って，物語を書こうとしている。

● 学習指導計画 全10時間 ●

次	時	学習活動	指導上の留意点
1	1	・好きな冒険物語や主人公を出し合う。 ・学習課題と学習の進め方を確認する。	・知っている冒険物語や，教科書の「たから島の地図」から，イメージを広げさせ，「書いてみたい」という意欲と見通しをもたせる。
2	2	・地図を見て，登場人物，場所，出来事やその後のことなど，物語の内容を想像し，大まかな構想を立てる。 ・「想像メモ」を読み合って助言し合う。	・教科書の「物語のないようを考えるときには」を参考にする。 ・順不同で，思いついたことからメモをしていかせる。
	3・4	・「始まり」「出来事」「解決」「むすび」という物語の組み立てを確かめる。 ・組み立てごとに想像した内容を交流する。 ・組み立てに沿って，想像したことをまとめていく。	・「三年とうげ」の学習から，組み立てを思い出させる。 ・「物語の組み立てのれい」を参考にする。 ・想像した内容や組み立てを交流させ，より良い内容にさせる。
	5〜7	・「物語の組み立てのれい」と「例文」を比べ，文章化のしかたを捉える。 ・組み立て表をもとにして，物語の下書きをする。 ・物語を書くまでの学習を振り返る。	・「組み立てのれい」の箇条書きに，どのように肉付けをして文を作るか，「例文」と該当する箇所を比べて，具体的に捉えさせる。 ・様子や気持ちが伝わるように，言葉や表現を工夫させる。
	8	・下書きを読み返し，よりよい文にするにはどうすればよいか考える。 ・下書きに，加筆，削除，修正を加えて清書する。	・下書きを読み返し，文の表記の間違いなどを直すなど，よりよい文章にする手立てを話し合ってから，清書をさせる。
3	9	・物語を読み合って，感想を伝える。 ・全体でも，いくつかの物語を聞く。 ・物語を読み合って，気づいたことをまとめる。	・感想の観点を確認し合ってから，読み合う。 ・組み立てのまとまりがよく分かるように書けている作品を全体で発表させ，学習のめあてを意識させる。
	10	・各自が書いた物語のよさや，創作の楽しさを確認し合う。 ・学習を振り返り，成果を確かめる。	・今後の学習につながる意欲をもたせることができるような，まとめと振り返りになるように留意する。

📀 収録（原稿用紙, イラスト, 児童用ワークシート見本）※本書 P155,157,159,161「準備物」欄に掲載しています。

たから島のぼうけん

第 1 時 （1/10）

本時の目標

「組み立てに沿って，冒険物語を書く」という学習のめあてを捉え，学習活動の見通しをもつことができる。

授業のポイント

冒険物語を書いてみたい，という意欲をもたせる。冒険物語（一部分でも）を読み聞かせるのもよい。

本時の評価

「冒険物語を書いてみよう」という意欲をもち，どのように学習を進めていけばよいか見通しをもっている。

〈導入〉児童の経験（この場合は見たり読んだりした冒険物語）を出し合わせることで，学習課題に興味をもた

板書例

〈学習の進め方〉

※教科書の「たから島の地図」の拡大コピーを貼る

・わに，とら，大だこ…
・火山，つり橋…
ぼうけんの旅を，そうぞうして書く

1 地図を見て，そうぞう
　どんな島　物語のないよう

2 組み立て，場面の様子
　始め　出来事　解決（かい）　むすび

3 物語を書く　読み返す
　下書き　直し

4 読み合う
　感想　気づいたこと

はじめに
・いつ　（時）
・どこで　（場所）
・だれが　（人物）
・何を　（出来事）

---

1 交流する　好きな冒険物語について出し合おう。

好きな「冒険」物語はありますか？それは，どんなお話でしたか。

ハリーポッターが好きです。魔法学校に入ったハリーが魔法を使って戦います。

「エルマーのぼうけん」を読みました。少年エルマーが子どもの竜を助けに行くお話です。

「龍の子太郎」を読んだことがあります。竜になった母を訪ねて旅に出ます。

漫画やＴＶアニメなどが出てきてもよい。場所（冒険の舞台）や，好きな主人公も挙げさせる。

「物語のどの場面がいちばんよかったですか。」
・敵と戦って，乗り越えるところです
・知恵や勇気を出して，事件を解決するところです。

物語には，山場（クライマックス）があったことを意識させる。

2 つかむ　どんな学習をしていくのか確かめよう。

「教科書（P82）を見てみましょう。これは何ですか。」
・たから島の地図です！
「宝は，どこにありますか。指で押さえましょう。」
　宝の箱を押さえ，隣同士で確認する。

「地図には何が描かれていますか。」
・わにや虎がいる。海には大だこの足が見えている。
・火山があって吊り橋もある。きっと危険な場所だ。
　見つけたものをたくさん出し合わせる。

どんなことを学習するのか，P81の5行の文を読みましょう。

すてきな登場人物を考えて，この宝を手に入れるまでの『冒険』を，お話にするのです。

地図を見ながら冒険の旅を想像する。面白そう。

危険な場所や猛獣がいるところを乗り越えて行くんだ。

組み立てに気をつけて，冒険物語を書くんだ！！

せる方法があります。具体物があればそれを活用するのもよいでしょう。

たから島のぼうけん

㋫ 学習のめあてと進め方をたしかめ、物語のせっ定について考えよう

☆すきなぼうけん物語
・ハリーポッター・エルマーのぼうけん
・たつの子たろう

※児童の発言を板書する。

めあて 組み立てにそって、物語を書こう

主体的・対話的で深い学び

・児童は，これまでにもいろいろな冒険物語を読んだり，テレビ，映画，漫画などで見ている。まずは，それを交流することで，冒険物語の楽しさ，おもしろさを思い出させる。
・交流したことを学習課題と結びつけ，教科書の「たから島の地図」を見て，自分も冒険物語を書いてみたいという意欲をもたせる。
・教科書の地図に何が描かれているか話し合い，この地図に興味をもたせることがポイントになる。

準備物

・教科書 P82の「たから島の地図」の拡大コピー
（黒板掲示用イラスト DVD 収録【3下_12_01】）

3 見通しをもつ　学習の計画を確かめよう。

「たから島のぼうけん」の物語を作るには，何をどんな順番でしていけばよいのでしょう。

まず，どんなお話にするのか，あらすじを考えないといけないね。

下書きをしたり，書いた物語を発表し合ったりもするね。

いきなり書くんじゃなくて，三年とうげのように組み立てを考える。

「教科書で，学習の進め方を確かめましょう。」
　　P81「学習の進め方」を読む。

・はじめに，地図を見て想像する。どんな話にするか地図を見て考えるんだ。
・次は文の組み立てを考える。三年とうげでも勉強したね。
・やっと，物語を書いて，最後は友だちと読み合う。
「大体，学習の進め方は分かりましたね。」

4 設定を考える　物語を書くときに，はじめに考えておくことは何だろう。

「三年とうげの物語を読むとき，はじめにどんなことを確かめましたか？」
・三年とうげはどんなところか。
・登場人物は誰か。

物語は，いつ，どこで，誰が，何をしたかをはっきりさせておくと書きやすいですね。この「たから島のぼうけん」の場合は，どうなりますか。

登場人物は，地図からは分からないから，自分で考えればいいんだ。

場所は宝島で，何をするのかも宝探しをするから，この2つははっきりしているわ。

いつかも，未来とか100年前とか考えてもいいね。

「このように，いつ，どこ，人物，出来事という設定を考えます。いろいろな想像をしてみましょう。」

たから島のぼうけん

本時の目標

たから島の地図を見て，人物や出来事などを想像し，物語の大まかな構想を練ることができる。

授業のポイント

人物や事件を構想するには，結構時間がかかる。書いているうちにアイデアも浮かんでくるので，まずは思いつきでもよいので書いてみるようすすめる。

本時の評価

たから島の地図をもとにして人物や出来事などを設定し，物語の大まかな構想を書くことができている。

板書例

〈想像するための手立て〉イメージを膨らませるような助言，手がかりになるような補助資料〈写真，具体物など〉，

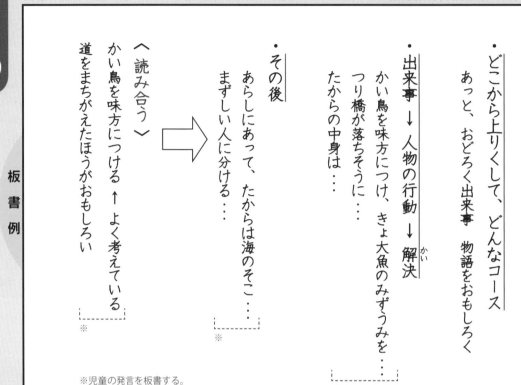

・どこから上りくして，どんなコース
　あっと，おどろく出来事　物語をおもしろく

・出来事 → 人物の行動 → 解決（かい）
　かい鳥を味方につけ，きょ大魚のみずうみを…
　つり橋が落ちそうに…
　たからの中身は…

・その後
　あらしにあって，たからは海のそこ…
　まずしい人に分ける…

〈読み合う〉
　かい鳥を味方につける → よく考えている
　道をまちがえたほうがおもしろい

※児童の発言を板書する。

1 つかむ　物語の内容として，どんなことを考えればよいのだろう。

「今日は，冒険物語の内容を考えます。まず，たから島の地図をもう一度じっくりと見て下さい。」
　・何か，ちょっとワクワクしてくるね。

「物語を作るとき，どんなことが決まっていれば書き始められますか。」
　・登場人物や物語の場所です。
　・いつ，どこで，誰が，何をしたかを決めておく。

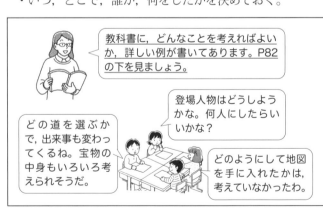

教科書に，どんなことを考えればよいか，詳しい例が書いてあります。P82の下を見ましょう。

登場人物はどうしようかな。何人にしたらいいかな？

どの道を選ぶかで，出来事も変わってくるね。宝物の中身もいろいろ考えられそうだ。

どのようにして地図を手に入れたかは，考えていなかったわ。

2 想像する①　人物と地図をどのように手に入れたか考えよう。

「まず，登場人物と，地図がどのようにして手に入ったのか，考えてワークシートに書きましょう。」
　ワークシート「たから島のぼうけん・そうぞうメモ」を配る。

たから島の地図を見つけたのは，小学生の男の子にしよう。空手が得意。

昔のことを研究している博士と助手を考えました。何か冒険できそうです。

たから島の地図は，肝試しで入った空き屋敷に隠されていた。

たから島の地図は，古本屋さんの本の間にはさんであった。

　キャラクター構成は物語を書くうえでたいへん重要なポイントとなる。教師から，「年齢は？」「職業は？」「性格は？」「特技は？」など質問を挟み，イメージを膨らまさせることが大切。

友だちとの対話，似たような例を示す，などの手立てが必要です。

たから島のぼうけん

め 地図を見て、ぼうけん物語のないようを
そうぞうしよう

〈地図を見てそうぞうしよう〉

・どんな人物
　しっぱいばかりの2人組
　はかせと助手 ※

・地図はどうして手に入れた
　空きやしき　古本の間 ※

主体的・対話的で深い学び

・「どんなコースを通れば，読む人を驚かせるようなどんな冒険ができるか」と問いかけて，地図を見ながら物語を想像させる。

・互いに刺激し合いながら，児童のイメージを膨らませ，想像力をかきたてられるように，メモを書いている途中でも，友だちのメモを自由に見に行ったり相談できるようにしてもよい。

準備物

・ワークシート「たから島のぼうけん・そうぞうメモ」
（児童用ワークシート見本 DVD 収録【3下_12_02】）

・黒板掲示用イラスト（第1時使用のもの）

---

3 想像する② 出来事と人物の行動を考えよう。

「どこから上陸して，どの道を通ると，どんな冒険ができるか考えて，コースを決めましょう。」

・恐ろしそうな鳥がいるけど，島の北の方から上陸することにしよう。

「上陸地から宝までのコースを，ワークシートの地図に赤で書き，出来事を考えていきましょう。」

あっと驚くような出来事を考えて，物語を面白くしましょう。

怪鳥を味方につけて，巨大魚のいる湖を越えることにしよう。

吊り橋は，1人しか渡れない。途中で橋が落ちそうになる。宝の中身は・・・。

主な出来事，解決への手立て，結末など大まかな構想をワークシートにメモさせる。（箇条書き）冒険に持って行く小道具などを考えさせてもよい。

4 想像する③ その後どうなったかも考え，書けた
教え合う メモを読み合って助言しよう。

「宝を見つけた，その後のことも考えましょうね。」

・帰る途中で，嵐に遭って宝は海に沈んでしまった。

・宝は，みんな貧しい人に分けてあげた。

メモを読み合います。「こんな冒険ができるよ」「こうした方がおもしろい」というところがあれば教え合いましょう。

冒険に行くのは，ふだん失敗ばかりしている2人組です。椰子の木の海岸から上陸して，・・・

怪鳥を味方につけるやり方が，よく考えてあっておもしろい。

道を間違えて遠回りをした方が，おもしろいんじゃないかな？

グループで読み合う。友だちの意見に納得すれば，取り入れさせる。友だちの前で紹介することで発想も広がり新たな気づきも出てくる。

たから島のぼうけん

第 3,4 時（3,4/10）

本時の目標

「始まり」「出来事」「解決」「むすび」の組み立てで物語の内容を考えることができる。

授業のポイント

組み立ての例で，4つの部分で何を書けばよいか，具体的につかませる。組み立てメモを見て回り，よいアイデアをほめる。書きにくい児童への援助をする。

本時の評価

物語の組み立てを考えて，4つの部分の内容をワークシートにまとめて書いている。

板書例

〈そうぞうしたことを話し合う〉
・始まりから地図のうばい合い ← 考えつかなかった
・解決がかんたんすぎる。もっとハラハラ

物語の組み立て

④ むすび	③ 出来事の解決	② 出来事	① 始まり
帰り その後	たからは ・・・（２） / 会話 気持ち 様子 / どうした どうなった	・・・（２）（１） / 会話 気持ち 様子 / 何がどうした 起こり	いつ どこ だれ / 地図の見つけ方 / 大事なこと
帰りの船が、あらしにあう たからは、全部海にしずんでしまう / ぼうけんは、だれにもいわない、２人だけのひみつ	たからのはここには、昔の金かざぎっしり / （２）かい島が、きょ大魚の目玉をついてやっつける 「やった！ありがとう。かんづめをもう１つやるよ。」	（１）あきおが持って来たかんづめの肉で、かい島を味方につける かい島をおともにつれていく / （こ）みずうみをわたろうとしたら、きょ大魚があらわれた 「どうしよう、食われてしまいそうでわたれない。」	ないしょ / ずっこけ２人組 ひろし、あきお / 空き家で、てきと地図のうばい合い / 秋の風に乗って、パラグライダーでたから島へ / （１）海岸で、５mもある「かい島」におそわれる いきなりでびっくり、ひろしはこしをぬかす

※※児童がワークシートにまとめた組み立て例を掲示する。

---

1 振り返り 確かめる　物語の組み立てについて，確かめよう。（第3時）

「おもしろい物語にするには，書く順番が大事です。いきなり事件が起こっては，おかしいですね。」
・「三年とうげ」で物語の「組み立て」を勉強したね。

「三年とうげ」では，どんな物語の組み立てになっていましたか。

「始まり」で場所や人物の説明がありました。三年とうげの言い伝えも。

②が「出来事」で，おじいさんが峠で転びました。

④が「むすび」です。組み立ては4つの部分がありました。

③が「出来事の解決」で，トルトリの知恵でおじいさんは元気になった。

・三年とうげでは出来事は1つだったけど，今度は次々と出来事に出会うよ。どうすればいいの？
・②の出来事と③の解決を繰り返せばいいんだよ。

「そうです。『出来事』と『解決』を繰り返して最後に『むすび』になればいいのです。」（P83上で確認）

2 調べる　教科書の「物語の組み立てのれい」を調べよう。

「教科書（P83下）に『物語の組み立てのれい』が書いてあるので読みましょう。」
・①始まり，そうまとゆなは，・・・
①，②，③，④に分けてグループ音読をさせる。

「②と③の両側が波線で分けてあるのはなぜですか？」
・分かった！ワニのしっぽを踏む以外にも出来事があるから。出来事と解決が他にもそこに入るんだ。

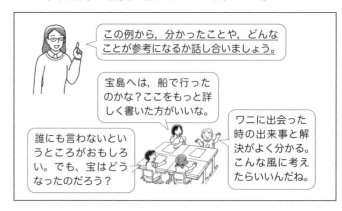

この例から，分かったことや，どんなことが参考になるか話し合いましょう。

宝島へは，船で行ったのかな？ここをもっと詳しく書いた方がいいな。

誰にも言わないというところがおもしろい。でも、宝はどうなったのだろう？

ワニに出会った時の出来事と解決がよく分かる。こんな風に考えたらいいんだね。

準備した方が，児童は，何をどう書けばよいかが分かりやすくなります。

主体的・対話的で 深い学び

・教科書の「物語の組み立てのれい」を見て，分かったことや参考になることを話し合い，それを共有する。

・「れい」をもとに各自が想像した内容を交流し，発表してみて自分で気づいたことや，友だちの意見を参考にして，構想を修正する。

・2つの対話の段階を踏んで，想像した内容をより豊かなものにして，それをワークシートの組み立てに分けて書いていく。

準備物

・ワークシート「たから島のぼうけん・物語の組み立て表」

（児童用ワークシート見本 DVD 収録【3下_12_03】）

（左の板書）

たから島のぼうけん

め 物語のないようを組み立てに分けて
　まとめよう

〈組み立てをたしかめよう〉

①始まり　②出来事　③解決　④むすび
　　　　　　くりかえしもあり

〈組み立てのれいを調べる〉

・島への行き方は？
・出来事と解決がよく分かる
・たからは，どうなった？
　　　　　　　　　　　　※

※児童の発言を板書する。

3 交流する　想像した組み立てや内容を交流し，よりよいものにしよう。

「例を参考にして，①〜④を想像してみましょう。」

・宝島へは，パラグライダーで行くことにする。
・恐竜の骨があるけど，それが起き上がって追いかけてきたらおもしろいだろう。そうしよう。

想像したことを友だちに話して，意見を聞きましょう。

宝の地図の奪い合いから物語が始まる。島へは，謎の貨物船で行くんだ。それから・・・。

始まりから地図の奪い合いがあるなんて，考えつかなかった。おもしろいわ。

出来事の解決が簡単すぎるわ。もっとハラハラする方がいいよ。

「友だちの意見を聞いて，内容を変えたり直したりしてもいいですよ。自分でおかしいなと気づいたことも直しましょう。」

・「むすび」が，普通すぎるからもっと工夫しよう。

---

4 想像して書く　組み立てに沿って，想像したことをまとめよう。（第4時）

「友だちの意見は役に立ちましたか？ワークシートに①〜④場面に分けて想像したことを書きましょう。」

　ワークシートを配り，箇条書きにする，出来事が2つ以上ある場合は，②③の中に（2），（3）・・・と分けて繰り返して書いていくことを確認しておく。

ワークシートに書き切れないかも・・・。でも冒険が多いほどおもしろいから・・・。

はじめに想像したことを，少し変えたんだけど・・・，これでいいかな・・・。

登場人物は，ずっこけ2人組。はじめに考えたコースより，もっと道に迷わせよう。

「書けたら，それでよいか，もう一度見直しをしておきましょう。」

・これでOKです。おもしろい物語が作れそう・・・。

たから島のぼうけん

第5,6,7時 (5,6,7/10)

本時の目標
様子や行動、気持ちを表す言葉を工夫して，組み立てに沿って物語の下書きを書くことができる。

授業のポイント
教科書の「物語の組み立てのれい」と「例文」を比較して，組み立てからどのように文章化していけばよいかをつかませる。

本時の評価
言葉や表現を工夫して，組み立てメモをもとにして物語を作り，下書きをしている。

板書例

〈物語を豊かにするには〉出来事や行動だけでなく，情景や人物の描写も入れます。「見たこと聞いたことを，誰か

なかよし → 小さいころからの友だちで … いっしょに登校
ワニのしっぽをふむ → 何かをふみ … おそろしいワニの

☆れい文の言葉のくふう
なんとそれは…だったのです
ぐるぐるととぶように
「このつるを使って。急いで。」

下書きをしよう

始まり　出来事　解決　むすび
題名も考えよう ←

☆学習をふり返ろう
・そうぞうするのがおもしろい
・どんな方法で解決するか、見てほしい

※児童の発言を板書する。

【文章の決まり】
・、。「」をつける
・だんらくは、行をかえ、一字下げて書き始める
・文の終わりをそろえる
　☆です　ます
　　でした　ました
　☆だ　である
　　だった

1 つかむ　3時間分の学習課題を確かめよう。（第5時）

「今日から，3時間かけて，物語の下書きをします。」
・え～，3時間もかかるの？
・すごく長い物語をかくのかな？できるか心配だな。
「大丈夫です。教科書には例文もあります。どのように文章を書いていけばよいかみんなで考えていきます。そんなに長い文章を書くわけではありません。」

教科書P84の③を読みましょう。その後P157の「言葉のたから箱」も見ましょう。

場面の様子や登場人物の行動，気持ちが伝わるように言葉を選ぼうと書いてある。

P83の②でも，人物の気持ちや会話を考えてと書いてあったね。

「言葉のたから箱」には，いろんな言葉が書いてある。

この中の言葉も，使えばいいんだね。いろいろ役に立ちそうだよ。

2 比べる　「組み立てのれい」と「例文」を比べて，文章の書き方を調べよう。

「組み立てのれい」のメモが「例文」ではどのような文になっているか比べてみて，文章化のしかたを具体的に理解させる。

「組み立てのれい」に書かれたことが，「例文」ではどうなっているか，比べてみましょう。

「なかよし」が「小さいころから … いっしょに登校 …」と詳しく書いてある。

ワニの口につるを巻くところも様子が分かるように詳しくなっている。

様子が分かる言葉を足して，文にしているね。

「例文で，様子が伝わるように言葉を選んでいるところを見つけましょう。」
・「なんとそれは … だったのです。」という言い方。
・「ぐるぐると」や「とぶように」も様子がよく分かります。
・「このつるを …」と会話も入れているね。

文章の決まり（板書参照）も確認しておく。

たから島のぼうけん

め 「組み立て」にそって、物語を下書きしよう

☆書き方
・「言葉のたから箱」
・会話も入れる
・様子、行動、気持ちがつたわるように

☆くらべよう（組み立て→れい文）

主体的・対話的で深い学び

・「組み立てのれい」と「例文」を比べる学習では，グループで特にしっかりと話し合って組み立てメモが文章になる過程を捉えさせ，組み立てをもとに下書きをする見通しをもたせる。ここがクリアできれば，文章化がスムーズに進められるだろう。

・書くことが行き詰まったときは，友だちがどのように書いているかがヒントになる。時々，周りの児童と相談したり，教師が工夫しているところを紹介して，友だちから学び合えるようにする。

準備物

・前時に作成した各自の「組み立て表」
・下書き用原稿用紙 DVD 収録【3下_12_04】

3 書く　組み立て表をもとにして，物語の下書きをしよう。（第6・7時）

「それでは，下書きを始めましょう。まず『始まり』のところから，考えていきましょう。」
・ある秋の日，いちろうは，見知らぬおじいさんから古い地図を1まい・・・

出来事と解決の場面がいちばんの中心ですね。言葉や表現を工夫して書きましょう。

言葉のたから箱の「ぎょっとして」を，吊り橋の場面で使おう。

「わにが大きな口を開けて待ち構えていました。ここで，びっくりする方法でピンチを・・・。

「吉田くんは『なに？無線機が故障したって？』」という会話を入れていますよ。」などと，少し簡単な紹介をして，書くヒントにさせてもよい。
「『むすび』は，物語の仕上げです。しっかり考えよう。」
・最後は，意外な終わり方を考えているんだ！！

4 振り返る　題名を考え，物語を書いた学習を振り返ろう。

「でき上がった物語の題名も工夫して考えましょう。」
・「ずっこけ2人組の大冒険」これで決まり！
・どんな題がいいかなぁ～。
・「宝島が待っている」これでどうかな？

「自分で物語を作るのは，おもしろかったですか。書いてみた感想を出し合いましょう。」
・地図を見て自分でいろいろ想像するのがおもしろかった。
・組み立てメモを作っていたので，書きやすかった。
・ぼくは，文がなかなかまとまらなくて苦労したよ。

物語のはじめと終わりを特に工夫して書いた。

学習を振り返って，工夫したところや読んでもらいたいところをノートに書いておきましょう。

どんな方法で出来事を解決していったかを読んでほしいな。

たから島のぼうけん

本時の目標

下書きを読み返して，必要な箇所を修正し，物語を完成させることができる。

授業のポイント

下書きを読み返して，文の表記の間違いなどを直したり，よい文章にする手立てを話し合ってから，清書をする。

本時の評価

下書きを読み返して，加筆や修正を加えて文章を整え，物語を完成させている。

板書例

〈清書は丁寧な字で〉 清書をさせるときには，「きれいな字」より「丁寧な字」で書くように声をかけましょう。

〈 分かりやすい文にするには 〉

・組み立てとあまり変わらない ↑ 会話を入れる

・題と物語が合わない感じ ↑ いちばん大事な場面

〈 清書しよう 〉

・下書きを直すところをよく見て

・読みやすいように

・ていねいな字で

・さし絵を入れてもよい

〈 かんせいした物語を読もう 〉

・気づいたこと

・下書きをどう直したか → よかったか？

言葉のたから箱

※児童の発言を板書する。

---

1 読み返す　下書きを読み返してみよう。

「文が正しく書けているか，確かめます。どんなことを確かめたらよいでしょう。」
　前時に確認した文章の決まりを思い出す。

・「、」や「。」，「」が正しく使われているか。
・文の終わりが，同じような言い方で揃っているか。
・字や言葉の間違いも，確かめた方がいい。
・段落分けができているかどうかも見た方がいい。

　気づいたことは，赤で下書きに線を引いたり，書き込んだりしておく。不確かな漢字は，国語辞典で調べ直させる。

2 考える 話し合う　分かりやすく，よりよい文章にするにはどうすればよいか考えよう。

「もう一度読み返して，今度は，分かりやすい文章になっているかどうかを確かめましょう。」
　各自で自分の下書きを再度読み返す。

「どう直せばよいか分からないところがありますか。」
・組み立てと，あまり変わらない文章になってしまった。どうすれば例文のようになりますか？
・題が物語と合わないような気がするのですが・・・。

　下書きに赤で加筆，削除（線で消す），修正をする。

「きれいな字」では書けない児童でも，「丁寧な字」なら誰でも書けます。

たから島のぼうけん

め 下書きを読み返し、手直しをして物語を
かんせいさせよう

〈下書きを読み返そう〉

・、や。や「」の使い方
・文の終わりが同じか
（「です」「ます」か「だ」「である」）
・字や言葉のまちがい
・だんらく分け（行をかえる　一字下げる）

主体的・対話的で深い学び

・文をどのように直せばよいか，発表し合って話し合わせる。話し合いを通じて，友だちの意見がヒントになったり，自分が気づかなかった自分の文章の問題点に気づいたりできる。
・最後に，どのように文章を書き直したかを振り返り，文章の書き直しを見つめ直すことで，書く力の向上につながることが期待できる。

準備物

・原稿用紙（または，清書用紙）

---

3 書く　文章がよりよい表現になるように直して清書しよう。

「いよいよ，清書をして，物語を完成させます。」
　・清書だから，きれいな字で書かないといけないね。
　・絵も入れてもいいですか。
「読みやすいように，丁寧な字で書きましょう。絵を入れたい人は，入れてもいいですよ。」
　　挿絵を入れる場合は，時間や力が注がれすぎないようにする。あくまでも大事なのは文章。

下書きに書き加えること，削ること，直すところに気をつけて，清書をしましょう。

段落ごとにきちんと行を変えて一字下げて書くように気をつけよう。

おかしいところはもうないか，気をつけながら書き写していこう。

　　原稿用紙（または別の清書用紙）に書かせる。清書をコピーし，人数分印刷・製本することもできる。

---

4 まとめる　よりよい文章にするために行ったことをまとめよう。

「完成した物語を読んで，何か気づきましたか。」
　・回り道のコースを作って，違った冒険の場面をもう一つぐらい増やしてもよかったかな。
　・「言葉のたから箱」は，これからも利用したい。

下書きからのように直したのか，直してよくなったのかどうか，ノートにまとめましょう。

「始め」の登場人物の説明をくわしくしたから，「解決」の場面で役立った。

文をつなぐ言葉を付け足したけど，同じ言葉を何回も使ってしまった。

場面と場面のつながりが，すっきり分かりやすくなってよかった。

「次の時間は，書いた物語を友だちと読み合います。」
　・読んでおもしろいと思ってくれるかな？

たから島のぼうけん

第 9 時 （9/10）

本時の目標
書き上げた作品を読み合い（聞き合い），よいところを中心に感想を交流することができる。

授業のポイント
2～3の作品でもよいので，全員で聞き合う場面を作る。ここで1つの作品を巡って，多様な考え，感想の交流ができる。

本時の評価
友だちの作品を読み，見つけたよいところを中心に，感想を伝えている。

板書例

〈感想カード〉感想を伝える場合，口頭だとその場限りになってしまいがちですが，カードに書いて渡せ

☆物語を読み合って，気づいたこと
・同じコースでも，解決方ほうがちがう
・力を入れて書いたところを，おもしろいと言われた
　　　　　　　　　　※

☆みんなで聞いてみよう
・おもしろいところ，いいところ
・組み立てにそって，書けているか
・会話が多い　よかった
・意外でおもしろかった
　　　　　　　　　　※

・いちばんおもしろいところ
・組み立てのくふう
・言葉の使い方がうまい
　　　　　　　　　　など

感想カード
○○さん「物語の題」
・・・・・
・・・・・
・・・・・
・・・・・
名前

※児童の発言を板書する。

---

1 音読する　自分の作った物語を音読しよう。

作った物語を，小さな声で読んでみましょう。

宝島に着きました。船からおりて，砂浜を少し歩いていくと，向こうに何か光るものが…。

吊り橋を，1人ずつ渡ることにしました。京子が渡り始めて，橋の真ん中まで来たとき…。

音読してみることで，捉え直しができる。
「読んでみて，ぼくのお話，わたしのお話はおもしろいな，と思った人は手を挙げましょう。」
　・はーい。
　・戦いで逆転するところがうまく書けています。
　・別れた2人がまた出会うところ…自分でもいいな，と思いました。

---

2 読む　伝える　友だちの物語を読んで感想を伝えよう。

「グループで物語を回して読み，感想カードに書いて渡します。何について感想を書けばよいでしょう。」
　・物語の中で一番おもしろかったところ。
　・文章のはじめや終わり方，組み立てなど。
　・言葉の使い方や表現などうまく書けているところ。

感想の観点をみんなで確認し合っておく。

物語を読んで感想を書いて渡しましょう。今，話し合った意見以外のことでもいいですよ。

2人がケンカをしてしまう様子が，とてもうまく書けていました。

書き出しのところが工夫してあって，「読んでみたい」と思えました。

いちばんおもしろかったのは，ワニをやっつけるところです。えっと，おどろき…。

グループを変えて，できるだけ多く交流できるようにする。

ば残しておけます。物語と一緒に綴じたりもでき，後で活用できます。

たから島のぼうけん

め 物語を読み合って、感想をつたえ合おう

☆自分の物語を音読してみよう
「いいな」と思ったところは、どこ？

☆友だちの物語を読んでみよう

☆感想カードに書く

🔍 主体的・対話的で深い学び

・友だちが書いた物語を読むことで，自分の作品とは違った良さに気づき，また，自分の作品の良さも再認識することができる。

・直接の対話ではないが，感想カードでお互いの作品の良さを評価し合えることは，次への意欲・主体的な活動につながる。カードに書くことで，評価が残せることもよい。

準備物

・各自が書いた物語

・感想を書くカード

3 聞く　友だちの作品をみんなで聞き合おう。

「今度は，みんなの前で何人かに読んでもらいます。」

　教師が選んでおいた作品，グループからの推薦など，選び方はクラスに応じて考える。(但し，1作品だけは，教師が「始まり」「出来事」「解決」「むすび」のまとまりで書けているものを前もって選んでおく。)

発表を聞いて，おもしろいところ，いいところを見つけましょう。

あきらとよしおは，どこで何をするときもいつも2人一緒です。・・・

会話をたくさん取り入れているのがよかった。

恐竜の骨が起き上がって襲ってくるところが意外でおもしろかった。

「『組み立てに沿って，物語を書こう』というのが，学習のめあてでしたね。今の物語は，始まり・出来事・解決・むすびの組み立てがよく分かりますね。」

・組み立てをよく考えて書いていたと思います。

4 まとめる　物語を読み合って，気づいたことをまとめよう。

「友だちが書いてくれた感想カードを読みましょう。」

・そうか，自分では気づかなかったけど，こんなふうに読んでくれていたのか！

・いちばん頑張って書いたところをおもしろいと思ってくれている。よかった。

友だちの物語を読んで気づいたことや，感想カードを読んで考えたことをノートに書きましょう。

太田くんと同じようなコースだったけど，解決のしかたが違っていておもしろいと思った。

むすびの文をすごく工夫してあると書いてもらえた。一生懸命考えたところだから嬉しかった。

「物語を作って読み合いましたが，次の時間は，この学習のよかったことをみんなで確かめましょう。」

たから島のぼうけん

第 **10** 時（10/10）

本時の目標
物語を書くことや読み合うことのよさを確かめ、学習を振り返って、物語を書くときの留意点をまとめることができる。

授業のポイント
物語を書いて読み合うことのよさを再認識させ、物語を作るときに大事な点をまとめて、今後の学習に生かしていこうとする意欲をもたせる。

本時の評価
物語を書き、読み合って学び合えるよさが理解でき、物語を書くときの留意点を自分の言葉でまとめている。

板書例

板書（縦書き）

☆物語を書いてよかったこと
・本当にはできないこともできる
・あったらいいなと思うことが書けた
・おもしろいと言ってもらえた ※

☆物語を書くとき←気をつける、大事
・様子がよく分かる言葉、会話
・登場人物、場面の様子をくわしく
・物語の組み立て
・おもしろくなるようにそうぞうする ※

☆学習をふり返ろう
ふりかえろう
たいせつ
いかそう
話し合う

〈話し合い：グループか全体か〉グループで話し合うときは全員発言ができ、きめ細かく話し合えます。全体では、より多様

※児童の発言を板書する。

---

1 共有する　友だちや自分の書いた物語のよさを、みんなで確かめ合おう。

「前の時間に、友だちの物語を読んで気づいたことや、もらった感想カードを読んで考えたことをノートに書きましたね。それを、みんなに発表しましょう。」

 まだ続きがありそうな終わり方だったので、こういうのもいいなあと思いました。

 同じ吊り橋を渡る場面でも、出来事や解決が違ったので、おもしろいなあと思いました。

ピンチを切り抜ける別の方法のヒントをもらえました。

 会話が多くて人物の様子がよく分かると言ってもらえて嬉しかった。

教師も、作品の具体的な部分をいくつか取り上げて褒め、自分たちの文章のよさを確信させる。

「友だちや自分が書いた物語のよさが、みんなでたくさん確認し合えましたね。」

---

2 話し合う　物語を書いてよかったことを話し合おう。

「みんなは、これで物語の作者になりましたね。」
・物語の作者か。何か、かっこいいな！
・作者鈴木次郎って、表紙に書いておこう。

 物語の作者になってみて、どうでしたか。よかったことを話しましょう。

本当にはできないことでも、お話の中ではできるのが楽しかったよ。

こんなことがあればいいな、と思うことも書けた。友だちもおもしろいと言ってくれてよかった。

 そうだよね。こんな冒険は、本当だったらできないものね。

また何か、物語を書いてみたいね。

物語を創作して、よかったこと、楽しかったことを確かめ合う。

🔍 主体的・対話的で深い学び

・それぞれが書いた物語の良い点，物語を創作するよさや楽しさをみんなで話し合い確認し合って，共有できるようにする。
・学習して学べたことは整理をして，次の機会にもいかせるようにしておく。
・創作に対する意欲を感じさせることが，今後の学習にとってプラスになる。

準備物

たから島のぼうけん

め
書いた物語のよさや物語を書く楽しさを話し合い、学習したことをふり返ろう

☆みんなが書いた物語のよいところ
・まだつづきがありそうな終わり方
・同じ場所でも出来事や解決がちがっておもしろい
・会話が多くて人物の様子がよく分かる
※

---

3 まとめる　物語を書くときに，気をつけること，大事なことは何だろう。

「ここまで，どのように学習を進めてきたか，振り返ってみましょう。」
・はじめに，地図を見て冒険を想像しました。
・文章の組み立てを考えました。
・物語の下書きを書き，それを清書しました。
・完成した物語を読み合って，感想を書きました。

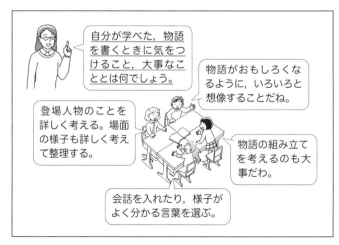

4 振り返る　学習してきたことを振り返ろう。

「『たいせつ』や『いかそう』も読んでおきましょう。」
・組み立てについては，よく分かった。
・次に書くときも，使えそうだね。
・そうか！物語を作るとき以外でも，組み立てや言葉の使い方を工夫すればいいんだ。

冬のくらし

全授業時間 2 時間

◉ 指導目標 ◉

・語句の量を増し，話や文章の中で使うとともに，語彙を豊かにすることができる。
・経験したことや想像したことなどから書くことを選び，伝えたいことを明確にすることができる。

◉ 指導にあたって ◉

① 教材について

　身の回りから，「冬らしさ」が感じられる言葉を見つけ，その言葉を使って文章を書くのが，ここの学習です。冬は，寒く暗い感じのする季節かもしれませんが，冬には冬のよさや味わいがあります。冬に関係する語彙を増やすのが学習目標ですが，言葉だけでなく，冬の暮らしに目を向け，そのよさや楽しさも見つけさせましょう。スマホ，パソコン，テレビなどに囲まれて暮らしている児童は，自然と触れ合う機会も，自然を感じる機会も少なくなっています。また，食べ物は旬に関係なく年中食べられるものが多くなるなど，日々の暮らしの中で季節を感じる機会も減っています。四季の変化がある暮らしのよさにも気づかせたいものです。

② 主体的・対話的で深い学びのために

　「冬」に関係する言葉と一口に言っても，一人ひとりの児童が知っている言葉には違いがあります。対話を通して，それらを交流していけば，語彙を増やし「冬」のイメージを広げていくことができます。言葉は，生活や体験と結びつくことで具体性を増し，活用されていきます。単なる単語として語彙を増やすだけでなく，言葉を通して「冬」という季節を感じ，「冬」という季節の「暮らし」に目を向けていくことができれば，児童の学習も深まっていきます。

◉ 評価規準 ◉

知識及び技能	語句の量を増し，話や文章の中で使うとともに，語彙を豊かにしている。
思考力，判断力，表現力等	「書くこと」において，経験したことや想像したことなどから書くことを選び，伝えたいことを明確にしている。
主体的に学習に取り組む態度	積極的に語句の量を増やし，学習課題に沿って，その季節らしさを表現した文章を書こうとしている。

◉ 学習指導計画　全2時間 ◉

次	時	学習活動	指導上の留意点
1	1	・冬はどんな季節か，知っていることや感じていることを出し合う。 ・「ゆき」の詩を読んで話し合う。 ・教科書に出てくる言葉（こたつ，銀世界，だいこん等）について話し合う。 ・冬に関係のある言葉を出し合う。	・冬についての経験交流や詩から，冬のイメージを膨らませる。 ・言葉は，自分の生活や経験と結びつけて捉えさせる。 ・次時のために，冬らしいものを身の回りから見つけてくるように，課題を出す。
	2	・見つけてきた「冬」を交流する。 ・教科書の例文を読み，話し合う。 ・身の回りで見つけた「冬」についての文章を書く。 ・書いた文章を読み合って，感想を交流する。	・例文から，どのような文章を書けばよいか，見通しをもたせる。 ・語彙を増やすだけでなく，冬という季節を感じる生活にも目を向けさせたい。

DVD 収録（画像）

冬のくらし

第 1 時 （1/2）

本時の目標
冬に関係がある詩や言葉から冬を感じることができる。

授業のポイント
冬に関係する言葉をみんなで出し合い，冬のイメージを膨らませる。言葉は，自分の生活や体験と結びつけて捉えさせたい。

本時の評価
冬に関係のある語彙を増やし，詩や言葉などから冬らしさを感じている。

板書例

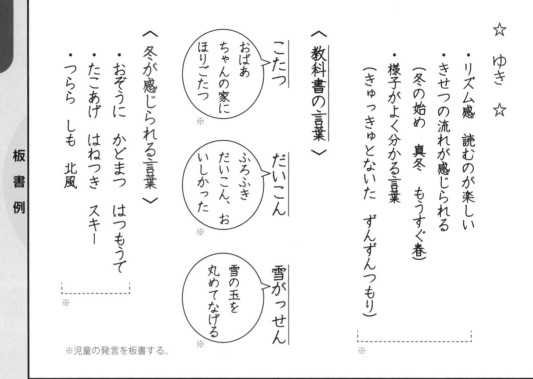

〈言葉集め〉「冬が感じられる言葉を出そう」だけでは漠然として出しにくい児童もいます。「スポーツ」「遊

☆ ゆき ☆

・リズム感　読むのが楽しい
・きせつの流れが感じられる
　（冬の始め　真冬　もうすぐ春）
・様子がよく分かる言葉
　（きゅっきゅとないた　ずんずんつもり）

〈教科書の言葉〉

こたつ ──「おばあちゃんの家にほりごたつ」 ※

だいこん ──「ふろふき　だいこん，おいしかった」 ※

雪がっせん ──「雪の玉を丸めてなげる」 ※

〈冬が感じられる言葉〉
・おぞうに　かどまつ　はつもうで
・たこあげ　はねつき　スキー
・つらら　しも　北風
※

※児童の発言を板書する。

1　経験交流　　冬はどんな季節か，知っていることや感じていることを出し合おう。

　題「冬のくらし」をみんなで声に出して読む。
・春のくらし，夏のくらしに続いて冬のくらしだね。

冬ってどんな季節でしょう。知っていること，感じていることを出しましょう。

冬は，寒くて，雪が降る季節です。

温かい鍋物とかをよく食べます。

風がとても冷たい。ちょっと暗い感じがする季節。

クリスマスやお正月がある。プレゼントやお年玉がもらえる。

　冬が感じられる写真などを見せるのもよい。
「どんなことを学習するのか，教科書の題の下の3行を読みましょう。」
・生活の中で冬らしさを感じたことについていろいろ勉強します。
・身の回りで「冬」を感じたものを書きます。

2　読む　　「ゆき」という詩を読んで，感じたことを話し合おう。

　「ゆき」の詩をみんなで音読する。3つのグループに分け，連を分担して読んでもよい。
「いろいろな雪が出てきますが，それぞれどんな雪か分かりますか。」
・粉雪は，粉のように細かい雪です。
・どか雪は，どかっとたくさん降る雪かな。
　児童から出ないものは教師が解説する。

「今度は，1人ずつそれぞれで音読しましょう。」

この詩を読んでどんな感じがするか話し合いましょう。

リズム感があって，読むのが楽しくなるね。

冬の始まりから，真冬になって，もうすぐ春まで，季節の流れが感じられる。

「きゅっきゅとないた」や「ずんずんつもり」で様子がよく分かるよ。

　くり返し音読して，言葉のひびきを楽しませる。

び」「食べ物」など考える手がかりを示すと思いつきやすくなります。

冬のくらし

㊎
冬にかん係のある言葉を集め、
冬を感じ取ろう

冬って、どんなきせつ？
・寒い、雪がふる
・温かいなべ物
・クリスマス、お正月

※

🔍 主体的・対話的で深い学び

・日常生活に関わる学習なので児童は関心をもって学習に取り組め、意見も出しやすい。一人ひとりでバラバラに考えるのではなく、みんなで経験を出し合えば、たくさんの言葉が集められ、そこから冬を感じることができる。

・ただ言葉を出し合うだけでなく、それに関した自分の体験を出し合うなど、自分の生活と関わらせながら、言葉から冬を感じさせたい。

準備物

・冬の画像　📀 収録【3下_13_01~3下_13_04】
・（あれば）冬が感じられる写真

---

3 話し合う　教科書の言葉についてのエピソードなどを話し合おう。

「教科書に、冬を感じる言葉が載っていますね。読んでみましょう。」
　・ストーブ、こたつ、雪がっせん、銀世界・・・
　・だいこん、にんじん・・・
「それぞれの言葉についての体験や知っていることを発表しましょう。先生の田舎は新潟県なので、おじいちゃんが雪かきをしたのを見たことがあります。」
　　教師が1つ例を出して発表の参考にさせる。

ぼく、雪合戦をしたことがある。雪の玉を丸めて投げるんだ。

にんじんって、年中売っているけど、冬の野菜なのかな？

田舎のおばあちゃんの家には、掘りごたつがあるんだよ。

お母さんがふろふき大根を作ってくれた。おいしかったよ。

　　全体でも、いくつかエピソードを発表させ交流する。

4 集める　冬に関係のある言葉を集めよう。

冬が感じられる言葉がたくさん出てきましたが、もっと他にもありませんか。

お雑煮、門松、初詣、初日の出、いろいろあるよ。

じゃあ、スキー、アイススケート、スノボー、冬のスポーツよ。

つらら、霜、北風、しもやけ、まだあるかな・・・。

凧揚げ、羽根つき、かるた、遊びだってあるよ。

「自然、食べ物、行事、スポーツ、遊びなどで考えてみましょう。」と助言し、分野に分けて考えさせると、たくさん出てきやすい。
「次の時間は、身の回りで見つけた「冬」を感じたものについて書きます。気をつけて見てきましょう。」

冬のくらし

第 2 時 （2/2）

本時の目標
身の回りで見つけた「冬」についての文章を書き，読み合って冬の季節を感じ，語彙を増やすことができる。

授業のポイント
「冬らしい言葉」や冬の暮らしのイメージを膨らませてから，文章を書かせる。「季節を感じる」暮らしのよさに，少しでも気づかせたい。

本時の評価
冬に関わる言葉を使って季節感のある文章を書いている。
文章を読み合って，冬の季節に関わる語彙を増やしている。

板書例

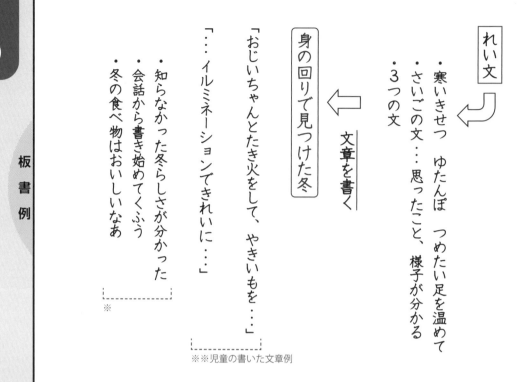

れい文

・寒いきせつ　ゆたんぽ　つめたい足を温めて
・さいごの文…　思ったこと、様子が分かる
・3つの文

文章を書く

身の回りで見つけた冬 →

「おじいちゃんとたき火をして、やきいもを・・・」

「…イルミネーションできれいに・・・」

・知らなかった冬らしさが分かった
・会話から書き始めてくふう
・冬の食べ物はおいしいなあ

※

※※児童の書いた文章例

---

1 発表する　身の回りで見つけてきた「冬らしいもの」を発表しよう。

　一度に数名ずつ指名するなど，効率的にできるだけ多くの児童に発表させる。

「友だちが見つけてきたものについて，何か意見があれば出して下さい。」
　・朝早く起きて，霜を見つけるなんてすごいね。
　・クリスマスより，歳末大売り出しの宣伝を見たよ。
　・ぼくの家も，鍋物が多くなってきたよ。

2 読んで話し合う　教科書の例文を読んでみよう。

教科書 P86 の例文を音読する。

「例文は，いくつの文からできていますか。」
　・3つの文です。
　・これくらいの長さの文なら，書けそうだな。
「どんなことについて書いていますか。」
　・湯たんぽで足を温めて寝ていることです。
「自分が書く時に参考になることは他にありますか。」
　・最後の文で，自分が思ったことを書いている。
　・最後の文で，「わたし」の様子も分かります。

事なことです。季節が感じられるようなゆとりのある生活をさせたいものです。

冬のくらし

め 身の回りで見つけた「冬」についての
文章を書き、読み合おう

〈 身の回りで見つけた冬 〉

クリスマスのかざり
草にしもがおりていた
フィギュアスケート

※

※児童の発言を板書する。

主体的・対話的で深い学び

・見つけてきた「冬らしいもの」の発表や教科書の例文について話し
合うことで,「冬」のイメージを広げ,これから書いていく文章の
内容を明確にしていく。
・文章を読み合うことで,語彙を増やし,「冬らしさ」の感じ方の違
いや共通点にも気づかせる。
・「季節感」をもった生活の仕方にも目を向けさせる。

準備物

---

3 書く　身の回りで見つけた「冬」についての文章を書こう。

「例文のように,体験したことや見たことを,冬らしい言葉
を使って3文ぐらいの長さで書きます。感じたことや思っ
たことも書けるといいですね。」

それでは,書き始めましょ
う。早く書けた人は,2つ
めを書いてもいいですよ。

え〜っと,書き出しの
文をどうしようかな。
ぼくは,きのう・・・。

おじいちゃんとた
き火をして,焼き
芋を・・・冬もいい
なあと思いました。

「書けたら,自分が言いたいことが伝わるように書けている
か,字などが間違っていないか,読み返して確かめましょ
う。挿絵を入れてもいいですよ。」
・冬の楽しさを書こうと思ったんだけど・・・冬は大変だな
と思われないかな?

---

4 読む 交流する　書いた文章を読み合い,感想を伝えよう。

グループで読み合いましょう。感
想も伝えましょう。

・・・毎年,12月になると,
駅前がイルミネーションで
きれいに・・・。

渡辺くんの文は,
わたしが知らな
かった冬らしさ
が分かったので,
よかったよ。

市川さんの文は,会
話から文を書き始め
ているので,工夫し
たなと思いました。

ぼくも,冬の食べ物
は,おいしいなあと
思います。

時間があればグループを変えて2回目の読み合いをした
り,グループを作らず自由に読み歩くなど,いろいろな交流
の仕方がある。

「新しく知った言葉や,気づかなかった言葉を,ノートに書
いておきましょう。」
「冬らしさを感じて,冬の生活を楽しみましょう。」

詩のくふうを楽しもう

全授業時間 4 時間

◉ 指導目標 ◉

・文章を読んで理解したことに基づいて，感想や考えをもつことができる。

・文章全体の構成や内容の大体を意識しながら音読することができる。

・文章に対する感想や意見を伝え合い，自分の文章のよいところを見つけることができる。

◉ 指導にあたって ◉

① 教材について

　「隠れた文字をつなぎ合わせると言葉になる」「声に出して読むと楽しい」「見て楽しむ」の3パターンの詩の工夫を学びます。それをもとに，おもしろい工夫のある詩を探し，または，おもしろい工夫を使って詩を創作するのがここでの学習になります。キーワードは「楽しむ」です。個々の作品の読みを深めるより，楽しく学習させ，「こんな詩も楽しいな」と児童に思わせるように留意しましょう。おもしろい工夫のある詩を，事前に探しておいて活用できれば，学習活動も豊かになっていくでしょう。

② 主体的・対話的で深い学びのために

　楽しい工夫のある詩が登場します。児童の興味をひき意欲を高めることが可能な教材です。しかし，工夫を読み取り，文章に表現し，詩を創作することが苦手な児童にとっては，本単元での学習活動は負担になるかもしれません。隣同士やグループで相談したり，共同できる場面も必要に応じて設定します。「楽しく」学び合うことも児童の意欲を高めることにつながります。

　様々な詩の表現の工夫に接し，作品を読んで感想や意見を交流することで，詩の工夫や楽しみ方についての視野を広げ理解を深めることは可能です。そうした意図を持ちながら，児童を対話させ，指導してくことが大切です。

知識 及び 技能	文章全体の構成や内容の大体を意識しながら音読している。
思考力，判断力，表現力等	・「書くこと」において，文章に対する感想や意見を伝え合い，自分の文章のよいところを見つけている。 ・「読むこと」において，文章を読んで理解したことに基づいて，感想や考えをもっている。
主体的に学習に取り組む態度	進んで詩を読んで感想や考えをもとうとし，今までの学習をいかして，詩のおもしろさを紹介する文章を書いたり，詩を創作したりしようとしている。

◉ 学 習 指 導 計 画　全 4 時 間 ◉

次	時	学習活動	指導上の留意点
1	1	・教科書の6編の詩の特徴や工夫をつかむ。 ・詩の内容について想像したことや感じたことを話し合う。 ・気に入った詩を1つ選び，選んだ理由を交流する。	・音読に時間をかけ，詩の工夫やおもしろさを見つけさせる。 ・線を引いたり○で囲むなど，視覚的にも詩の工夫が理解しやすいようにする。
	2・3	・おもしろい工夫のある詩を選ぶか，自分で工夫を使って詩を作るか選択する。 ・「おもしろい工夫」をキーワードにして，詩を見つけたり，書いたりする。 ・活動のまとめをして，次時の交流の準備をする。	・「文字を隠す」「声に出すとおもしろい」「見て楽しい」の3点のいずれかを基本に詩や文章を書かせる。 ・これまでに学習した詩，テーマに合った詩の載っている本，まとめ用の台紙などをあらかじめ準備しておく。
2	4	・各自が書いた詩や文章を読み合い，カードに感想や意見を書いて渡す。 ・感想カードを読む。 ・まとめの話し合い（読んで思ったこと，これからしたいこと等）をする。	・視点を明確にして感想や意見を書かせる。 ・友だちの書いたもののよさと，自分が書いたもののよさにも気づかせる。 ・今後の学習への意欲付けもする。

DVD 収録（感想カード）※本書 P181「準備物」欄に掲載しています。

本時の目標

詩を音読して，表現の工夫や内容を理解し，自分の感想や考えを伝え合うことができる。

授業のポイント

音読を繰り返すことで，それぞれの詩の工夫やおもしろさに気づかせる。隠れている字を○で囲む，同じ言葉に同じ色の傍線をひく，など視覚的にも理解しやすい工夫をするのもよい。

本時の評価

それぞれの詩の表現の工夫や内容を理解し，自分が感じたことや考えを友だちに伝えている。

板書例

〈詩を理解する工夫〉音読を繰り返してリズムや工夫に気づかせるのも大事だが，視覚に訴えて理

〈あした〉
・「あした」「あたし」「あたらしい」3つの言葉で表げん
・よくにた言葉

あしたにきぼうが感じられる ※

〈たいこ〉
・いろいろなたいこの音
どんどんどん　どんどこどん…
・3れんだけが，音いがいの意味

たいこのリズムを感じる ※

〈なみ〉
・へへへ……というわらい声
なみをあらわしている
・さいごの一行で海の様子

本当に海がわらっているみたい ※

〈かいだん〉
・言葉がかいだんの形にならぶ
・のぼりとくだりで
うえみて ↑↓ したみて

かいだんを上下する様子が分かる ※

※児童の発言を板書する。

---

1 音読する　詩を音読してそれぞれの特徴をつかもう。

「ここではどんなことを勉強するのでしょうか。題とその前の文から考えてみましょう。」
・詩の楽しみ方を見つけます。
・詩の工夫を楽しむのです。

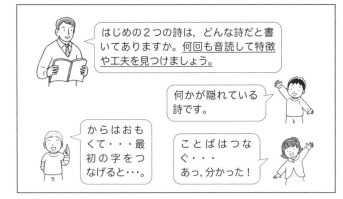

はじめの2つの詩は，どんな詩だと書いてありますか。何回も音読して特徴や工夫を見つけましょう。

何かが隠れている詩です。

からはおもくて・・・最初の字をつなげると・・・。

ことばはつなぐ・・・あっ，分かった！

各自で何回か音読して特徴や工夫に気づかせる。
以下同様に，「声に出して楽しむ詩」「見て楽しむ詩」も音読して気づかせていく。
「では，1つずつの詩を音読発表してもらいます。」

グループで，1つずつ順に6つの詩の音読発表をしていく。

2 確かめ合う　詩の特徴や工夫を確かめよう。

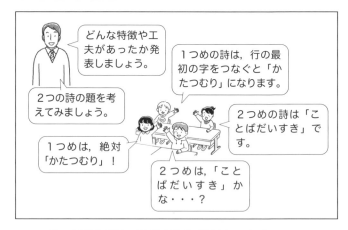

どんな特徴や工夫があったか発表しましょう。

1つめの詩は，行の最初の字をつなぐと「かたつむり」になります。

2つめの詩は「ことばだいすき」です。

2つの詩の題を考えてみましょう。

1つめは，絶対「かたつむり」！

2つめは，「ことばだいすき」かな・・・？

2つの詩の題は，児童の意見で仮定しておく。
「3つめと4つめの特徴や工夫も発表しましょう。」
・3つめの詩は，「あした」「あたし」「あたらしい」の3つの言葉が何度も繰り返されます。
・4つめは，「どんどん」や「どんどこ」などいろいろな太鼓の音が繰り返されます。
・最後の連だけ，意味のある言葉がでてきます。

5つめ，6つめの詩も同じように話し合わせる。

解させる工夫も今後の学習に役立ちます。

め

詩のくふうを楽しもう

詩を読んで気づいたことや表げんの
くふうを話し合おう

〈かたつむり〉
・行のさいしょ
↓か・た・つ・む・り
「むりして…おうち」がいい ※

〈ことばだいすき〉
・行のさいしょ
↓こ・と・ば・だ・い・す・き
ことばで、いろいろなことが
つなげる ※

主体的・対話的で 深い学び

・まずは，音読を繰り返して，自分なりに表現の工夫を見つけ，内容を読み取らせて感想をもたせる。
・この学習では，よく見る・音読・書写が作品理解に役立つ。各自がつかみ取ったことを対話を通して共有し，自分の理解と他者の理解の共通点を認識するとともに，自分が気づかなかったことに触れて理解を深める。
・詩の楽しみ方にも，いろいろあることにも気づかせたい。

準備物

・6つの詩の拡大コピー（色傍線や○印などが書き込めるように）

---

3 読み取る　詩の内容について想像し感想を伝えよう。

グループごとに，詩の内容について想像したことや感じたことなどを話し合う。

「なみ」は，見て楽しめるけど，読むのは大変だわ。

「たいこ」は，とてもリズムがあって，たいこの音が聞こえてきそうな感じがするね。

たいこの音を1行ずつ変えている。たたきながらどこかへ行こうとしている。

「あした」は，新しい自分や新しい明日が来るという希望を感じるわ。

「話し合ったことを発表し合います。自分たちと同じところ，違うところに気をつけて聞きましょう。」

「何かが隠れている詩」「声に出して楽しむ詩」「見て楽しむ詩」の順にまとめて発表させていく。

・「ことばだいすき」の詩は，言葉でいろいろなことをつなぐことができると言っています。
・「むりしてたてたりっぱなおうち」の表現がいい。

---

4 交流する　気に入った詩を選んで，理由を発表し合おう。

「6つの詩の中から，いちばん気に入った詩を選んで書き写し，選んだ理由も書きましょう。」

・「なみ」が気に入った。いちばん変わった詩だし，最後の1行を読んでから前の8行を見たら，本当に海が笑っているみたいに見えておもしろかった。

気に入った詩とその理由をグループで話し合いましょう。

上りは「とまってうえみて」で下りは「とまってしたみて」と対比してあるね。

「かいだん」の詩がいいです。形で階段を表し，その中に，数えたり止まって見たりしています。

数えたり見たりしながらだんだん上っていって下っていく様子がよく分かるよ。

「教科書P91の①と②を見て下さい。次の時間にどちらを選ぶか考えて，知っている詩を読み返すなど準備をしておきましょう。」

詩のくふうを楽しもう
第 2,3 時 （2,3/4）

本時の目標
おもしろい工夫のある詩を見つけて紹介文を書いたり，自分でおもしろい工夫をして詩を書くことができる。

授業のポイント
前時に学習した3つの工夫を基本にして学習活動をさせる。これまでに習った詩や国語辞典を適宜活用させる。

本時の評価
おもしろい工夫のある詩を見つけて紹介文を書いている。
おもしろい工夫のある詩を書いている。

板書例

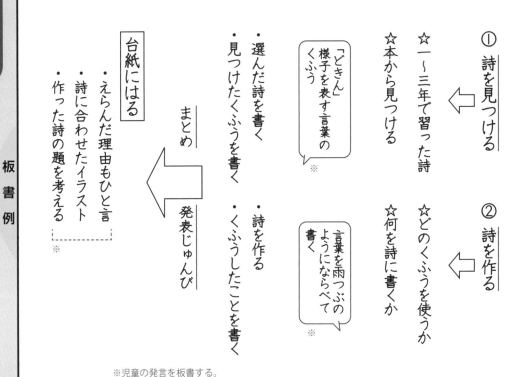

〈仕上げと発表の仕方〉何かを作って発表し合うときは，見た目も意識して準備させます。きれい

① 詩を見つける

☆ 一～三年で習った詩
☆ 本から見つける

「どきん」様子を表す言葉のくふう
※

・選んだ詩を書く
・見つけたくふうを書く

② 詩を作る

☆ どのくふうを使うか
☆ 何を詩に書くか

言葉を雨つぶのようにならべて書く
※

・詩を作る
・くふうしたことを書く

まとめ ー 発表じゅんび

台紙にはる
・作った詩の題を考える
・詩に合わせたイラスト
・えらんだ理由もひと言
※

※児童の発言を板書する。

1 活動を選ぶ　　学習を振り返り，自分の活動を決めよう。

「前の時間の学習でどんな詩の工夫がありましたか。」
・行の最初に字をつなげると言葉になりました。
・声に出して楽しむ詩と見て楽しむ詩がありました。
「今までに学習してきた詩を振り返りましょう。」
　　1～3年で学習した詩のプリントを配る。
・「どきん」の詩も工夫がしてあったね。
・「わたしと小鳥とすずと」はおもしろい工夫があったかな？

　　教科書 P91 の①②をみんなで読む。

2 見つける　　おもしろい工夫のある詩を見つけて紹介文を書こう

　「1～3年で学習した詩」のプリントの他に，図書室にある詩が載っている本も準備しておく。
　児童の実態に応じて，①②のグループに分けて，相談し合えるようにするのもよい。（展開3も同様）
「詩は，1つ選んで工夫を見つけましょう。困ったときは，友だちと少し相談してもいいですよ。」
・ぼくは，「どきん」の工夫を見つけよう。
・わたしは，図書室の本から探してみよう。

「工夫が見つかったら，友だちに詩とその工夫を紹介する文を書きましょう。」

な台紙を用意すれば，アイデアを工夫したり丁寧に仕上げます。

詩 の く ふ う を 楽 し も う

め
おもしろいくふうのある詩を見つけたり
作ったりして、友だちにしょうかいできる
ようにしよう

詩のくふう

・何かがかくれている → 行のさいしょの字

・声に出して楽しむ → おもしろい言葉

・見て楽しむ → 絵のようにならべる

主体的・対話的で 深い 学び

・「詩を見つける」か「詩を作る」かは，ある程度どんな作品を選ぶか，どんなテーマで詩を作るか見通しをもたせておいてから選択させる。但し，途中で変更してもよいことにはしておく。
・本教材の目標は「詩の楽しみ方を見つける」ことにあるので，途中で隣やグループ内の友だちと相談したり交流しながら楽しく活動させたい。
・活動を通して詩の工夫を実感することができればそれでよい。

準備物

・プリント「1～3年で学習した詩」
・国語辞典
・色画用紙（詩の3つの工夫とその他で4色用意する）
・清書用紙（自由にレイアウトできるように白紙のまま配る）

3 作る　おもしろい工夫を考えて詩を書こう。

「まず，どの工夫を使って詩を書くか決めてから始めましょう。おもしろい工夫を考えて下さいね。」
・もう決めている。「たいこ」のように，音を詩にするのがいいな。何の音にしようかな・・・。
・わたしは，見て楽しむ詩を書く。言葉を雨粒のように並べて，雨の詩を書こうと考えてきたわ。

詩を書くときに，国語辞典で言葉を探すのもヒントになりますよ。

そうか。国語辞典で似ている言葉を探せば，声に出すと楽しい詩が作れそうだ。

行の最初にどんな言葉を入れようかな。秋の花の詩で「こすもす」にしよう。

「書けたら，読み返して直すところはないか考えましょう。隣の人の意見を聞いてもいいですよ。」

4 まとめる　見つけたり使ったりした工夫をまとめ，発表の準備をしよう。

「なぜその詩を選んだり書いたりしたのか，理由をノートに書き，工夫もメモしておきましょう。」
・「たいこ」と同じ谷川俊太郎さんの詩だったので，「どきん」を選んだ。工夫は1つだけじゃなかった。
・わたしは秋が好きなので，秋の花の名前を隠した詩を作りました。

　色画用紙を台紙にして清書したものを貼らせる。（台紙は，3つの工夫とその他の4色に分ける）

①は選んだ詩と工夫，②は作った詩と工夫を清書して台紙に貼りましょう。他に付け加えたいことがあれば，書いてもいいですよ。

この詩を選んだ理由も一言書いておこう。

作った詩の横に，詩に合わせたイラストも描いておこう。

作った詩の題をつけ忘れていた。何にしようかな・・・。

詩のくふうを楽しもう

第4時 (4/4)

本時の目標
互いに作品や文章を読んで感想や意見を伝え合い、それぞれのよさを見つけることができる。

授業のポイント
作品や紹介文を読んで、「よいところ」に視点を絞って感想や意見を伝え合うようにさせる。友だちの作品と比較して、自分のよさにも気づかせたい。

本時の評価
作品や文章を読んで、それぞれのよさを見つけ、感想や意見を伝えている。

板書例

〈視点を明確にする〉互いの作品を読み合う場合、本時の「よいところ」「工夫」のように視点を

〈詩や文章を読んで〉

感想カードは三人分いじょう

自由にえらんで読む　→

・文字がかくれている詩 ＝ 緑色台紙
・声に出すと楽しい詩 ＝ 黄色台紙
・見て楽しむ詩 ＝ 水色台紙
・そのほかのくふうの詩 ＝ ピンク色台紙

・のばす言葉とさいごの「どきん」がいい
・花の名前、花の詩、花のイラスト花づくし　※

〈学習して思ったこと〉

・自分の気づかなかったことも分かった　※
・楽しい詩の詩集を作ってみたい

※児童の発言を板書する。

---

1 めあて　作品や文章を読み合う準備をしよう。

「今日は、みんなが書いた詩や紹介文を読み合って、感想や意見を伝えます。」

どんなところに目をつけて読んでいったらいいと思いますか。

自分が気がつかなかったことも見つけたい。

詩の工夫の勉強だから、どんな工夫があるか見ていきます。

いろいろよいところを見つけて感想を書いてあげたらいいと思います。

「工夫とよいところに目を向けて読み、感想や意見も書きましょう。」

各自の机の上に前時に仕上げた台紙を置かせる。感想カードを数枚ずつ配り、予備は自由に取れるように置いておく。

---

2 感想や意見を書く　友だちの作品や文章を読んで感想や意見を書こう。

「自由に読み歩いて、カードに感想や意見を書いて置いていきましょう。どんな工夫を取り上げているかは台紙の色で分かりますね。カードは最低3人には書いてあげましょう。」

各自、台紙の色を参考にして読みたい作品や文章を選び、読んでいく。

ぼくは見て楽しい詩が読みたいから、水色の台紙を探せばいいんだ。

この詩おもしろいわ。見て楽しむと声に出して楽しむが合わさったみたいね。

わたしも「どきん」の「〜かあ」と伸ばす感じと最後の1行の工夫がいいと思ったわ。

花の名前を隠した花の詩で、花のイラストもある。花づくしだ！

「書けないときは友だちと相談してもいいですよ。」

明確にすることで後の対話の内容を絞り込むことができます。

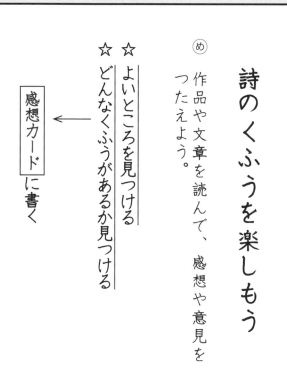

詩のくふうを楽しもう

㋱ 作品や文章を読んで、感想や意見をつたえよう。

☆ よいところを見つける

☆ どんなくふうがあるか見つける

→ 感想カードに書く

主体的・対話的で深い学び

・作品や文章を読み合って，互いに学び合うのが本時の学習内容になる。「よいところ」を指摘し合うことで自分の書いたもののよさに気づかせるとともに，自分とは違った視点もあることを学ばせたい。

・おもに感想や意見を書き，それを読むという「対話」になるが，これも1つの「対話」の形だと言えるのではないか。

準備物

・前時に仕上げた台紙

・感想カード DVD 収録【3下_14_01】

感想カード
感想カード

3 感想や意見を読む　自分の作品や文章に書いてくれた感想や意見を読もう。

自分の席に戻って，書いてもらった感想カードを読みましょう。
ぼくと同じ詩を選んで，同じような工夫を見つけた人もいるんだ。
声に出して読んだらおもしろかった。似た言葉をよく集めたねと書いてくれている。
雨が降っている感じがよく出ていると書いてくれている。

「友だちが書いてくれた感想や意見を読んで，思ったことがあれば，ノートに書いておきましょう。」

・いろいろいいところを書いてもらったので，何だか自信がついてきた感じがする。

・感想カードを読んでいるうちに，友だちの作品で，もう一ついいところを思いついた。

4 交流する　詩や文章を読み合って思ったことを発表し合おう。

詩や文章を読み合ったり感想を読んで思ったことを話し合いましょう。
いろいろな人の感想が読めてよかった。自分が気づかなかったことも書いてくれている。
すごく工夫をして詩を作っていたので，読むのが楽しかった。
詩って楽しいねと思った。こんな詩もあったのだね。

「詩の勉強で，これからしてみたいことがありますか。」

・今まで読んだ詩にも，どんな工夫があるか，もう一度読んでみようかと思っています。

・楽しい詩をいっぱい作って，詩集が作りたい。

「これから授業で出てくる詩も，どんな工夫がされているか考えて読むといいですね。」

カンジーはかせの音訓かるた

◉ 指導目標 ◉

・第3学年までに配当されている漢字を読むことができる。また，第2学年までに配当されている漢字を書き，文や文章の中で使うとともに，第3学年に配当されている漢字を漸次書き，文や文章の中で使うことができる。

◉ 指導にあたって ◉

① 教材について

　　学習した漢字の量が増えてくると，同音や同訓の漢字も増えてくることになり，児童の漢字理解に混乱を生じさせる一因にもなります。やみくもに覚えさせるだけでは，「漢字嫌い」を生み出すことになってしまいます。特に，理解が難しい音読みの漢字を訓読みと関連づけ，意味をしっかりと理解させることが必要です。本教材は，そうした学習に「遊び」の要素も取り入れ，児童の興味を引きつけながら，漢字の定着を図っていきます

② 主体的・対話的で深い学びのために

　　繰り返し何度も読んだり，書いたりする中で，七五調のリズム感を楽しみ，音訓の違いに関心が向けられるように留意します。創作活動が苦手な児童もいます。グループで相談したり援助し合ったりして，どの児童も創作が楽しくできるように配慮することも必要です。作った歌を発表し合うことで，いろいろな漢字の音訓を意識することになり，理解を広げていくことになります。

　　児童自身が，かるた作りを楽しみながら，漢字の音訓の理解を定着させていくのもここでの活動のねらいの一つです。自分たちが作ったかるたで遊ぶ場面は，児童の自主的な準備や進行に任せ，意欲を高めさせるのがよいでしょう。楽しく学ぶことは，どの学習にも共通して大切にしたいことです。

知識 及び 技能	第3学年までに配当されている漢字を読んでいる。また，第2学年までに配当されている漢字を書き，文や文章の中で使うとともに，第3学年に配当されている漢字を漸次書き，文や文章の中で使っている。
主体的に学習に取り組む態度	今までの学習をいかして，漢字の音訓や送り仮名に着目し，漢字を適切に使った文を積極的に作ろうとしている。

◉ 学 習 指 導 計 画 　全 2 時 間 ◉

次	時	学習活動	指導上の留意点
1	1	・教科書の歌を音読する。 ・気に入った歌を書写する。 ・音訓を使った歌の作り方を知り，具体例として，歌を共同で作ってみる。	・音読みと訓読みを確認しながら，教科書の歌を読ませていく。 ・音読することで，リズムのよさを実感させる。 ・歌の作り方（手順）を具体例を通して理解させる。
	2	・漢字の音訓を使ったリズムのよい歌を作る。 ・作った歌を交流する。 ・音訓かるたを作り，かるた遊びをする。	・教科書巻末の「これまでに習った漢字」「この教科書で習う漢字」の中から，歌にできる漢字を探させる。 ・歌を作る過程で，必要に応じてグループで相談や相互援助をさせてもよい。 ・かるた遊びは，十分に楽しんで音訓の理解を定着させたい。時間が足りなければ他に場を設定するのもよい。

🄳🅅🄳 収録（児童用ワークシート見本）

カンジーはかせの 音訓かるた

第 1 時 （1/2）

本時の目標
同じ漢字の音と訓を使った歌を読んだり書いたりできる。

授業のポイント
何度も教科書の歌を音読させ，リズムを感じ取らせる。音と訓の読み方を確かめさせる。

本時の評価
同じ漢字の音と訓を使った歌を読んだり書いたりしている。

板書例

〈漢字一覧表の活用〉教科書巻末の漢字　覧表は，最も手軽に活用できる漢字の資料です。日頃か

安いより　安心できる　食べ物を

「安」　アン … 安全　安心
　　　　やすい … 安い
　　　　　　　　　　↑
　　　　　　　　　　安い

〈 いっしょに作ろう 〉

【作り方】
①漢字を決める
②音と訓の読み方の言葉を集める
③音と訓の言葉を使った文作り
④五・七・五のリズムに整える

‖音
千代紙で　千羽のつるを　おりました
（五音）　　〳訓
　　　　　（七音）
　　　　　　　　　　（五音）

---

1 つかむ　教科書のかるたの読み札を声に出して読んでみよう。

「P92 の上のかるたの読み札を読んでみましょう。」
・遠足だ　遠くに行けて　うれしいな
　5〜6人に，次々と同じ読み札を読ませる。

「読んで，どんな感じがしましたか。」
・読んでいて，リズム感があります。
・遠足に行ったときのことを思い出します。

この札を見て，何か気づいたことはありませんか。

遠

「遠足」は，音読みで，「遠く」は訓読みです。

「遠」と言う字が2回出てきます。

巻末の「これまでに習った漢字」で音訓を確認する。
「次の時間に，みなさんにもこのようなかるた札を作ってもらいます。今日は，まず，歌を読んだり書いたりしましょう。」

---

2 音読する　カンジーはかせが作った歌を音読しよう。

「今から，教科書に載っているカンジーはかせが作った歌を順番に声に出して読んでもらいます。」
　児童全員に1つずつ座席順に音読させる。

千代紙で千羽のつるをおりました

石炭はもえるふしぎな黒い石

曲がる球投げる投手になりたいな

運転を終えたら車庫に車入れ

「読んで気づいたことを言いましょう。」
・どれも同じ字の音と訓の読み方が入っています。
・どれも，五音，七音，五音でできています。

「それぞれ自分の好きな歌を読んで覚えましょう。」
　銘々で音読させる。時間を切って，複数の歌の暗唱に挑戦させるのもよい。

カンジーはかせの音訓かるた

め ・音訓かるたを読んだり書いたりしよう

遠足だ
遠くに行けて
うれしいな

・リズム感
・「遠」が二回
・「遠足」…音読み
・「遠く」…訓読み

カンジー博士が作った歌

〈音読しよう〉→〈書き写そう〉
←

主体的・対話的で深い学び

・音訓かるたの自作に向けて，音読でリズム感を実感させ，かるたの特徴や作り方をしっかりと捉えさせておく。
・音読や気に入った歌の交流によって，音訓かるたへの興味や創作意欲を高めていく。
・まずは，みんなでかるた作りを体験させ，自作への見通しをもたせおく。

準備物

・漢字音訓の練習用補助ワークシート
（児童用ワークシート見本 DVD 収録【3下_15_01】）

3 書写する　気に入った歌を書き写そう。

カンジーはかせが作った歌で，気に入った歌はありますか。

「羊毛が ふわふわしてる 羊さん」が好きです。

「口笛を ふくと 遠くで 汽笛鳴り」がいい。好きな鉄道の汽笛が聞こえそうな気がする。

「日記帳 三日ぼうずは そつぎょうだ」ぼくもそうなりたい！

「では，教科書の中から，気に入った歌を３つ選んで，ノートに書き写しましょう。」
・１つめは書けた。次の歌はどれにしようかな・・・。
・「千代紙で・・・」の歌がいちばんいいな。
「書けたら，赤色で漢字の音読みの部分に二重線，訓読みの部分に波線を引きましょう。」
・石炭は音読み，黒い石は訓読みだな。

選んだ歌をグループで交流し，音訓を確認させる。

4 知る　漢字の音と訓を使った歌の作り方を確認しよう。

「今度は自分で歌を作ります。教科書 P93 の『作り方』を見て下さい。」
・この順番にしていったら歌が作れるね。
　漢字は，教科書巻末の『これまでに習った漢字』や『この本で習う漢字』の中から探す。

まずは，先生と一緒に１つ作ってみます。P148の漢字表の『安』という漢字を使ってみましょう。

音読みは「アン」，訓読みは「やすい」だね。

安（アン）がつく言葉は，うーん「安心」「安全」・・・「やすい」は「安い」しかないね。

「安心」と「安い」をつなげた文にするのが難しいな。

できた！「安いより安心できる食べ物を」

グループでどんな歌を作ったか交流させる。

カンジーはかせの音訓かるた
第 2 時 （2/2）

本時の目標
同じ漢字の音と訓を使って，リズムのよい歌を作ることができる。

授業のポイント
歌を作る活動が難しい児童には，教師が個別で指導するか，または，グループ内で援助し合えるようにする。完成したかるたを使って遊べる時間も設定する。

本時の評価
同じ漢字の音と訓を使って，リズムのよい歌を作っている。

板書例

〈創作や遊び〉 この時間は，自分で歌を作り，それをかるたに仕上げて遊びます。こうした活動を

☆確かめよう
音訓が正しいか → 漢字表
歌のリズム

〈作った歌をしょうかい〉

「ふえの音が　音楽室から
音 ≷ 訓
音 ≷ 音

「来年は　のぞみがかなう
音 ≷

聞こえるよ」
訓 ≷

年になる」
訓 ≷

※

〈かるたを作って遊ぼう〉

読みふだ

| ふえの音が 音楽室から 聞こえるよ |

取りふだ

※児童の発言を板書する。

---

1 作る　漢字の音と訓を使ったリズムのよい歌を作ろう。

「今日はみんなに音訓を使った歌を作ってもらいます。まず，どの漢字を使うか決めましょう。」
　　前時に学習したことを思い出させる。

・教科書の漢字表で，音と訓がある字を探せばいい。
・「楽」は音楽の「ガク」と「たのしい」だから，これを使おう。

「行（コウ）」を使った言葉って何があるかな？

言葉は見つけても，文にしてリズムもつけるから難しいよ。

「旅行」「行進」「銀行」いろいろあるわよ。

できた！「音楽は　心うきうき　楽しいな」

「作れたら，2つめを考えてもいいですよ。」
・だんだん，おもしろくなってきた。
・ようし，もう1つ作ってみよう。

---

2 調べる　作った歌の音訓の使い方やリズムを確かめよう。

「作れたら，まず，自分で音と訓が正しく使えているか，リズムはどうか確かめましょう。」
・これは，どちらも音読みかもしれないな・・・。
・これでバッチリ間違いなし！

自分で確かめられたら，次は，同じ班の人どうしで交換して，確かめ合いましょう。

これって，音と訓になっているかな。漢字表のカタカナが音でひらがなが訓読みだったな。

これは，きちんと音と訓で，五・七・五音のリズムになっているかしらいいわ。

これは，どちらも音読みだから，ダメだよ。リズムは五・七・五になっている。

　　必要なときは，教科書巻末の漢字表で確かめるように指示しておく。

時には取り入れて，楽しみながら定着させることも大切です。

カンジーはかせの音訓かるた

⒨ 漢字の音訓を使ってリズムのよい歌を作ろう

〈前の時間の学習を思い出して作る〉

音と訓のある漢字 → 漢字表

「楽」…「ガク」と「たのしい」
音　　　　　　　　訓

「音＝ガク」
「楽＝たのしい」

「音楽は心うきうき楽しいな」

　　　　　　　　　※

主体的・対話的で 深い学び

・前時に学習した作り方と共同で歌を作った体験をしっかり思い出して作業させる。

・選んだ漢字で上手く作れない場合は，早めに他の漢字に代えさせる。または，グループ内で援助させ合わせる。

・作った歌の紹介をし合う場面と，かるた遊びの2つの場面で様々な漢字の音訓に出会わせ，認識を定着させていく。

準備物

・かるたの札を作る厚紙（1人2枚ずつと予備）

・色鉛筆など

3 交流する　作った歌を紹介し合おう。

みんなが作った歌を発表しましょう。感想も言いましょう。

わたしの歌です。「ふえの音が　音楽室から　聞こえるよ」

真ん中が七音じゃなくて八音になっているわよ。

それは「字余り」というのだけど，そんな場合もあってもいいんだよ。

音（ね・オン）を使ったんだね。本当に音が聞こえてきそうな感じがするよ。

全員に発表させることを重視して次々と発表させ，最後にいくつか感想を言わせるのでもよい。

・「休日は　学校休みだ　うれしいな」
・「来年は　のぞみがかなう　年になる」
・「草原に　草花いっぱい　咲いている」

4 活用する　自分の音訓かるたを作り，それを使って遊ぼう。

自分の歌をかるたにします。読み札には，文字で歌を書きます。取り札には絵をかいて，右上の○の中に音訓読みをする漢字1字を書きます。

読み札は，3行に分けて書けばいいんだ。

歌の内容に合わせた絵を描かないといけないね。

教科書の挿絵も参考にして描かせる。複数の歌を作っていれば，2つめも作らせてもよい。

「かるたができましたね。それでは，完成したかるたを使ってかるた会をしましょう。」

・やったー！！おもしろそう。

ルールや遊び方は，児童に任せてもよい。楽しみながら，漢字の音訓を理解させていく。

「グループの合体や分け直し，かるたを交換するなどして，続けてもいいですよ。」

漢字の広場 6

全授業時間 2 時間

◉ 指 導 目 標 ◉

・第2学年までに配当されている漢字を書き，文や文章の中で使うことができる。
・間違いを正したり，相手や目的を意識した表現になっているかを確かめたりして，文や文章を整えることができる。

◉ 指 導 に あ た っ て ◉

①　教材について

　　この学習は，「修飾語を使って，周りの様子も詳しく書く」という条件のある学習です。挿絵を手掛かりにして，どのような様子かを想像して文作りをします。絵から想像を膨らませるという，どの児童にも書きやすい内容になっています。これまでに学習した漢字を想起しやすいとともに，楽しく漢字の復習ができる教材となっています。

②　主体的・対話的で深い学びのために

　　この学習では，「修飾語を使って，周りの様子も詳しく書く」という条件のもと，春夏秋冬それぞれの季節の様子を文章で書きます。文作りの前に，「絵からどのようなお話を想像できますか。」と問います。お話を想像する活動を取り入れることで，児童は，活動しやすくなるでしょう。また，文作りが苦手な児童もイメージしやすくなるでしょう。文作りをした後，それぞれが作った文を交流し合います。交流することで，言葉や文作りに興味関心をもつことができるようになるでしょう。

188

知識 及び 技能	第2学年までに配当されている漢字を書き，文や文章の中で使っている。
思考力，判断力，表現力等	「書くこと」において，間違いを正したり，相手や目的を意識した表現になっているかを確かめたりして，文や文章を整えている。
主体的に学習に取り組む態度	積極的に第2学年までに学習した漢字を確かめ，今までの学習をいかして，漢字を適切に使った文を作ろうとしている。

◉ 学習指導計画　　全2時間 ◉

次	時	学習活動	指導上の留意点
1	1	・教科書の絵を見て，季節ごとの人物の行動や周りの様子を説明する。 ・提示された漢字の読み方・書き方を確認する。	・声に出してこれまでに学習した漢字を正しく読めるかどうかをチェックする。間違えたり，正しく読み書きができなかったりした漢字は，繰り返して練習をするように促す。
	2	・提示された漢字を使って，それぞれの季節の様子を説明する文を書く。 ・書いた文章を友だちと読み合い，交流する。	・挿絵から自由に想像を膨らませ，それぞれの季節の様子を修飾語を使って詳しく文章で書かせる。 ・出来上がった文章を読み合い，互いのよいところを交流する。

🔵 収録（漢字カード，イラスト）

漢字の広場6

第 ① 時 （1/2）

本時の目標
第2学年で学習した漢字を使って，絵にあった文を考えることができる。

授業のポイント
ペアやグループの人と挿絵からどのようなお話が想像できるかを話し合い，イメージを十分膨らませる。書く時間も十分取って，漢字の定着を図る。

本時の評価
今までの学習をいかして，進んで第2学年に配当されている漢字を使って文を考えようとしている。

板書例

〈漢字カードの使い方〉まず，イラストの上に漢字カードを貼り，読み方を確かめます。次に，カー

| 春 | 鳥 | 晴れ | 風 | ・・・ |
| 夏 | 雲 | 魚 | 岩 | 体そう | ・・・ |

○それぞれのきせつでどんなことをしているかな

※イラストの上の漢字カードを季節ごとに移動する。

春
・野原でお昼ごはんを食べている
・晴れた空に鳥が二羽とんでいる
・風があたたかく，明るい一日だ

夏
・岩から大きな魚をつりあげた
・体そうをよくしてから海で泳ぐ
・暑い夏に飲むつめたい麦茶はさいこうだ
・海には，入道雲と大きな船が見える

秋
・親子がお米のたくさんできた田んぼを歩く
・山里に遠くまで行く汽車が走っている

冬
・夜空にきれいな星がいっぱい見える
・毛糸の手ぶくろは，雪をさわっても大じょうぶだ

※児童の発言を板書する。

1 読む・確かめる　2年生の漢字を声に出して読もう。

「2年生までに習った漢字が出ています。読み方を覚えていますか。声に出してペアで確かめましょう。」

2年生までに覚えられなかった児童，一度覚えたけれど忘れてしまった児童もいる。読みの段階から，丁寧に取り組ませる。

ぼくは春から読むね。「とり」「はれ」「かぜ」「あかるい」…全部間違えずに読めたよ。

次はわたしの番です。冬から読むね。「ふゆ」「よぞら」「ほし」「ゆき」「けいと」ちゃんと読めたよ。次は秋ね…。

ペアで読み方の確認をテンポよく進めていく。

2 出し合う・対話する　四季の様子について話し合おう。

それぞれの季節でどのようなことをしているでしょうか。絵から分かることを整理していきましょう。

春は，野原で男の子と女の子がお昼ご飯を食べているよ。おいしそうだなあ。

夏は，岩の所で男の人が大きな魚を釣っているよ。

絵からそれぞれの季節でどのようなことをしているのか，どんなお話ができるのかなどを話し合っていく。

文章を書くための素材を見つける活動である。それぞれの場面で何があるのか，誰が何をしているのかを詳しく見ていく。

児童の発言を季節ごとに板書で整理すると分かりやすい。

「秋はどんな様子でしょう。」
・遠くに山があるね。
・汽車が走っているよ。

ドを季節ごとに黒板の左に移し，板書として使います。

め

漢字の広場6

二年生で習った漢字を使って、それぞれのきせつでどんなことをしているのかを考えよう

※教科書P94の挿絵（拡大コピー）を貼る。
　イラストの上に漢字カードを貼る。

主体的・対話的で深い学び

・イラストからお話を考えたり，想像を膨らませたりすることは，どの児童にとっても，楽しい活動である。想像を膨らませて，友だちと考えたお話を交流することによって，文章作りがスムーズになる。

準備物

・漢字カード **DVD** 収録【3下_16_01】
・教科書 P94 の挿絵の拡大コピー
（黒板掲示用イラスト **DVD** 収録【3下_16_02】）

3 想像する 対話する
どのようなお話なのか，想像してみよう。

「それぞれの季節の様子が分かるお話を想像して話し合いましょう。」

絵からそれぞれの季節でどんなことをしているのかが分かるお話を想像してみましょう。

冬では，夜空にきれいな星がたくさん見えています。オリオン座もはっきりと見えています。

秋では，親子でお米がたくさんできた田んぼを歩いています。

　文章を書くための準備運動である。詳しく見ている児童の意見を広めたり，絵から想像できることも発表させたりして，文にすることをできるだけたくさん見つけるように促す。

4 書く 確かめる
2年生で習った漢字をノートに正しく書こう。

「2年生で習った漢字を正しくノートに書きましょう。」
　次時で文章作りをする。正確に漢字が書けるように，94ページに出てきた漢字をノートに練習する。

「風」「野原」「鳥」…はね，とめ，はらいや，字の形に気をつけて書こう。

どうしても漢字を使わずに，ひらがなで書く癖があるなあ。漢字が使えるようになりたいなあ。

　ノートに早く書き終わった児童は，空いているところに繰り返し練習をしたり，国語辞典を活用してその漢字を使った別の言葉や熟語を書いたりするなど，時間をうまく活用させるとよい。

漢字の広場 6

第 2 時 （2/2）

本時の目標

2年生で学習した漢字を使って，絵の中の人になりきって修飾語を使って，季節の様子が分かる文を書くことができる。

授業のポイント

ペアやグループの人と挿絵からどのようなお話が想像できるかを話し合い，イメージを十分膨らませる。書く時間も十分取って，漢字の定着を図る。

本時の評価

今までの学習をいかして，進んで第2学年に配当されている漢字を使って文を書こうとしている。

板書例

〈漢字カードの使い方〉まず，イラストの上に漢字カードを貼っておきます。児童が使用したカ ド

（れい）わたしは、春に、友だちと野原へピクニックに出かけました。空は、すっきりと晴れ、あたたかな風がふいていました。

修飾語
…くわしくしている言葉

・すっきりと　・あたたかな　・大きな
・明るく　・おいしそうに　・冷たい
・広い　・ゆっくりと　・たくさんの
・はっきりと　など

※児童の発言を板書する。

○絵の中の人になりきって、文章を書こう

・わたしは、お母さんと秋の山里に出かけ、ゆったりとさん歩しました。

※児童の作った文を板書する。

---

1 めあてつかむ　例文を声に出して読もう。

「94ページの例文を声に出して読んでみましょう。」

本時の学習課題を共有するための活動である。何人かの児童に音読させる。

「修飾語とは，どんな言葉ですか。」

・様子を詳しく表している言葉です。

修飾語とは，「言葉を詳しくする言葉」でしたね。修飾語があると，まわりの様子が分かりやすくなります。

例えば「すっきりと」とか「あたたかな」が修飾語だね。

修飾語って，聞いたことがあるような…。

修飾語について確認した後，学習課題「修飾語を使って，それぞれの季節でどんなことをしたのかが分かる文章を書きましょう。」を提示する。

2 対話する　どんな修飾語が使えそうか，お話を想像しよう。

どのような修飾語が使えそうか，その素材探しをする。出てきた発言を板書し，文作りが苦手な児童の手掛かりにする。

どんな修飾語があるでしょうか。みんなで出し合いましょう。

雲や釣り上げた魚には「大きな」という言葉がつけられるね。

夏の麦茶には「冷たい」が使えるね。雪の所でも同じだね。

「他にはどんな絵が出てきますか。修飾語を使って，お話を作ってみましょう。」

「誰になりきって，どんなお話ができそうですか。想像を広げて話し合ってみましょう。」

・わたしは，お母さんと砂浜に座って冷たい麦茶を飲みながら，海の向こうの大きくなる入道雲と船を見ていました。

192

を移動させると，使用していない残りの漢字がすぐに分かります。

め
修飾語を使って、それぞれのきせつでどんなことをしたのかが分かる文章を書こう

漢字の広場6

※教科書 P94 の挿絵 (拡大コピー) を貼る。
イラストの上に漢字カードを貼る。
児童が使用した漢字のカードを移動する。

主体的・対話的で深い学び

・イラストからお話を考えたり，想像を膨らませたりすることは，どの児童にとっても，楽しい活動である。想像を膨らませて，友だちと考えたお話を交流することによって，文章作りがスムーズとなり，文を作ることをおもしろいと感じさせたい。

・グループや全体での交流を通して，互いの作文のよさを見つけ合わせたい。

準備物

・漢字カード (第1時使用のもの)
・黒板掲示用イラスト (第1時使用のもの)

3 書く 絵の中の人になりきって，様子を詳しく表す文を書こう。

「絵の中の人になりきって，修飾語を使って季節ごとの様子を詳しく表す文を書きましょう」

出てきている漢字を使って，文を書きましょう。

わたしは，お母さんと秋の山里に出かけ，ゆったりと散歩ました。

わたしは，冬の夜空にたくさんの星と，はっきりと見えるオリオン座を見ました。

　展開2で確認したことから，94ページの絵を手掛かりに想像を膨らませて文を書く。
　文を書くための時間をできるだけ確保する。
　書くことが苦手な児童もいる。分からないことは，友だちに尋ねたり，アドバイスをもらったりして文を書くようにする。

4 交流する 書いた文章を交流しよう。

「出来上がった文章を友達と読み合いましょう。」
　作った文章をペアやグループの人と読み合ったり，全体で交流したりする。

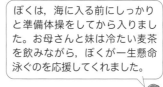

ぼくは，海に入る前にしっかりと準備体操をしてから入りました。お母さんと妹は冷たい麦茶を飲みながら，ぼくが一生懸命泳ぐのを応援してくれました。

意識して修飾語を使うと，相手に伝わりやすい文章になるね。

修飾語を使うと，使わない時と比べて様子がよく分かるようになるね。

　交流する時間が足りないことも考えられるため，グループの中でノートを回して読み合う，全体の場で書いた文章を発表させるなど，交流のさせ方は様々でよい。状況に合わせて使い分ける。
「いいなあと思ったところや気づいたところを伝え合いましょう。」

ありの行列

全授業時間 7 時間

◉ 指導目標 ◉

・文章を読んで理解したことに基づいて，感想や考えをもつことができる。
・文章を読んで感じたことや考えたことを共有し，一人ひとりの感じ方などに違いがあることに気づくことができる。
・指示する語句と接続する語句の役割，段落の役割について理解することができる。
・段落相互の関係に着目しながら，考えとそれを支える理由や事例との関係などについて，叙述を基に捉えることができる。

◉ 指導にあたって ◉

① 教材について

　本単元は，段落相互の関係を捉えて文章の内容を読み取り，それをもとに感想文を書き，伝え合う学習です。最初の段落に問いかけがあり，間の段落での観察や実験の過程を経て，最後の段落の答えに至るという関係になっています。また「中」の段落では，「実験・観察」「結果」「考察」という構成になっており，児童はそれを読み取りながら，科学的な説明文に接していくことになります。

　この説明文に多く使われている接続語や指示語に着目させることで，段落相互の関係や，文と文との関係を読み取る手がかりにできます。また，文末に注意することで，事実と意見を読み分けていくことができます。

② 主体的・対話的で深い学びのために

　問いから，どのような研究を経て答えが導き出されたのか，実験・観察とそれをもとにした考察を区別しながら文章を読んでいきます。対話を重ねることで，自分の捉え方に確信がもて理解が深まっていくでしょう。同時に，ウィルソンという人物とその行為にも児童の眼は向けられていくことになるでしょう。

　文章をしっかりと読み取るという前提があって，感想文の質も高まっていきます。それらを交流することで，自分が気づかなかったことを知り，文章の内容に対する視野も広がります。

◉ 評価規準 ◉

知識 及び 技能	指示する語句と接続する語句の役割，段落の役割について理解している。
思考力，判断力，表現力等	・「読むこと」において，段落相互の関係に着目しながら，考えとそれを支える理由や事例との関係などについて，叙述を基に捉えている。 ・「読むこと」において，文章を読んで理解したことに基づいて，感想や考えをもっている。 ・「読むこと」において，文章を読んで感じたことや考えたことを共有し，一人ひとりの感じ方などに違いがあることに気づいている。
主体的に学習に取り組む態度	進んで一人一人の感じ方の違いに着目し，学習課題に沿って，科学読み物を読んだ感想を伝え合おうとしている。

● 学 習 指 導 計 画　　全 7 時 間 ●

次	時	学習活動	指導上の留意点
1	1	・生き物の学習について経験を想起する。 ・文章に書かれている内容を予想する。 ・範読を聞いて初発の感想を書く。 ・単元扉を読み，学習の見通しをもつ。	・題名やリード文などから内容を想像し，文章の内容やこれからの学習に関心を膨らませ，主体的に学習できるようにする。
2	2	・文章を段落に分け，「問い」と「答え」を見つける。 ・「初め」「中」「終わり」にまとめ，「中」の役割を考える。 ・「すがたをかえる大豆」と構成を比べる。	・文章のおおまかな構成を捉えさせる。 ・既習の説明文と「中」の構成が違うことに気づかせ，次時の学習につなげる。
	3	・ウィルソンの2つ実験でしたことと分かったこと・考えたことを読み取る。 ・②～⑤段落の関係を整理する。	・実験，観察，考察を区別して読み取る。 ・接続語や指示語に着目して，文と文のつながりや，観察の経過を読み取らせる。
	4	・ウィルソンの研究と，そこから考察した「ありの行列のしくみ」を捉える。 ・問い～答えまでの論の進め方を整理する。	・研究，結果，考察を区別して，「ありの行列のしくみ」を捉える。 ・接続語，指示語，文頭，文末の表現等を手がかりにして，論の進め方を捉える。
	5	・ウィルソンになったつもりで「ありの行列」の研究レポートをまとめる。 ・レポートを読み合い，意見交換をする。	・レポートは「どのように研究を進めたのか」「ありの行列ができる仕組み」の2つの点から書く。
3	6	・「もっと読もう」を読んで，「ありの行列」に対する理解を深める。 ・「ありの行列」の感想文を書く。	・教科書本文を膨らませる文章として「もっと読もう」を活用する。 ・何についてどんなテーマで書くのかを明確にして感想文を書かせる。
	7	・感想文をグループ内と，全体で自由に読む2つの形態で読み合い，感じたことを伝える。 ・感想文を読んで思ったことを交流する。 ・学習を振り返る。	・グループでは，直接相手に思ったことを伝え，全体では付箋に書いて伝える。 ・同じ文章を読んでも，多様な感想があることに気づかせる。

DVD 収録（**動画，イラスト，資料**）※本書 P197,201,205「準備物」欄に掲載しています。

ありの行列

第 ① 時 （1/7）

本時の目標
初めて読んだ文章について感想をもち，これからの学習の見通しをもつことができる。

授業のポイント
文章の内容やこれからの学習に関心を膨らませ，主体的に学習していこうとする意識をもたせる。

本時の評価
初めて読んだ文章について，疑問や驚きなどの感想をもっている。自分なりの課題をもち，学習計画を立てようとしている。

板書例

ぎもん・おどろき
・なぜありの行列に目をつけた？
・小さい体の仕組みをどうやって研究？
・石のむこうにも行列！
・おしりからにおいのあるえき！

※児童の発言を板書する。

【めあて】
「ありの行列」を読んで感想をもち、つたえ合う

つながりを表す言葉　　自分と同じ・ちがう

〈くわしく読むとき〉
・「はじめ」「中」「終わり」に分けて読む
・「中」をていねいに
・中心になっている文
・書かれているじゅん番

---

1 振り返る　生き物を見たり育てたりした学習を振り返ろう。

「生活科や理科で，どんな生き物の勉強をしてきましたか。生き物の本を読んだことはありますか。」
・朝顔を育てました。
・バッタやカマキリをとりに行きました。
・『科学のアルバム』で「セミの一生」を読みました。

「これから，どんな勉強をするのか，教科書の扉のページを開けましょう。題名は何ですか。」
・「ありの行列」です。

2 予想する　この文章にはどんなことが書かれているのだろう。

「ありの行列を見たことがありますか。」
・見たことがありません。
・見たことがある。たくさんの小さなありの行列がずっと続いていた。

　ありの行列の動画（DVD 収録）や写真を見せる。

　リード文を読んで確かめさせる。
・ありの行列についての研究が書いてあるのだ。
・どんな研究なのかな？

196

ありの行列

め はじめて読んだ感想を書き、どんな学習をしていくか話し合おう

「ありの行列」→予想
・いつ、どのように
・何のために
・ばらばらにならないのは

………………………
※児童の発言を板書する。

🔍 主体的・対話的で深い学び

・題名から文章の内容を予想したり，初発の感想を書いて，文章の内容に興味をもたせる。

・予想や感想を交流し，これから学習する文章内容への視点を広げておく。

・学習の進め方について対話をさせ，見通しをもたせる。

準備物

・「ありの行列」動画 📀 収録【3下_17_01】

・ありの行列の写真

・黒板掲示用イラスト「ありの行列」📀 収録【3下_17_02】

---

3 初発の感想　疑問に思ったことや驚いたことを書いて発表しよう。

「先生が読んでみます。みなさんが予想したことや知りたいことが書いてあるでしょうか。」

・ウィルソンという人の研究だ。

・いろいろ実験や観察をしている。

疑問に思ったことや驚いたことなど，感想を書いて発表しましょう。

あんなに小さい体の仕組みをどうやって研究したのか不思議です。

石の向こうに，またありの行列ができるなんて，すごい。

ウィルソンは，なぜありの行列に目をつけたのかな。お尻から匂いのある液が出るのも驚き！

感想は箇条書きでもよいので，十分交流させる。

・ぼくも，自分が研究しているような感じがした。

・わたしと違う感想がいろいろ聞けてよかった。

4 見通しをもつ　どんな学習活動をしていくのか確かめよう。

「これから『ありの行列』を詳しく読んでいきます。学習のめあてを扉のページで確かめましょう。」

・「ありの行列」を読んで感想をもち，伝え合います。

「文章の後の"見通しをもとう"も見ておきましょう。」

・つながりを表す言葉に気をつけて読めばいい。

・感想で自分と同じところや違うところを見つける。

説明する文章を詳しく読む時に気をつけたらよいことを思い出しましょう。

文章を「はじめ」「中」「終わり」に分けて読みます。

「中」で詳しく説明されているので，「中」を丁寧に読みます。

「中」の説明の中心になっている文や書かれている順番にも気をつけます。

「すがたをかえる大豆」の学習を思い出させる。

「P102の"とらえよう"～"ひろげよう"も読んでおきましょう。」

ありの行列

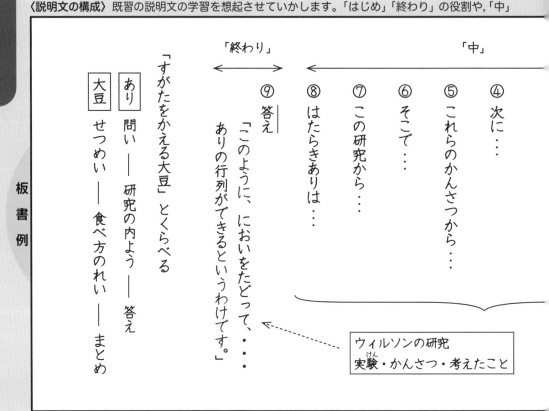

本時の目標
文章を段落に分けて「はじめ」「中」「終わり」にまとめることができ，大まかな文章の組み立てが分かる。

授業のポイント
問いと答えの段落は，文末表現や内容から見つけさせる。「中」は，答えに至るための実験や観察について書かれていることが分かればよい。

本時の評価
「はじめ」「中」「終わり」の文章構成を捉え，問いと答えの段落を見つけ，「中」の段落の役割を考えている。

板書例

〈説明文の構成〉既習の説明文の学習を想起させていかします。「はじめ」「終わり」の役割や，「中」

「中」

④ 次に・・・
⑤ これらのかんさつから・・・
⑥ そこで・・・
⑦ この研究から・・・
⑧ はたらきありは・・・

ウィルソンの研究
実験(けん)・かんさつ・考えたこと

「終わり」

⑨ 答え
「このように、においをたどって、・・・ありの行列ができるというわけです。」

「すがたをかえる大豆」とくらべる

あり　問い —— 研究の内よう —— 答え
大豆　せつめい —— 食べ方のれい —— まとめ

---

1 分ける　文章を段落に分け，番号を書こう。

「『ありの行列』を交代して音読してもらいます。後で段落に分けますので，どこで分けられるか考えながら聞きましょう。」
1ページずつぐらいで切って，音読をさせる。

段落に分けて，段落のはじめに①②・・・の番号を書きましょう。

段落は，内容の切れ目で，ひとまとまりの文章になっているところだったね。

一文字下がっているところが段落の始めだからすぐ分かるわ。

「段落は全部でいくつでしたか。」
・9つでした。
「はじめに①の番号を書きましょう。②の段落はどこからですか。」
・アメリカに，・・・です。

以下，⑨まで1つずつ確認していく。

2 見つける　問いと答えの段落を見つけ，その内容を確かめよう。

『問い』はどの段落にありますか。なぜ，そこだと思ったのですか。

問いの中身も答えましょう。

問いは「ものがよく見えないのに，なぜ，ありの行列ができるのか」です。

①の段落に問いがあります。

「〜できるのでしょうか。」と，問いかける言葉があるからです。

①段落を読んで書いてあることを確認しておく。
「『答え』はどの段落ですか。なぜそこだと思ったのですか。どんな答えが書いてありますか。」
・⑨の段落です。「このように」と書き始めています。
・「・・・というわけです」とまとめているからです。
・においをたどってありの行列ができるのです。

⑨段落をみんなで斉読する。
「次は，文章を『はじめ』『中』『終わり』に分けます。」

が説明の中心になっていることを理解させておきます。

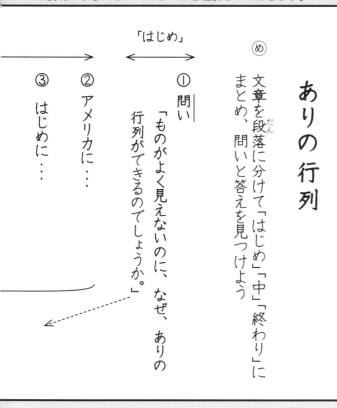

あ り の 行 列

文章を段落に分けて「はじめ」「中」「終わり」にまとめ、問いと答えを見つけよう

①問い
「ものがよく見えないのに、なぜ、ありの行列ができるのでしょうか。」

②アメリカに・・・

③はじめに・・・

「はじめ」

🔍 主体的・対話的で深い学び

・段落分けについては分かりやすい課題なので，各自で作業をさせ，全体で確認するにとめる。

・「問い」と「答え」を見つける活動は文末の言葉に着目させ，「はじめ」「中」「終わり」に分ける場面は，既習の「すがたをかえる大豆」の学習を想起させ，グループの対話を通して，どの児童にもしっかりと理解させるようにする。

・「すがたをかえる大豆」と比較して，同じ説明文でも，文章構成に違いがあることに気づかせる。

準備物

---

3 考える 「はじめ」「中」「終わり」に分け，「中」の役割を考えよう。

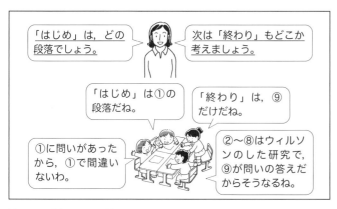

「はじめ」は，どの段落でしょう。

次は「終わり」もどこか考えましょう。

「はじめ」は①の段落だね。

「終わり」は，⑨だけだね。

①に問いがあったから，①で間違いないわ。

②〜⑧はウィルソンのした研究で，⑨が問いの答えだからそうなるね。

「では，『中』の段落には，何が書いてあるのでしょう。」
・どんな実験や観察をしたか書いてあります。
・その実験や観察から考えたことも書いてある。

「では，全体の構成をまとめてみましょう。『はじめ』は①段落で問いが書いてある。後を続けて下さい。」
・「中」は，②〜⑧段落で，ウィルソンの実験や観察，考えたことが書いてある。
・「終わり」は，⑨段落で，問いの答えが書いてある。

---

4 比べる 「すがたをかえる大豆」との構成の違いを考えよう。

「今までに段落やまとまりに分けたことがあったね。」
・「すがたをかえる大豆」です。
「この2つの文章の組み立てを比べてみましょう。」
・「大豆」の「はじめ」は大豆の説明で，「あり」は問いだから，少し違う。でも，「中」の説明につなげるという点では似ているかな・・・。
・「終わり」も，「大豆」はまとめで，「あり」は問いの答えだけど，役割は似ているように思います。

「中」はどう思いますか。

大豆の食べ方の例と，答えを見つけるために研究したことだから，違うね。

例を並べているのと，研究を進めて答えを見つけたことだから違うよ。

だったら，「はじめ」と「終わり」も違うんじゃないの。

「『はじめ』『中』『終わり』に分けられる説明文でも，文の組み立てが違うところもあるのですね。」

ありの行列

本時の目標
問いの答えを求めるウィルソンの実験・観察を読み取り，論の進め方が理解できる。

授業のポイント
接続語，指示語に着目して，読み取らせる。実験や観察とそこから分かったことや考えたことを区別して整理させ，論の組み立てを見ていく。

本時の評価
ウィルソンの実験・観察とそこから分かったことを整理して捉え，論の組み立てが理解できている。

〈手がかりとなる言葉や文〉 文章の組み立ては，接続語や指示語など，手がかりになる言葉を見つ

板書例

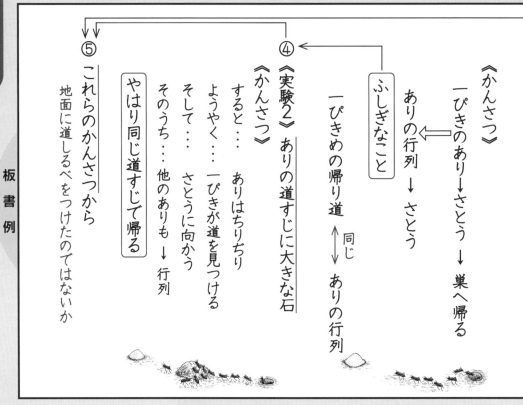

⑤
これらのかんさつから
地面に道しるべをつけたのではないか

やはり同じ道すじで帰る

《実験2》ありの道すじに大きな石
《かんさつ》
すると…　ありはちりぢり
ようやく…　一ぴきが道を見つける
そして…　さとうに向かう
そのうち…　他のありも→行列

④
ふしぎなこと
一ぴきめの帰り道　同じ　ありの行列

《かんさつ》
一ぴきのあり→さとう→巣へ帰る
ありの行列　→　さとう

---

1 つかむ　ウィルソンの実験と観察がどのような組み立てで書かれているのだろう。

「『ありの行列』の文章の問いと答えは何でしたか。」
・問いは「なぜ，ありの行列ができるのか」です。
・答えは「においをたどって，ありの行列ができる。」
「『中』の文章は，どんな役割をしているのですか。」
・答えを見つけるための研究の説明です。
「その『中』での実験と観察についてどのように説明されているのか調べていきましょう。」
　　『中』の文章を音読させる。

②段落には何が書いてあって，「中」でどんな役割をしていますか。

ウィルソンという学者が，実験をして，ありの様子を観察したと書いてある。

「次のような実験をして」と書いてあるから，「中」の説明の前置きだ。

ウィルソンの研究の説明をしますという前書きだね。

グループで話し合って，全体で確認する。

2 読み取る　はじめにどんな実験や観察をして，何が分かったのだろう。

「③段落で，はじめに何をしたのですか。」
・ありの巣から離れたところに砂糖を置いて，ありの様子を観察しました。
「ありは，どうしましたか。」
・1ぴきが砂糖を見つけると，行列を作って砂糖の所まで行きました。
「ウィルソンが不思議に思ったことは何でしょう。」
・砂糖を見つけたありが帰った道筋と，巣へ帰るありの行列の道筋が同じだった。

③の7つの文の中で，中心になる文はどれでしょう。

行列の道筋がはじめのありの道と同じだという7の文だと思う。

実験の目的から考えたら，列を作った6の文だよ。

問いや後の文との関係から7が重要な文だと思うよ。

けると捉えやすくなります。

ありの行列

め ウィルソンの実験とかんさつを読み取り、それをせつめいする文の組み立てを考えよう

問い「なぜ、ありの行列ができるか。」 →調べる（実験・かんさつ）

② ウィルソン（アメリカの学者）

③ 《実験→》巣からはなれた所にさとうをおく

主体的・対話的で 深い学び

・ウィルソンの実験については，実験・観察・結果（分かったこと）に整理して読み取らせていく。
・文章の組み立て（段落のつながり）については，捉えることが困難な児童もいることを配慮し，グループでの対話を重ねて読み取らせていくのがよいだろう。グループで読み取れたことは，全体で確認していくことも大切にしたい。
・文中のポイントとなる言葉（ふしぎなことに，次に，これらの，など）を手がかりにして文章の組み立てを捉えさせていく。

準備物

・黒板掲示用イラスト **DVD** 収録【3下_17_03，3下_17_04】

---

3 読み取る　次にどんな実験や観察をして，何が分かったのだろう。

「次に行った④段落の実験は，何のためですか。」
・ありが道筋を外れずに行列するという③で見つけたことを調べるためです。
「今度はどんなことをしたのですか。」
・行列の道筋に大きな石を置いて，ありがどうするか観察しました。

文と文をつなぐ言葉を見つけて，ありの動きを見ていきましょう。

ようやく，1ぴきが道の続きを見つけた。

すると，ちりぢりになった。

そして，砂糖に向かって進んだ。

そのうちに，他のありも道を見つけて歩き出した。

「今度の実験と観察でどんなことが分かりましたか。」
・石で乱れても，またありの行列は復活しました。
・帰りも，行列は来た時と同じ道筋を通りました。

---

4 まとめる　③④⑤段落の関係をまとめよう。

「③と④の文章の組み立てを比べてみましょう。」
・どちらも，どんな実験か→観察したありの動き→分かったこと，という順に説明しています。
「⑤段落は，何が書かれていますか。」
・ありは，地面に道しるべをつけたのではないか。
・ウィルソンが考えたことです。
「これらの観察とは，何のことですか。」
・③と④でウィルソンがした観察です。

③④⑤段落は，どのようにつながっているのか関係をまとめましょう。

③は，問いの答えを見つけるための実験です。

④は③の実験で出た疑問を調べるための実験です。

2つの実験から考えたことを⑤に書いています。

　実験の目的と結果を確かめながら段落のつながりを考えていく。

ありの行列

本時の目標
どのようにして問いの答えを見つけたのかを確かめ，「問い」から「答え」までの論の進め方を捉えることができる。

授業のポイント
接続語や指示語を手がかりにして，前時までの学習内容も含めて説明の仕方を確かめる。

本時の評価
ウィルソンの研究をまとめ，「問い」から「答え」までの論の進め方を捉えている。

板書例

〈文章構成の整理〉接続語や指示語などを使い，図示するように意識してまとめると，全体の文章

・道に石をおいてさえぎる ④
一ぴき → 行列 ⇧ おうふく同じ道

これらのかんさつから
・道しるべをつけたのではないか ⑤

そこで
・ありの体の仕組みを研究 ⑥
おしりからにおいのあるえき

この研究から
・ありの行列ができるわけを知る ⑦

・えさ → においをつけて帰る
→ においをかいて行列→においをつける ⑧

このように
「においをたどってえさの所へ行き、巣に帰る」⑨（答え）

「～ました」＝したこと・見たこと
「です」「ます」＝分かったこと（せつめい）

---

1 振り返る　「問い」と，ウィルソンが行った実験・観察を再確認しよう。

「この文章の『問い』をもう一度確かめましょう。」
・「ものがよく見えないのに，なぜありの行列ができるのか」です。

「中」の７つの段落を音読させる。
「前の時間に『中』の前半まで勉強しましたね。」

「この結果をウィルソンは，どう考えたのですか。」
・ありが地面に何か道しるべをつけたのではないか。

2 読み取る　ウィルソンはどんな研究をして，何が分かったのだろう。

「ウィルソンは，自分の考えを確かめるためにどんな研究をしたのですか。」
・ありの体の仕組みを細かく研究しました。
「それは何段落に書かれていますか。」
・⑥段落です。

段落のはじめの"そこで"に着目し，⑤段落とのつながりを確かめておく。
・ありが道しるべをつけたと考えたので，⑥の研究をしたのですね。

構成が分かりやすく表現できます。

ありの行列

⚲「問い」から「答え」までのせつめいを整理しよう

「なぜ、ありの行列ができる」① （問い）

ウィルソンが実験・かんさつ ②

・さとうをおく ③

・一ぴきが見つける → 他も行列

⇧ 同じ道
（なぜ？）

🔍 主体的・対話的で深い学び

・はじめに，前時までの学習を振り返り，みんなで共通理解をしたところから本時の学習内容に入っていく。

・ウィルソンがしたことの後半を段落に沿って読み取り，整理していく。この場面でも，グループでの対話と全体での確認を十分に行う。

・最後に，①〜⑨の段落の関係を整理して，問いから答えまでの文章構成の理解を深める。対話を通して，各々の捉え方を確かめ合い，文章の全体構成を捉えさせる。

準備物

---

3 とらえる 説明する ／ ありの行列ができる仕組みを説明しよう。

「⑦段落の『この研究』とはどんな研究のことですか。」
　・⑥段落に書いてある研究のことです。

「⑧段落には，こそあど言葉がたくさん出てきますね。それぞれ，何を指しているか，確かめましょう。」
　・「このえき」とは，ありの特別な液のことです。
　・「そのにおい」とは，液のにおいです。
　　他の2つも同様に，何を指しているか確認する。

「この⑧段落には何が書かれているのですか。」
　・研究から分かったありの行列ができる訳です。

それでは，ありの行列ができる説明を簡単にまとめましょう。

「えさを見つけると，においのする液をつけながら帰る。」だね。

そのにおいをかいで，においに沿って歩くから行列ができるわけだね。

はじめの一匹だけじゃなくて，みんながにおいをつけて歩くのか！

---

4 まとめる ／ 問いから答えまでの説明の仕方を整理しよう。

「⑧段落と他の段落の文末を比べてみましょう。」
　・他の段落の文は，「〜ました」で終わる文が多い。⑧段落は，「です」「ます」で終わっています。

「どのように使い分けているのでしょう。」
　・「ました」は，実験や観察で，したことや見たことに使われています。
　・「です・ます」は，研究の結果から分かったことです。

では，段落のつながりを整理して，説明の仕方をまとめましょう。

①が問い，②はウィルソンの紹介。③は行列ができることを確かめる実験。

④は③で出た疑問を調べる実験。2つの実験からの考えが⑤に書いてある。

⑤の考えを確かめる研究が⑥で，⑦⑧で問いの答えを説明し⑨で答えをまとめている。

段落の関係を図示してまとめる。

ありの行列

第 5 時 （5/7）

本時の目標
「研究の進め方」「ありの行列ができる仕組み」の2つの視点から，研究レポートをまとめることができる。

授業のポイント
文章の内容を「したこと」と「分かったこと」に分けて捉え，中心となる語や文を見つけて，簡潔にまとめさせる。

本時の評価
「研究の進め方」「ありの行列ができる仕組み」の2つの視点で文章を読み取り，研究レポートをまとめている。

板書例

〈文章を分かりやすく〉1つ1つの文が長くなると，何を書いているのかが分かりにくくなります。

・おもに書かれている段落をさがす

・大事な言葉や文を見つける

・レポートを書く
　「はじめ」と「終わり」の文もくふう

〈レポートを読み合う〉
・気づいたこと
・いいなと思うところ
・友だちにつたえる
・自分のレポートを書き直す

---

1 つかむ　研究レポートにまとめるポイントを知ろう。

「今日は，みんなにウィルソンになったつもりで，研究レポートをまとめてもらいます。」
　・え～，そんなことできるの？
　・おもしろいかも・・・・。
「レポートは，『どのように研究を進めたのか』『ありの行列ができる仕組み』の2つの点から書いてもらいます。」

前の時間に比べた文末が，レポートをまとめるヒントになります。「～ました」と「～です・ます」の文は，2つの点のどちらと関係してくるでしょう。

「研究の進め方」は，したことだから，「～ました」の文を見ればいい。

「行列の仕組み」は，分かったことだから「～です・ます」の文だね。

---

2 読む　文末に注意して文章を読もう。

「研究レポートを短く分かりやすく書くために大事なことがP102の下に書いてあるので見ましょう。」
　・2つの点について書かれている段落を探す。
　・その中から，大事な言葉や文を見つける。
　・研究の進め方＝したことは，③④⑥段落だよね。
　・行列の仕組み＝分かったことは，⑧⑨かな・・。

教科書を読んで「～ました」には赤線，「～です・ます」には，青線を引いて確かめましょう。

「～ました」は，③④⑥段落に多いから，「研究の進め方」が書いてあるので間違いない。

「～です・ます」は⑧⑨に多いから「行列の仕組み」が確かに書かれているわ。

じゃあ，そこからそれぞれの大事な言葉や文を見つければいいんだね。

教科書を各自で読み，赤線と青線を引いて考えさせる。

ありの行列

め ウィルソンになったつもりで、「ありの行列」の研究レポートをまとめよう

研究レポート
☆どのように研究を進めたのか
「したこと」〜ました

☆ありが行列を作る仕組み
「分かったこと」〜です 〜ます

🔍 主体的・対話的で深い学び

・研究レポートの2つの視点について書かれている段落と大事な言葉や文を見つけることが、文章を書くまでのポイントになる。この場面は、グループでの対話を進め、どの児童も研究レポートが書けるスタートに立てるように配慮する。

・レポートを書く場面は、児童一人ひとりの主体的な活動になるので、必要な児童には、教師が適宜助言をしていく。

・まとめたレポートを読み合い、互いのよい点を認め合うとともに、自分のレポートをよりよいものにするためにいかす。

準備物

・参考資料「研究レポート（例）」 **DVD** 収録【3下_17_05】

3 書く　研究レポートを書こう。

「研究レポートの書き始めと終わりの文も考えて書くようにしましょう。」
　・書き始めの文は、「問い」の段落の言葉をもとにしたら書けそうだ。

では、大事な言葉や文を見つけてレポートを書きましょう。

③④⑥のどれもはじめの文が大事だな。「研究の進め方」は、これをもとにまとめよう。

「行列ができる仕組み」は、⑧段落のはじめの文と⑨段落の文をもとにまとめられそうだわ。

　・終わりの文は、何て書こうかな？
　・「実験や観察を続けることで、ありの行列ができる仕組みを知ることができました。」でどうかな。

4 交流する　まとめたレポートをグループで読み合おう。

　まとめた研究レポートは、グループで交換して読み合う。

読んで気づいたことやいいなと思ったところを伝え合いましょう。

文の中の言葉を上手く使って、まとめられています。

問いかけるように書き始めているのがいいな。

最後の文は、レポートのまとめだから、自分の考えも書いたらいい。

「友だちの研究レポートを読んで『いいな』と思ったところは、自分のレポートに取り入れて書き直してもいいですよ。」
　・「疑問や予想したことを確かめようとしたことがよかった。」と最後のまとめに入れよう。

ありの行列

第 6 時 （6/7）

本時の目標
これまで学習してきたことをもとにして「ありの行列」を読んだ感想を書くことができる。

授業のポイント
ノートを読み返したり，全文を再度読むなど，これまでの学習の振り返りをしっかりさせる。何について書きたいのか，テーマを絞って書くようにさせる。

本時の評価
初発の感想や，これまで学習してきたことをもとにして，感想を書いている。

板書例

〈感想文を書くとき〉何について書くか明確にさせ，自分の考えをはっきりさせます。準備の段階で，

〈感想のれい〉
・はじめに引きつけられたこと
・ぎもん。「もっと読もう」も
・「はじめ」「中」「終わり」

→ 学習したことをもとに

感想文を書く
・ウィルソンのしたこと、考えたこと
・ありの行動 体の仕組み
・引きつけられたこと
・もっと知りたいこと
・自分が考えたこと

※児童の発言を板書する。

書けたら
読み返し → 文字のまちがいがないか
正しくつたえられているか

---

1 つかむ 文章を読んできて，はじめの感想と変わってきただろうか。

「文章を初めて読んだとき，どんな感想を書いていましたか。」
・ありの小さな体の仕組みをどうやって研究したのか不思議だと書いていました。
・石で道を塞いでも，また行列を作るのがすごいと思いました。
　　初発の感想を振り返ってみる。

はじめの感想と今感じていることと，違いはありますか。

ありの行動や体の仕組みについて，もっと詳しく思ったことが書けそうです。

ありの体もすごいけど，それを調べたウィルソンの研究がもっとすごいと思います。

はじめは驚いたことや疑問に思ったことを書いたけど，今はちょっと違います。

---

2 深める ありの行列に対する理解を深めよう。

「ありの行列ができる仕組みは分かりましたが，学習してきて，新しい疑問やもっと知りたいことは出てきていませんか。」
　　P101 の 2 つの文章を読ませる。（黙読→音読）

「上と下の文章から，それぞれ何が分かりましたか。」
・ありは，他にもいくつかにおいのある液を出して仲間と伝え合っている。
・同じ巣の仲間だと分かるにおいも出している。

2 つの文章を読んで，思ったことを話し合いましょう。

ありには，いろいろな能力があるのに驚いたね。

えさを持って帰るときのにおいだけでもすごいのに，もっといろいろなにおいが出せるなんてすごい。

あの小さな体で，これだけのことができるなんて驚いた。

気づいたこと等をその都度ノートにメモさせておくと役立ちます。

主体的・対話的で深い学び

・初発の感想との違いを意識し，「もっと読もう」でありの行列への理解を深め，「感想のれい」で，文章のイメージを膨らませる。
・この3点について対話をして，感想文を書く準備をする。
・感想文を書くときは，あれこれ手を広げすぎるとまとまりのない文章になってしまう。「何について」「どんなテーマ」で書くか，ポイントを絞って書くことで，書く内容も深められる。

準備物

ありの行列

め
学習したことをもとにして感想を書こう

〈はじめの感想〉
・ふしぎ
・すごいおどろいた

※児童の発言を板書する。

〈もっと読もう〉
・他にもにおいのあるえき→なかまへ
・同じ巣のなかまと分かる→べつのにおい

---

3 確かめる　感想の書き方を確かめよう。

「どのように感想文を書けばよいか，教科書の例を読みましょう。」

P103の「感想のれい」を音読し，自分が書く感想文のイメージを膨らませる。

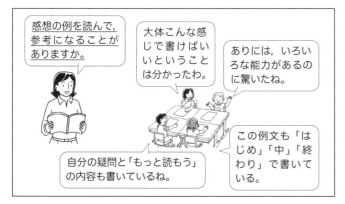

感想の例を読んで，参考になることがありますか。

大体こんな感じで書けばいいということは分かったわ。

ありには，いろいろな能力があるのに驚いたね。

自分の疑問と「もっと読もう」の内容も書いているね。

この例文も「はじめ」「中」「終わり」で書いている。

「他に，書き方について意見はありませんか。」
・感想文の題をつけたらどうだろう。
・段落に分けて書く。文末にも気をつける。

---

4 書く　「ありの行列」を学習した感想を書こう。

どんなことについて感想が書きたいか，意見を出し合いましょう。

ぼくは，もっと知りたいことがあるので，そのことを中心に書きたいな。

わたしは，ウィルソンの行動について，書いてみたいと思います。

「もっと読もう」も読んで，考えたことがあるので，それを書きたいな。

グループでの対話を通して，自分が書きたいテーマを明確にする。対話の中で気づいたことや思いついたことなども，ノートにメモさせておく。

「書きたいことがはっきりしてきましたか。では，感想文を書きましょう。」
・書きはじめを，読みたくなるように工夫しよう。
・ぼくが，いちばん引きつけられたことは・・・
「書けたら，読み返して，文字の間違いや自分の考えが伝わるように書けているか確かめましょう。」

ありの行列

第 7 時 （7/7）

本時の目標
感想文を読み合って思ったことを伝え合い，自分の感想と比べて感じ方の違いや互いのよい点に気づくことができる。

授業のポイント
自分との違いや共通点に気をつけながら，発表を聞いたり感想文を読んだりさせる。その際，気づいたことは，こまめにメモをさせておき，後の交流に役立てる。

本時の評価
自分の感想文を発表し，友だちの感想を読んで思ったことを相手に伝えている。感じ方の違いや互いのよい点に気づいている。

板書例

〈感想文を比べる〉 同じところがあるか，違うところがあるかを見つける手がかりとして，キーワー...

〈 感想文を読んで回る 〉
・つくえの上に自分の感想文
→
・ふせんに感想 ← 自由に読み歩く
　　・気づいたこと・思ったこと

〈 感想を読んで思ったことの交流 〉
・同じ感想　自信がついた
・いろいろな感想　意外
・ありの体　やっぱりすごい
　※児童の発言を板書する。

〈 ふりかえろう 〉
・ふりかえろう（段落のつながり・・・）
・たいせつ（せつめい文を読む　感想をつたえる）
・科学読み物の本を読もう

---

1 発表する　感想文を発表し合い，感じたことを伝え合おう。

「今日は，前の時間に書いた感想文を読み合います。自分の感想文と比べて，同じところや違うところ，よい点などを見つけながら読みましょう。」

　　グループで1人ずつ順に感想を発表し，発表を聞くごとに感じたことを伝え合っていく。

　　教師は，各グループの話し合いを聞いて回り，意見が出せずにいる児童には個別に支援する。

2 読み合う　いろいろな人の感想文を読み，感じたことを伝えよう。

「次は，グループ以外の友だちの感想文を読んで回ります。気づいたことや思ったことは付箋に書いて貼ってあげましょう。」

　　机の上に自分の感想文を置き，自由に友だちの感想文を読んで回る。

ド（同義語・反対の意味の言葉）を見つけさせましょう。

主体的・対話的で深い学び

・できるだけ多くの感想を読む機会を設け，多様な感想に接することができるようにする。
・様々な感じ方や考え方の違う文章を読むことで，「ありの行列」に対する視点を広げ，理解を深めることにつなげる。

準備物

あ り の 行 列

め 「ありの行列」を読んだ感想をつたえ合い、
感じ方のちがいなどに気をつけて
自分の感想とくらべよう

〈グループで発表し合う〉
・自分の感想を発表する
↓
・聞いて感じたことを伝える
・同じ・ちがう・よいところ

---

3 交流する　友だちの感想文を読んで思ったことを発表し合おう。

「友だちの感想文を読んで気づいたことや思ったことをノートに書きましょう。」
　　ノートに箇条書きさせていく。

友だちの感想を読んで気づいたことやよかったことを発表しましょう。

みんなの感想を読んで，やっぱりありの体の仕組みはすごいと思いました。

みんな同じ文章を読んでいるのに，こんなに感想がいろいろあるとは，思いませんでした。

ぼくがすごいと感じたところを他の人も何人か書いていました。自分の感想に少し自信がつきました。

「みんなで交流すると，自分の考えも広がりますね。」

---

4 振り返る　学習してきたことを振り返ろう。

教科書の「ふりかえろう」を読んで思ったことを話し合いましょう。

ありの行動はすごいけど，考えてやっている訳ではないなんて，全然思いつかなかった。

わたしは，段落のはじめの言葉に着目して，つながりを考えたわ。

いろいろな文章を読むほど，違った考えや新しい見方が分かります。

「教科書の『たいせつ』も読んでおきましょう。」
・驚いたことやもっと知りたいことを見つけながら読んだね。
・自分の考えと同じところや違うところに気をつけて感想を聞いたよ。
「また，他の科学読み物も読んでみましょう。」
・「なぜ？どうして？科学のお話３年生」を読みたい。

つたわる言葉で表そう

◉ 指導目標 ◉

・言葉には，考えたことや思ったことを表す働きがあることに気づくことができる。

・様子や行動，気持ちや性格を表す語句の量を増し，話や文章の中で使い，語彙を豊かにすることができる。

・自分の考えとそれを支える理由や事例との関係を明確にして，書き表し方を工夫することができる。

◉ 指導にあたって ◉

① 教材について

　　単元の題名から「つたわる言葉って何だろう」という疑問がわいてくるでしょう。そこから，言葉の働きに目を向けさせ，気持ちや様子をよりよく伝える文章の書き方について学習していきます。

　　「伝えたいことを相手が思い描けるように詳しく書く」「伝えたいことに合った言葉を選ぶ」という2つの視点から，表現の仕方や語彙を増やす方法を学びます。そして，最後の「冬休みの出来事をつたわる言葉で書く」ことにつなげていきます。

② 主体的・対話的で深い学びのために

　　自分が最初に書いた文章を学習素材として取り上げます。自分が書いた文章だからこそ，児童もそれをどう書き換えていけばよいのか，主体的に学習に取り組めます。まず，具体的にその中から課題を見つけることが大事なポイントです。その上で，書きたいことのイメージを膨らませ，語彙を増やしていきます。この過程で対話を重ねることは，児童の認識が広がり深まっていくことにつながり，大切にしたい活動です。

　　最後に同じテーマで文章を書き直させ，2つの文章を比べることで，学習したことの成果が目に見える形で確認できます。

◉ 評価規準 ◉

知識 及び 技能	・言葉には，考えたことや思ったことを表す働きがあることに気づいている。 ・様子や行動，気持ちや性格を表す語句の量を増し，話や文章の中で使い，語彙を豊かにしている。
思考力，判断力，表現力等	「書くこと」において，自分の考えとそれを支える理由や事例との関係を明確にして，書き表し方を工夫している。
主体的に学習に取り組む態度	相手に伝わる文章を書くための語句を進んで増やして使い，学習課題に沿って，伝えたいことを文章にしようとしている。

次	時	学習活動	指導上の留意点
1	1	・冬休みの出来事を思い出して文章に書き，気持ちや様子がよく分かる文章になっているか話し合う。 ・教科書を読み，何をどのように学習していくのか見通しをもつ。	・どの言葉や表現に改善の余地があるか見つけさせる。 ・自分の書いた文章の課題を自覚して，学習の見通しを立てさせる。
2	2	・２つの例文を比べ，どちらのどこがどのように分かりやすいか話し合う。 ・冬休みの出来事について詳しく思い出し，メモをする。	・例文を通して，詳しく思い描ける書き方をつかませる。 ・できるだけ多くメモをさせ，選択肢を増やしておく。
	3	・言葉を増やすきっかけについて知る。 ・「友だちとの対話」「言葉のたから箱」「国語辞典」から言葉を見つけ語彙を増やす。 ・伝えたいことのよりよい表し方をまとめる。	・見つけた言葉はノートにメモしておき，次時の文章を書くときに活用させる。 ・「つたわる言葉で表す」書き方を整理し，２回目の文章を書く見通しをもたせる。
3	4・5	・第１時に書いた文章を読み返し，どこをどのように書き直せばよいか見通しをもたせる。 ・「冬休みの出来事」の文章を書き直す。 ・書いた文章を読み合って，気づいたこと等を交流する。 ・学習を振り返る。	・学習したことをもとにして，書き直しの部分と視点を明確にさせる。 ・前とは違う場面や内容で書きたいという希望があればそれも認める。 ・「詳しく思い描ける表現」「言葉の選び方」の２点を中心に，読後の意見交換をする。

DVD 収録（児童用ワークシート見本）

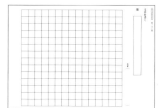

つたわる言葉で表そう
第 ① 時 （1/5）

本時の目標
自分が書いた文章の上手く書けたところと書けなかったところを考え，学習課題をつかむことができる。

授業のポイント
自分の気持ちがうまく伝わる文章が書けているか考えさせ，どの言葉や表現に改善の余地があるか見つけさせる。

本時の評価
自分が書いた文章を読み，気持ちが伝わるように上手く書けているか考え，問題点を見つけている。

〈教師の問いかけ〉「『楽しかった』だけで，どのように楽しかったか分かりますか？」気づきや疑問

板書例

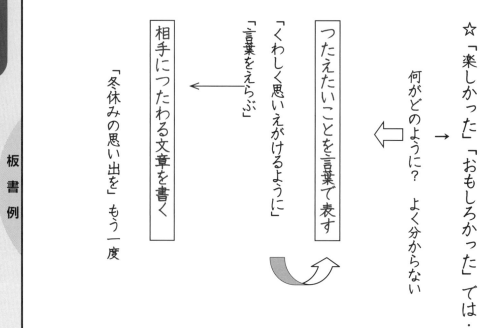

☆「楽しかった」「おもしろかった」では…
→ 何がどのように？　よく分からない
⇦
つたえたいことを言葉で表す
「くわしく思いえがけるように」
「言葉をえらぶ」
相手につたわる文章を書く ←
「冬休みの思い出を」もう一度

---

1 書く　冬休みの出来事を書いてみよう。

「冬休みにどんな出来事がありましたか。その時どんな気持ちになったか，グループで話しましょう。」
・家族みんなでかるた大会をしておもしろかった。
・お正月におじいちゃんのところへ遊びに行った。お年玉がもらえてよかった。
・大掃除のお手伝いを頑張ったけど大変だった。

グループで話し合う中で，冬休みの出来事をいろいろ思い出させる。

近所のおじいさんにこま回しを教えてもらったことを書こう。

お母さんとお正月の花を生けたことがいちばんの思い出だわ。

冬休みの出来事を文章に書きましょう。自分の気持ちも伝わるようにね。

ワークシートを配って書かせる。（無理に200字の用紙いっぱいに書かせなくて，書ける字数でよい。）

---

2 読んで考える　出来事や気持ちがよく分かる文章になっているか考えよう。

書いた文章をグループ内で発表し，その都度1人ずつの文章について意見を出し合っていく。

冬休みに入ってすぐに，友だちと公園で遊びました。

誰と遊んだか分かるのはいいけど，遊んでいる様子も知りたいな。

冬休みの出来事やその時の気持ちが伝わるように書けているか話し合いましょう。

楽しかったと言うけど，どんなところが楽しかったのかな？

「『楽しかった』という言葉が出てきましたが，この言葉で，どのように楽しかったか，よく分かりましたか。」
・どのように楽しかったのかがよく分かりません。

「他に，同じような言葉はありませんでしたか。」
・「おもしろかった」もそれだけではよく分からない。
・「よかった」「がんばった」「うれしかった」もそうです。

を引き出す教師の問いかけで，児童の思考が動き出します。

つたわる言葉で表そう

め これからどんな学習をしていくのか
たしかめよう

〈「冬休みの思い出」を書く〉
・出来事　・そのときの気持ち

つたわるように
←
よく分かるように書けたか?

主体的・対話的で深い学び

・児童は，「おもしろかった」「楽しかった」「よかった」といった言葉をよく使う。本人にはその内容がよく分かっているのだが，相手にはそれが伝わっていないことを，対話の中で気づかせる。
・教科書を読み「何について」「どのように」学習していくのかを捉えさせ，次時からの学習に見通しをもって取り組めるようにさせる。

準備物

・ワークシート「文章を書く」
　（児童用ワークシート見本 **DVD** 収録【3下_18_01】）

3 つかむ　何について学習していくのだろう。

「P105 の題を読んで見ましょう。」
　　声を揃えて「つたわる言葉で表そう」と音読させる。

・「つたわる言葉」って何だろう？
・伝わらない言葉もあるのかな？
・さっきの「楽しかった」や「よかった」のことかな？

どんなことを勉強していくのか，題の次の5行を読みましょう。

やっぱり「すごかった」や「おもしろかった」だけでは，よく分かるように伝わらないんだ。

伝えたいことを言葉で表すことを勉強していくんだ。

「つたわる言葉」って，どんな言葉なのかな？

4 見通しをもつ　どのように学習していくのか確かめよう。

「普段，自分の思ったことが，相手に上手く伝わらなかったことはありませんか。」
・自分では分かっているのに，相手にあまり伝わっていないなと思うことはあったな。
・そういえば，とても悔しいと思ったのに友だちに分かってもらえなかったことがあったな。

「伝えたいことを相手が思い描けること」と「言葉を選ぶ」ことについて勉強していく。

最後は，相手に伝わる文章を書くのか。上手く書けるかな。

教科書の続きを読んで，どのように学習していくのか確かめましょう。

言葉を増やすきっかけについて書いてあるね。

「『思い浮かべられるように表す』『言葉を増やす』の2つについて考え，最後に文章を書きましょう。」

つたわる言葉で表そう
第 ❷ 時 （2/5）

本時の目標
出来事を詳しく思い出し，具体的に表すことで，様子や気持ちも伝わることが理解できる。

授業のポイント
教科書の2つの例文を比較して，どこからどのような様子や気持ちが想像できるのか，具体的に考えさせる。

本時の評価
出来事を具体的に思い出して書くことで様子や気持ちが伝わることを理解している。

板書例

リレー　おうえんの声　苦しかった　一等・・・

くわしく思い出すために
「だれが」「いつ」「どこで」「だれ（何）と」
「どうして」「どのように」

〈冬休みの出来事〉
・いちばんつたえたいこと
・くわしく思い出す
・ノートにメモする

（れい）
元日の午後
近くの公園
バトミントン
はねが木の上に

（れい）
夕方　買物
お母さんと
品物のえらび方
すごい
うらわざ

※児童の発言を板書する。

---

1 つかむ　どちらの文章が分かりやすいだろう。

教科書の運動会の感想の①と②を比べて，様子や気持ちがよく伝わるのはどちらでしょう。そう思った理由も言いましょう。

①です。頑張れたとはっきり書いていて分かりやすい。

②の方が，詳しく書いているからよく分かります。

わたしも②です。①は何を頑張ったのか分からない。

②の方が，頑張っている様子がよく分かる。だから気持ちも伝わってくる。

「詳しく書かれていると，その時の様子や相手の気持ちもよく分かりますね。」
・はい。

「今日は，どんなことを詳しく書けばよいか考えていきましょう。」

2 想像する　どこからどんな様子や気持ちが分かるだろう。

「②の文章をみんなで音読して，様子や気持ちを想像しましょう。」

　クラスを2つのグループに分け，交互に一斉音読し，片方はその音読を聞く。

リレーで走っている時だと分かる。「友だちの応援する声が聞こえてきた」で様子もよく分かるね。

②の文章のどこからどんな様子や気持ちが分かるか話し合いましょう。

リレーで1等になれたからよかったんだね。

「苦しかった〜全力で走り」と書いているからよかったという気持ちがよく伝わってくるわ。

「リレーで走っているという場面をはっきりさせて，応援の声，苦しかった，全力で走った，1等になれたと，詳しく書かれていますね。」

のうの夜」‥‥と具体例を併せれば理解しやすくなります。

つたわる言葉で表そう

め　様子や気持ちをくわしく書くには
　どうすればよいか考えよう

〈運動会の感想〉
①の文　→　何をどうがんばった？
　　　　　　何がよかった？

②の文　→　くわしく書かれている
　　　　　　──────────
　　　　→　様子や気持ちがよく分かる

主体的・対話的で深い学び

・2つの例文を比較して，どちらが様子や気持ちがよく分かるか話し
　合う。どの言葉（どの部分）からどんな様子や気持ちが分かるか，
　具体的に話し合うことで，理解を明確にする。
・対話をする中で，出来事や気持ちをより詳しく思い出していけるこ
　ともある。隣やグループの中で，出来事を出し合って，思い出した
　ことをその都度ノートにメモしていくのもよいだろう。

準備物

3 整理する
　　　考える　　どんなことを詳しく思い出せば
　　　　　　　　　よいのだろう。

「教科書の『くわしく思いえがく』という見出しの文を読み
　ましょう。」
　　　指名読みでも斉読でもよい。

「詳しく思い出すためには，どんなことを考えたらよいと書か
　れていますか。」
　・「だれが」「いつ」「どこで」「だれ（何）と」「どうして」「ど
　　のように」を考える。

具体的な場面で考えてみましょう。「いつ」
は先生が決めますね。「いつ」は，お正月
の元日にします。続きを考えましょう。

「どこ」はわたしが考える
ね。近所の公園にするわ。

「だれ」は，いと
こたち。何人とか，
紹介も入れる。

バトミントンを
して遊んだ。言い
出したのは‥‥。

木の上に羽根がとまったり，
空振りしたりおもしろかった。

4 思い出す　　冬休みの出来事について詳しく
　　　　　　　　　思い浮かべ，メモしよう。

冬休みの出来事
で，いちばん伝え
たい場面について，
詳しく思い出して，
ノートにメモをし
ましょう。

いちばん伝えた
いことって何だろ
う？思いつかない
なあ‥‥。

お母さんと買い
物に行って品物を
選んでいる場面に
しよう。

　　メモができない児童には，教師が「どんなことがあった？」
　と話を聞くなどしてイメージを膨らませる。
「書いたことを全部文章に入れなくてもよいので，ノートに
　はたくさんメモしておきましょう。」
　・たくさん書いた中から，選べばいいんだ。
　・メモしている間に，思い出したこともある！

「今日の学習で気づいたこともノートに書いておきましょ
　う。」

つたわる言葉で表そう

第 3 時 （3/5）

本時の目標
言葉を選ぶことで様子や気持ちがより的確に伝えられることが分かり，語句を増やすことができる。

授業のポイント
教科書記載の言葉の選び方を参考にして，実際に「言葉のたから箱」や国語辞典で言葉を選ぶ活動もさせる。

本時の評価
言葉を選ぶことで様子や気持ちがより的確に伝えられることが分かり，学習活動の中で語句を増やしている。

板書例

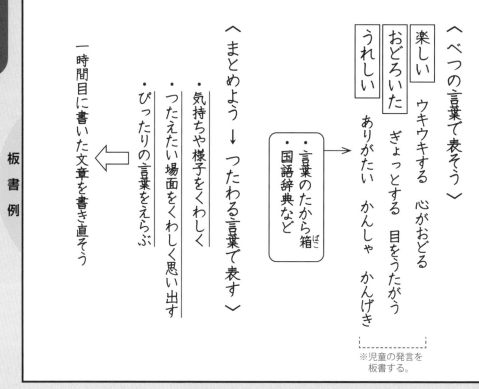

〈語彙を増やす〉対話や調べた中で見つけた言葉をノートにできるだけ多く書き込んでいきます。

一時間目に書いた文章を書き直そう

〈まとめよう → つたわる言葉で表す〉
・気持ちや様子をくわしく
・つたえたい場面をくわしく思い出す
・ぴったりの言葉をえらぶ

・言葉のたから箱
・国語辞典など

〈べつの言葉で表そう〉
楽しい　ウキウキする　心がおどる
おどろいた　ぎょっとする　目をうたがう
うれしい　ありがたい　かんしゃ　かんげき

※児童の発言を板書する。

---

1 つかむ　言葉を選ぶ方法を確かめよう。

「前の時間の復習です。様子や気持ちをよく分かるように伝えるには，どうすればよかったのですか。」
・伝えたいことを相手が思い描けるように書く。
・いちばん伝えたい場面を詳しく思い出す。
「今日は，もう一つ大事なことがあるので，それを学習します。教科書の『言葉をえらぶ』を読みましょう。」

みんなで斉読する。

どんなことが書いてありましたか。

伝えたいことに合う言葉を選ぶのがよい。使える言葉が多い方がよい。

友だちの文章，辞典や本，物語などが言葉を増やすきっかけになる。

言葉を選ぶことは，自分にも相手にも大切なことだと書いてある。

2 考える 対話する　最初の時間に使った言葉を，別の言葉で表せないか考えよう。

「1時間目に書いた文章を思い出しましょう。気持ちを表すのにどんな言葉を使いましたか。」
・「楽しかった」「おもしろかった」
・「嬉しかった」「驚いた」

同じ言葉を使った人同士でグループを作る。

もっと別の言葉で，同じようなことを表せないでしょうか。

「楽しい」の別の言葉か・・・「ウキウキする」はどうかな。

他にもっといいかな・・・。難しいね。

それもいいね。「心がおどる」この言葉いいでしょう。

各グループで出た意見を発表させる。
・「嬉しかった」の他に「感謝した」という言葉が出ました。

つたわる言葉で表そう

め つたえたいことをよりよく表せるように、言葉をえらぼう

つたえたいことにぴったり合う言葉をえらぶ

→ きっかけ・手がかり

・物語を読んで
・辞典や本などで調べて
・友だちの文章を読んで

🔍 主体的・対話的で深い学び

・ここでは，より的確な表現ができる言葉を見つける。そのためにはできる限り多くの言葉を集めることが必要になる。

・グループでの対話，教科書の「言葉のたから箱」から見つける，国語辞典から見つける，この3つの活動から，自分が伝えたいことに使える言葉を多く集めさせ，次時の学習につなげる。

準備物

・国語辞典

---

3 探す　「言葉のたから箱」や国語辞典で言葉を探してみよう。

今度は班ごとで，いくつかの言葉について別の言葉を探させる。

今度は，教科書の「言葉のたから箱」からも見つけてみましょう。

「嬉しい」は，「ありがたい」「かんしゃ」です。「かんげき」もそうかも・・・。

「驚いた」は，あった！「ぎょっとする」「目をうたがう」もかな？

「おもしろい」は，「ゆかいな」だね。1つ見つけた。

・気持ちを表す言葉は，いろいろあるね。
・きっと他にもあると思うよ。
「国語辞典でも調べてみましょう。似た意味の言葉や反対の意味の言葉も載っていると思いますよ。」
・国語辞典なら，たくさんの言葉が載っているね。
　　見つけた言葉を全体で交流させる。

4 まとめる　伝えたいことのよりよい表し方をまとめよう。

「『言葉のたから箱』には，様子や人物を表す言葉なども載っていますね。見てみましょう。」
・感じがよい，重苦しい，こんな言葉もあるんだ。
「国語辞典で様子を表す言葉も探してみましょう。」
「自分の伝えたいことにぴったりな言葉は見つかりましたか。使えそうな言葉はメモしておきましょう。」
・「なごむ」と「こうひょう」が使えそうだな。

気持ちや様子を詳しく表すことで，伝えたいことがよりよく表せます。

「つたわる言葉で表す」ことについて，ここまで学習して分かったことをまとめましょう。

気持ちや様子にぴったりの言葉を選べば，よりよく伝わります。

伝えたい場面を詳しく思い出すことが大事です。

「次の時間は，最初に書いた文章を書き直します。」

つたわる言葉で表そう

第 4,5 時 （4,5/5）

本時の目標
気持ちや様子を明確にし，適切な言葉を選んで冬休みの出来事を書き表すことができる。

授業のポイント
前時でまとめたポイントを思い出し，ノートに書き溜めた言葉を活用しながら，第1時に書いた文章を書き直す。

本時の評価
気持ちや様子を詳しく表し，適切な言葉を選んで，冬休みの出来事がよりよく伝わるように書いている。

板書例

〈文章の発表〉文章構成，言葉の使い方，表現の仕方などの発表は，必ず文字を読んで聞きます。読み

つたわる言葉で冬休みの出来事を書き直す

〈書けたら〉
・題を考える
・読み返して手直し

書いた文章を読み合って思ったことをつたえる
・題から想ぞうできる
・気持ちがつたわってきた
・様子がよく分かった
※

〈学習をふり返る〉
・友だちの意見
・二つの文章をくらべて
・学習したこと

※児童の発言を板書する。

---

1 つかむ　よりよく伝わる文章の書き方を確かめ，最初に書いた文章を読もう。

「今日は，3時間目までの学習をいかして，1時間目に書いた冬休みの出来事の文章を書き直します。」

「文章をどのように書けばよかったか，もう一度思い出しましょう。」

・読む人が，場面の様子やその時の気持ちを思い描けるように詳しく思い出して書きます。
・気持ちや様子にぴったり合う言葉を選びます。

今のことを頭に入れて，1時間目に書いた文章をもう一度読んでみましょう。

ぼくの文は，「いつ」「どこで」もはっきり書いていなかった。

わたしも様子が詳しく書けていない。いろいろ思い出したから今度は書けそうだわ。

気持ちを表す言葉がもっと工夫できそう。前は簡単に書きすぎた。

書き直す部分や視点を明確にしておく。

2 書く　冬休みの出来事の文章を書き直そう。

「教科書の『相手につたわる文章を書こう』を読みましょう。」

・①は，前よりはよい文章が書けると思う。
・題名は，文章を書いてから考えよう。
・読み合っていろいろ教え合うのはいいね。

第1時の文章を書き直して，伝わる言葉で冬休みの出来事を書きましょう。

前は遊んだことを全部入れたけど，今度は1つに絞って詳しく書こう。使う言葉もメモしてあるから・・・。

前とは違うことが書きたくなったので，それでもいいですか？

第1時と違う場面や内容を書いてもよいことにする。

「書き終わったら，題をつけましょう。」

・題も，前と変えて見よう。え～と・・・・
・ぼくは，もう題を考えているよ。

上げたものを音声として聞くだけでは分析が不十分になりがちです。

主体的・対話的で深い学び

・学習してきた視点で最初に書いた文章を読み返し，修正すべき点をつかませる。
・書いた文章は，まず文字として文章を読み，気づいたことや考えをメモさせる。その後に，発表をさせて，それについて意見を出して話し合わせ，文章の書き方についての理解を深める。

準備物

・第１時に書いた文章
・ワークシート（第１時使用のもの）
・ワークシート「文章を読み合って」
（児童用ワークシート見本 DVD 収録【3下_18_02】）

（板書）

つたわる言葉で表そう

（め）くわしく思いえがけるように，言葉をえらんで，冬休みの出来事を書こう

言葉 → ぴったりをえらぶ

様子・気持ち → くわしく思いうかべる

言葉 ←→

はじめの文章
・「いつ」「どこ」も分からない
・気持ちを表す言葉が・・・
・様子がくわしく書けていない
※

---

3 読む・交流する　文章を読んで思ったことを伝え合おう。

「自分が書いた文章を読み返して，直したい部分や字の間違いがないか確かめましょう。」
　・ここの書き方が分かりにくそう。少し変えよう。

「グループの中で，書いた文章を回覧してみんなの文章を読みます。よく伝わる部分や言葉の使い方など気づいたことをワークシートにメモしましょう。」

友だちから意見が出た箇所に傍線を引いたり，付箋を貼って書き留めてもよい。

4 まとめ　学習したことを振り返ろう。

「友だちの意見を聞いて思ったことを書きましょう。」
　・友だちが言ってくれた言葉に書き換えた方がいい文章になりそうだと思った。
　・よいところを褒めてもらえ嬉しかった。
「自分の書いた２つの文章を比べたり，学習を振り返って考えたことを書きましょう。」
　　上記の２点をワークシートにまとめさせる。

「これから何かを伝える文を書くときには，この学習を思い出して書きましょう。」

これがわたしのお気に入り

◎ 指導目標 ◎

- 自分の考えとその理由や事例との関係を捉え，相手意識をもって書き表し方を工夫し，文章表現することができる。
- 書こうとしたことが明確になっているかなど，互いに作った文章に対する感想や意見を伝え合い，自他の文章のよいところを見つけ，文章表現にいかすことができる。
- 様子や行動，気持ちや性格を表す語句の量を増し，話や文章の中で使い，語彙を豊かにすることができる。
- 相手や目的を意識して，経験したことや想像したことなどから書くことを選び，集めた材料を比較したり分類したりして，伝えたいことを明確にすることができる。
- 間違いを正したり，相手や目的を意識した表現になっているかを確かめたりして，文や文章を整えることができる。

◎ 指導にあたって ◎

① 教材について

　　自分が３年生の学習で作った作品を，自己評価と他者評価を結びつけて価値づけし，文章で表現する活動をします。作品の例としては，社会科や理科のレポート，国語の詩や物語・説明文，図画工作科で制作した絵画や立体作品などが挙げられます。学年末の学びですので，児童一人ひとりが１年間を肯定的に捉え，達成感と共に自尊心を高められるような学びにしていくことが大切であると考えられます。

② 主体的・対話的で深い学びのために

　　文章を書き上げたものを交流するだけでなく，文章の構想段階でも必要に応じて児童間の交流の場を設定していきます。その際，児童が互いの文章のよいところを中心に探し合い，建設的な意見を伝え合うような場にすることで，主体的・対話的な学びとなり，交流する度に広く深い学びへと向かっていくことでしょう。

　　文章の構想段階において，互いの進捗状況や取り上げる内容，文章の工夫などを，児童が自然と交流できる空間づくりをしておくことで，児童一人ひとりのニーズに合った学びの場になると考えられます。

◎ 評価規準 ◎

知識及び技能	様子や行動，気持ちや性格などを表現する語句を習得し，話や文章の中で活用し，語彙を豊かにしている。
思考力，判断力，表現力等	・「書くこと」において，目的を意識して，経験や想像したこと等から書く事柄を選び，集めた材料を比較・分類・結合して，相手意識をもって伝えたいことを表現している。 ・「書くこと」において，自分の考えとそれを支える理由や事例との関係を明確にして，書き表し方を工夫している。 ・「書くこと」において，間違いを正したり，相手や目的を意識した表現になっているかを確かめたりして，文や文章を整えている。 ・「書くこと」において，書こうとしたことが明確になっているかなど，文章に対する感想や意見を伝え合い，自分の文章の良いところを見つけている。
主体的に学習に取り組む態度	進んで表現の仕方を工夫し，相手意識をもって紹介文を書こうとしている。

次	時	学習活動	指導上の留意点
1	1	・単元全体の見通しをもつ。 ・3年生の学習を振り返り，交流する。	・単元の全体像が見えるよう，これまでの活動風景や作品の写真を提示するようにする。
	2	・第1時に出し合った内容をもとに，紹介したい作品を選ぶ。	・いくつか題材を集め，最も伝えたい作品を選ぶようにする。
2	3	・イメージマップの書き方を例として，書く内容の整理の仕方をつかむ。 ・書く内容を書き出し，整理する。	・書く内容を整理するシートを数種類用意しておくようにし，一人ひとりのニーズに合った支援をする。
	4	・書く内容を整理し，まとめる。 ・友だちと整理したことを見合い，意見を伝え合う。	・書く内容を整理している間も，友だちとの交流を自然と行えるような空間をつくるようにする。
	5	・文章表現の例をもとに，書き方の工夫の視点をつかむ。 ・段落の分け方や説明の仕方を考える。	・模範となる文章を提示し，ワークシートを利用して，段落の分け方をイメージしやすくする。
	6	・段落の分け方を意識して，文章に書く内容や順序を構成する。 ・考えた構成を交流する。	・話のまとまりを意識して，文章の構成を考えることができるように，必要に応じて支援する。
	7	・紹介文の例を読んで文章に表現するときのポイントをつかみ，段落の分け方や説明の仕方を考えて文章を書く。	・読み手を意識して，書き方を工夫して書くようにする。 ・交流する場を設定し，他者評価をいかして文章を書くようにする。 ・文章を書いている間も，友だちとの交流を自然と行えるような空間をつくるようにする。
	8	・友だちと段落の分け方や説明の仕方について交流し，文章を書き進める。	
	9	・より内容が伝わりやすい文章になるよう，文章を読み合い，意見を伝え合う。	
	10	・友だちと交流しながら文章を書く。 ・書き終えた文章を推敲する。	・他者評価をいかして，文章の見直しや改善を行う。
3	11	・書いた文章を読み合い，相互評価をする。	・相互の表現のよいところを中心に見つけ合い，交流するように促す。
	12	・単元全体の学びを振り返る。	・単元を通した自己の成長を含め，学んだことを振り返る。

📀 収録（原稿用紙，ステップアップカード，児童用ワークシート見本）※本書 225,231,235,243,245「準備物」欄に掲載しています。

これがわたしの お気に入り

第 1 時 (1/12)

本時の目標
学習の見通しをもち，対話を通して題材について考えを広げることができる。

授業のポイント
題材として選ぶ作品を児童からできる限り多く引き出すようにする。その作品の写真を撮影しておき，提示することで児童はイメージしやすくなる。

本時の評価
学習の見通しをもち，友だちとの対話を通して，題材について考えを広げている。

〈共有〉班で話し合ったことを学級全体で共有し，教室に掲示しておくとよいでしょう。

板書例

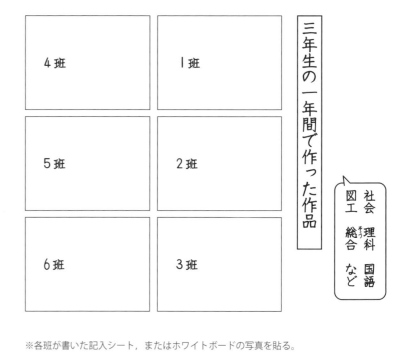

※各班が書いた記入シート，またはホワイトボードの写真を貼る。

---

1 つかむ　お気に入りの作品を紹介する文章を書こう。

「3年生の学習では，いろんな教科で，いろんな作品を作ってきましたね。どんな作品を作ったか覚えていますか。その中でいちばんお気に入りの作品を文章に書いて紹介します。黒板に書いてある (1) 〜 (6) のように学習を進めていきます。」

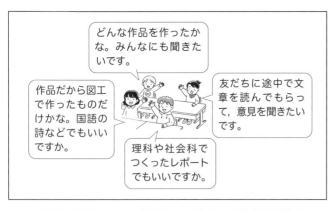

　学習の計画について確認し，児童から出た意見を踏まえて加筆修正するようにする。児童の思考の流れをいかして柔軟に展開するとよい。

2 対話する 出し合う　3年生で作った作品を，班で出し合おう。

「3年生で作った作品を班で出し合い，その時の作品のことを思い出しましょう。」

「思い出した作品の事を，班ごとに記入シート（または，ホワイトボード）に書いてみましょう。」

　各班で白紙の記入シートに書かせる場合は，本時終了後に，そのまま教室に掲示しておくようにするとよい。ホワイトボードの場合は，写真を撮り，印刷したものを教室に掲示しておくとよい。

主体的・対話的で深い学び

・本時ではまず，単元全体を見通すことができるようにする。

・題材として選ぶことのできる作品をできる限り多く児童から引き出し，考えを広げることができるようにする。そのために，グループで対話する時間や学級全体での交流の時間をしっかりと取ることが大切である。

・考えを「広げる」ことに着目して学習を進めることで，次時以降の学びで題材を選択したり，文章の構成を考えたりする中で，深い学びに繋がっていくものと考えられる。

準備物

・3年生で作った作品の写真

（例）社会科や理科のレポート，国語科で作った詩・俳句，図工科で制作した絵画や立体など

・記入シート（白紙 B4サイズ）または，ホワイトボード（掲示用）

これがわたしのお気に入り

⓫ 自分が作ったお気に入りの作品をしょうかいする文章を書こう

学習の計画

(1) 題ざいを集める
(2) 作品をえらび、くわしく書き出す
(3) 文章の組み立てを考える
(4) 文章を書く → 「すいこう」する
(5) 友だちと読み合い、感想をつたえ合う
(6) 学習をふり返る

---

3 対話する 広げる　班で話し合ったことを，クラスで交流しよう

「班で話し合ったことを，クラスで交流しましょう。その時のエピソードを伝えてくれてもいいですよ。」

　他の班と重なる部分以外を出し合っていくと，より多くの題材を集めることができる。当然，重なり部分が出てきてもよい。

　その作品を制作した際のエピソードも伝えることで，その時の状況をより想起することができる。

4 振り返る　学習したことを振り返り，これからの学びについて考えよう。

「今日の学習を振り返り，これからの学びについて考えましょう。」

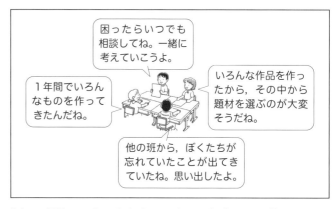

「次の時間は，今日書き出した中から紹介したい作品を1つ選びます。どの作品を選ぶとよいか話し合っていきましょう。」

　本時の振り返りと共に，次時以降の見通しももてるように声かけをするとよい。

これがわたしの お気に入り

第 2 時 （2/12）

本時の目標
目的を意識して、題材を比較・分類して考え、自分が紹介する作品を選ぶことができる。

授業のポイント
伝えたい作品を選ぶのが難しい場合は、後で題材を変えることも可としたり、書きやすい題材を選ぶよう促したりするなど、一人ひとりに合った支援も大切にする。

本時の評価
目的を意識して、経験したことをもとに、題材を比較・分類して考え、自分が紹介する作品を選んでいる。

板書例

〈対話〉班での対話を促進することで、3年生で作ってきた作品のことをより想起することができ

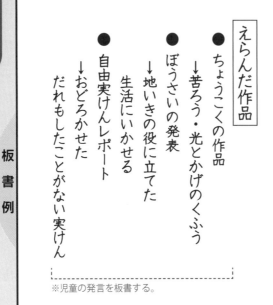

作品をえらぶために
● くふうして作れた
● いちばんの学びになった
● だれかのためになれた
● 思い出にのこった

※児童の発言を板書する。

えらんだ作品
● ちょうこくの作品
　→苦ろう・光とかげのくふう
● ぼうさいの発表
　→地いきの役に立てた
　生活にいかせる
● 自由実けんレポート
　→おどろかせた
　だれもしたことがない実けん

※児童の発言を板書する。

---

1 つかむ／対話する　3年生で作った作品から、紹介する作品を選ぼう。

「3年生で作った作品はたくさんありましたね。その中から1つ、紹介したい作品を選びましょう。」

どういう視点で作品を選ぶとよいでしょうか。班で話し合って考えましょう。

思い出に残った作品とか…視点を定めて選びたいね。

発表したことで、誰かのためになれたと思えるものを選びたいな。

いろいろ考えて、工夫を凝らした作品だと伝えやすいかな。

今まででいちばんの学びになったと思う作品がいいと思うよ。

選ぶ時の視点をもって、児童自身が目的に合った題材を選べるようにする。

---

2 対話する／選択する　友だちと話し合って、紹介する作品を選ぼう。

「友だちと話し合いながら、自分の目的に合った作品を選びましょう。」

人それぞれで、選ぶ時の見方が違うんだね。参考にしよう。

君の作品でいちばん覚えているのは、防災グッズだよ。目から鱗だったよ。

わたしは国語で作った詩にしようかな。秋の植物と生き物の様子が伝わるように工夫したんだ。

選ぶのが難しいな…どういう作品を選ぼうとしているか教えてくれない？

しっかりと視点・目的をもって選べるように声かけを工夫する。

分からないところは友だち同士で聞き合える状況を整え、教師は必要に応じて個にあった支援ができるようにする。

「自分が紹介したい作品を1つ選びましたか。」
・はい。決めました。
・迷うなあ。

ます。

（め）
これがわたしのお気に入り

しょうかいする作品をえらぼう

4班	1班
5班	2班
6班	3班

※前時に各班が書いた記入シート，または
ホワイトボードの写真を貼る。

主体的・対話的で深い学び

・3年生での様々な経験を想起させ，選ぶことのできる題材の範囲を
できる限り広げておくことが重要である。

・様々な題材を比較，分類，分析し，自分が伝えたい題材を選ぶよう
にする。その際，班や学級の児童同士の交流が自然とできる空間を
つくっておくようにすることで，自然な対話の中で，活動が進み，
思考も深まっていくものと考えられる。

準備物

・前時に各班が書いた記入シート（ホワイトボード）
・ワークシート「しょうかいする作品をえらぼう」
（児童用ワークシート見本
DVD 収録【3下_19_01】）

---

3 対話する 交流する　選んだ作品と，その作品を選んだ
理由を伝え合おう。

選んだ作品と，その作品を選んだ理由を
班で伝え合いましょう。

あの実験はみんな
びっくりしていたよ
ね。わたしは考えたこ
ともなかったよ。

ぼくは彫刻作品を
選んだよ。あれはと
ても苦労したんだ。

そういえば，あ
の彫刻を作った
ときに，君はす
ごい工夫をして
いたよね。

わたしは自由実験のレ
ポートにしたよ。誰も
したことがない実験。

「クラス全体でも交流しましょう。」

題材を選んでいる途中の児童には，ここでの交流が選ぶ時
のヒントになるよう，必要に応じた支援を行う。

---

4 振り返る　学習したことを振り返り，これから
の学びについて考えよう。

「今日の学習を振り返り，これからの学びについて考えましょ
う。」

困ったら，みんな
で相談しながら進
めていこうよ。

わたしはもう少
し選ぶのに時間
が必要かも。み
んなに相談して
もいい？

視点をもって
考えたら，作
品を選べたよ。

選んだ作品のことをみんな
に伝わるように文章に書くに
は，どうしたらいいのかな。

児童一人ひとりの進み具合を把握しておき，次時以降，必
要に応じた支援ができるように準備しておく。

「次の時間は，選んだ作品について，紹介したいことを考えて，
整理していきましょう。」

これがわたしの お気に入り

第 3 時 (3/12)

本時の目標

紹介する題材について，図や表を使って詳しく書き出し，友だちとの交流を通して，考えを広げたり深めたりすることができる。

授業のポイント

イメージマップのかき方を説明し，その他，クラゲチャートや表など，考えを書き出して整理するのに役立つシートを用意しておくとよい。

本時の評価

紹介する題材について，図や表を使って詳しく整理し，友だちとの交流を通して，考えを広げたり深めたりしている。

板書例

〈思考〉思考ツールを利用することで，自分の思いや考えを整理したりまとめたりしやすくなるで

進め方

(1) 図にしょうかいすることを書き出す
(2) 友だちと見せ合う
(3) 分からないこと知りたいことは聞き合う

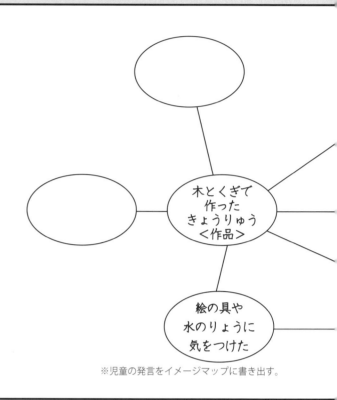

※児童の発言をイメージマップに書き出す。

---

1 つかむ　考えを書き出したり整理したりする方法を知ろう。

「前の学習で選んだ紹介したい作品について，書き出して整理していきましょう。例えば，どんな作品を作ったか覚えていることを教えて下さい。その時，どんなことを頑張りましたか。」

「このように，関係のあることを近くに書いて線で結んだり，囲んだりすると，整理していけますね。」

・これならぼくも書けそうだよ。

2 書き出す 整理する　紹介したいことを書き出して整理し，まとめよう。

「では，イメージマップ等を使って，紹介したい作品について書き出し，整理していきましょう。いつでも友だちと話し合っていいですよ。」

　イメージマップを書く時には，自由に書けるように白紙のシートに記入するようにするとよい。他にもクラゲチャートや表のシートを用意しておくと，児童の状況に合った図を使って活動を進めることができる。

しょう。

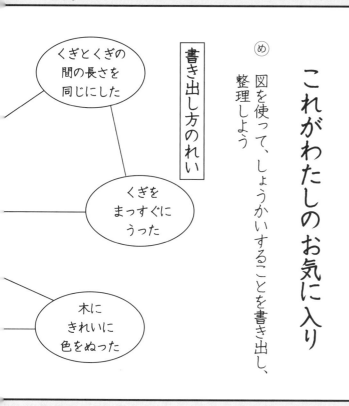

これがわたしのお気に入り

め 図を使って、しょうかいすることを書き出し、整理しよう

書き出し方のれい

- くぎとくぎの間の長さを同じにした
- くぎをまっすぐにうった
- 木にきれいに色をぬった

主体的・対話的で深い学び

・児童が自分の考えを書き出したり整理したりするのに役立つ図や表を用意し，自分に合ったシートを児童が自由に選んで使うことができるようにしておく。これにより，題材を選んだり考えを整理したりする方法を習得すると共に，友だちとの交流の際にも考えを伝え合いやすくなる。

・友だちと自然と交流できる空間にしておく。自然な交流を通して，友だちの手助けになったり，説明するうちに自分の考えがより整理されたりまとまっていったりする。

準備物

・白紙のシート＜イメージマップ用＞（人数分程度）
・イメージマップシート（人数分程度）
・クラゲチャートシート（人数分程度）
・表シート（人数分程度）

---

3 対話する 交流する 考えを書き出したり整理したりしたことを班で交流しよう。

「紹介したい作品について書き出したり整理したりしたことを，班の友だちと交流しましょう。」

彫刻の作品で，明るい所は黒のインクがのらないよう彫り方を工夫したことを中心に書いたよ。

○○の所からさらに考えられることはない？繋げていけるかも。

紹介したいことを書き出すのが難しくて，まだ書いている途中だよ。いい考えがあったら教えてよ。

国語の詩で，秋を感じられるように工夫をしたことにしたよ。

学級全体で交流してもよい。
班で交流を行う場合は，全員の状況をお互いに聞き合うようにする。

---

4 振り返る 学習したことを振り返り，これからの学びについて考えよう。

「今日の学習を振り返り，これからの学びについて考えましょう。」

お互いに分からないことがあったら聞き合いながら進めよう。

もう少しで書くことを整理できるかな。整理ができたら文章に書く順番を考えていくよ。

紹介したいことを大まかに書き出して整理できたよ。しっかりと整理し直したいな。

ぼくはまだまだ紹介したいことを整理していきたいな。

児童の進み具合を把握しておき，次時以降，必要に応じた支援ができるように準備しておく。
（児童の実態に応じて）児童が作成途中の書き出しメモを教室に掲示しておくと，休み時間にも児童の目に自然と入り，参考にしようとする姿に繋がる。

これがわたしの お気に入り

第 4 時 (4/12)

本時の目標
目的を意識して、紹介したい題材について、図や表を使って、詳しく整理することができる。

授業のポイント
紹介したい題材について整理する方法を与える際は、種類を精選するようにする。自分にとって内容を整理しやすいものを選べるようにしておく。

本時の評価
目的を意識して、紹介したい題材について、図や表を使って、詳しく整理している。

板書例

〈表現〉様々な方法から自分に合った方法を選び、思いや考えについて整理できるよう、ワークシー

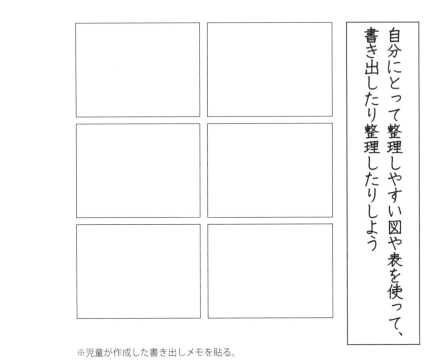

自分にとって整理しやすい図や表を使って、書き出したり整理したりしよう

※児童が作成した書き出しメモを貼る。

---

1 つかむ 書き出した考えを、整理していこう。

「紹介したい作品について書き出したことを、まとまりごとに整理していきましょう。イメージマップ以外にもクラゲチャートや表もありますので、自分に合ったものを選んで整理していきましょう。」

早く終わったら友だちの相談にものりたいです。

わたしはあと少しで整理し終わるので見直しもしたいな。

書き出したことを丁寧に整理してまとめていきたいな。

イメージマップで書いていたのだけれど、使う図をクラゲチャートに変えてもいいですか?

前時に書き出したことをまとまりごとに整理していくことに重点を置いて学習を進めていくようにする。

2 対話する 整理する 図や表を使って、紹介したいことについて整理しよう。

「イメージマップやクラゲチャート、表を使って、書き出したことを詳しくまとまりごとに整理していきましょう。」

大分まとまってきたよ。でもここはどうしたらいいかな。

○○と□□は関係が深いから、一緒に囲んでおいたら、文章を書く時に書きやすいかもね。

△△と▲▲は絵の具の使い方の工夫だから、線で結んでおこう。

それいいね。ぼくも同じようにしてみよう。他にもいかせるかもね。

友だちと話し合いながら学習を進めていくことを大切にするが、活動が進まない児童には、状況に合った支援ができるようにする。

「友だちの意見を聞いて、書き足してもいいですよ。」

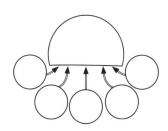

め

これがわたしの お気に入り

しょうかいすることを書き出して整理を進めよう

※※

くふうした こと	苦ろうした こと	友だちとの かかわり

※※

※※クラゲチャートや表で整理した例を掲示する

主体的・対話的で深い学び

・前時に使っていたシートの形式で上手くいかない場合は，自分で判断して使うシートを変更してもよいようにすると，思考を整理することに時間をしっかりと取ることができる。

・作業の進み具合に差が生まれてくることが想定される。児童間のやりとりで問題解決しながら活動を進めていくことをベースとするが，必要に応じた支援ができるようにしておくことで，内容面について思考を深める時間を多く取ることができる。

準備物

・白紙のシート＜イメージマップ用＞（人数分程度）
・イメージマップシート（人数分程度）
・クラゲチャートシート（人数分程度）
・表シート（人数分程度）

---

3 対話する 交流する　紹介したいことについて整理したことを交流しよう。

「紹介したい作品について整理したことを，班の友だちと交流しましょう。」

彫り方の工夫についてより深めたよ。使う彫刻刀の種類についてもこだわったことを書いたよ。

わたしはもう少しで自分なりの整理ができあがるよ。

わたしも，どんな言葉を使ったら友だちに伝わるか考えたことを付け足したよ。

アドバイスをくれたから，○○の所から広げてまとめられたよ

　学級全体で交流してもよい。
　班で交流を行う場合は，全員の状況をお互いに聞き合うようにする。

---

4 振り返る　学習したことを振り返り，これからの学びについて考えよう。

「今日の学習を振り返り，これからの学びについて考えましょう。」

みんな大分進んだね。協力して文章を考えていきたいね。

じゃあ次の時に少し相談にのってよ。まとまったら文章のことを考えたいな。

わたしは自分なりに詳しく整理できたよ。次は文章の書き方を考えたいな。

ぼくも紹介したいことを整理できたから，困ったことがあったらいつでも聞いてね。

　児童の進み具合を把握しておき，次時以降，必要に応じた支援ができるように準備しておく。
　児童が作成した書き出しメモを教室に掲示しておくと，休み時間にも児童の目に自然と入り，参考にして組み立てメモを書こうとする姿に繋がる。

これがわたしの お気に入り
第 **5** 時 （5/12）

本時の目標
文章の組み立て方を理解することができる。考えた内容を、組み立てメモに整理することができる。

授業のポイント
例となる文章を一読する際、主に①どのように書くか、②段落構成に目を向けて読むようにし、作品について紹介する文章の書き方を工夫できるようにする。

本時の評価
文章の組み立て方を理解している。考えた内容を、組み立てメモに整理している。

板書例

〈結びつける〉書き出した例と組み立てメモの例を並べ、その関係や繋がりについて考えられるよ

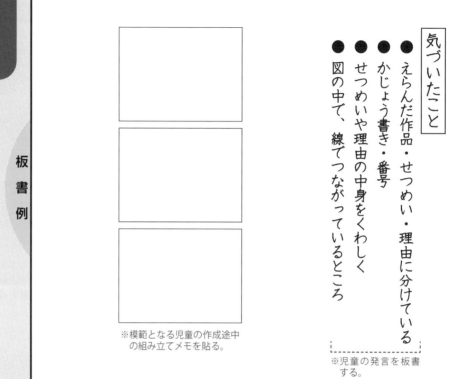

※模範となる児童の作成途中の組み立てメモを貼る。

気づいたこと
● えらんだ作品・せつめい・理由に分けている
● かじょう書き・番号
● せつめいや理由の中身をくわしく
● 図の中で、線でつながっているところ

※児童の発言を板書する。

---

1 つかむ　今度は、組み立てメモを作ろう。

「紹介したい作品について書き出して整理してきたことをもとに、いよいよ文章について考えていきます。いきなり文章に書いていくのは…どうですか？まずは、文章の組み立てを考えていきます。」

> イメージするのが難しいです。どう整理したらいいですか。

> いきなり文章にしようとして失敗したことがあります。

> どこにどんなことを書くか、まとまりを意識したいです。

> まずは表などに書く内容を整理したらどうですか。そうすると清書をするときに書きやすいと思います。

いきなり文章を書くことの難しさと、組み立てメモの有用性に気づくことができるように発問するとよい。

2 読む 対話する　組み立てメモの例には、どんなことが書かれているかな。

「組み立てメモの例には、どんなことが書かれていますか。書き出した例と見比べながら、気づいたことを話し合いましょう。」

> 選んだ作品とその説明、選んだ理由の大きな3つにまとめられているね。分かりやすいね。

> 図で、関係のあることを線で繋いでいる所を、メモで整理しているね。

> 箇条書きで短く整理しているから、書きたいことを上手く整理してまとめられそう。

> 大きな3つのまとまりの中で、それぞれ詳しく書かれているね。

選んだ作品について書き出した例と組み立てメモの例を対比させて、どのように組み立てメモを書いていけばよいか、その視点をつかむことができるようにする。

「どんなふうにメモしたらいいのか分かりましたか。」
・番号をつけていて、分かりやすいね。

うにしましょう。

これがわたしの お気に入り

㊞ 文章の組み立てを考えよう

組み立てメモのれい

※教科書 P.110「高山さんが書き出したれい」の拡大コピーを貼る。

※教科書 P.111「高山さんの組み立てメモ」の拡大コピーを貼る。

主体的・対話的で深い学び

・選んだ作品を紹介する文章を書くにあたって，文章の組み立て方についてしっかりと視点をもっておくことで，文章表現について思考し，構成を工夫する土台になるものと考えられる。

・自分が伝えたいことを組み立てメモに整理する際，友だちとの対話を自由に行える状況にしておくことで，相手に伝えたり，友だちの意見に耳を傾けたりする中で，書く内容について，思考が整理されていくものと考えられる。

準備物

・教科書 P110「高山さんが書き出したれい」の拡大コピー
・教科書 P111「高山さんの組み立てメモ」の拡大コピー
・ワークシート「組み立てメモを作ろう」
（児童用ワークシート見本

📀 収録【3下_19_02】）

---

3 対話する 考える 　班の友だちと話し合いながら，組み立てメモを書いていこう。

「では，組み立てメモの例を参考にして，友だちと聞き合いながら，自分が紹介したい作品について，組み立てメモを書いていきましょう。」
　　　ワークシートを配る。

これを書いているうちに，段落も整理できるかも知れないね。

どのように書いているの？少し見せてほしいな。文章にする順番も意識しているんだね。

線で繋いでいたところを書く順番に整理していったらいいかな。

そうしたら，文章を書くときに書きやすいかもね。

　班の友だちと自然に対話をしながら，組み立てメモを書いていくことができる空間づくりをする。

　基本的に教師は児童の活動を見守るようにし，必要に応じた支援をできるようにする。

　模範となる組み立てメモを黒板に掲示するとよい。

---

4 振り返る 　学習したことを振り返り，これからの学びについて考えよう。

「今日の学習を振り返り，これからの学びについて考えましょう。」

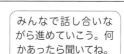

みんなで話し合いながら進めていこう。何かあったら聞いてね。

組み立てメモをしっかりと書けたら，文章を書くときにも書きやすそうだね。

今日は少しだけ組み立てメモを書けたよ。段落を意識したいな。

箇条書きだと短い言葉で簡単に整理できるね。番号をつけても分かりやすいね。

　児童の進み具合を把握しておき，次時以降，必要に応じた支援ができるように準備しておく。

　（児童の実態に応じて）児童が作成途中の組み立てメモを教室に掲示しておくと，休み時間にも児童の目に自然と入り，参考にしようとする姿に繋がる。

これがわたしの お気に入り

第 6 時（6/12）

本時の目標
文章の組み立てについて，相手や目的を意識して，選んだ理由やエピソードを選び，整理することができる。

授業のポイント
組み立てメモの様式を用意しておき，文章を組み立てることに集中できるようにする。組み立てるのに困る児童もいるので，友だちと協働的に学ぶ雰囲気をつくる。

本時の評価
文章の組み立てについて，相手や目的を意識して，選んだ理由やエピソードを選び，整理している。

板書例

〈対話〉自然と対話が行われる雰囲気づくりをし，互いの考えを共有しながら活動が進められるよ

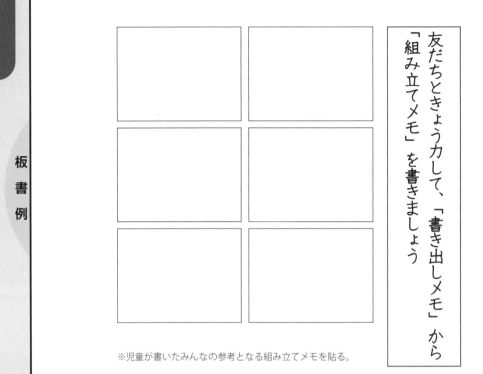

※児童が書いたみんなの参考となる組み立てメモを貼る。

友だちときょう力して、「書き出しメモ」から「組み立てメモ」を書きましょう

---

1 つかむ　前回の続きから，組み立てメモを作ろう。

前回は文章の組み立てメモを作り始めましたね。今日はその続きから，組み立てメモを作っていきましょう。

今のところ順調に進んでいるよ。話のまとまりを意識して，文章を組み立てたいね。

わたしはみんなの意見が欲しいから，後で教えてね。

それぞれの内容を，箇条書きで短く詳しく書いておきたいな。

いいよ。困ったら話し合いながら一緒に書こう。線で繋いだところを上手く組み立てメモに整理しよう。

　前時の段階で児童が作成途中の組み立てメモの中で模範となるものを提示しながら，活動のイメージをもたせるようにするとよい。

2 対話する　整理する　班の友だちと話し合いながら，組み立てメモを書こう。

「班の友だちと話し合いながら，選んだ作品の紹介をする文章の組み立てメモを書いていきましょう。」

大分作業が進んできたよ。タイトルが印象に残るようにもしたよ。

タイトルを見ただけで読みたくなるね。参考にさせてもらうね。話の順番も大事だよね。

線で繋いでいた所は，同じ話のまとまりの中に入れることにしたよ。

選んだ作品とその説明を書いてから，理由を書くようにしたよ。

　班の友だちとの間で，自然と話し合いながら活動を進められるような空間をつくるようにする。
　教師は基本的に児童の活動を見守るようにし，必要に応じた支援をできるようにしておく。

※教科書 P.111「高山さんの組み立てメモ」の拡大コピーを貼る。

これがわたしのお気に入り

め 組み立てメモを書こう

気づいたこと
● えらんだ作品・せつめい・理由に分けている
● かじょう書き・番号
● せつめいや理由の中身をくわしく
● 図の中で、線でつながっているところ

主体的・対話的で深い学び

・話のまとまりを意識して，箇条書きで短い文を使って，組み立てメモに書くことを整理していくように，意識づけをしっかりとしておくことで，「文章を書くこと」に視点を焦点化することができる。
・班の中で自然と話し合いながら活動を進められる空間づくりをする。教師は基本的に児童の姿を見守るようにすることで，児童は対話的に活動を進め，思考を広げたり深めたりしながら，組み立てメモを作ることができる。

準備物

・教科書 P.111「高山さんの組み立てメモ」の拡大コピー
・ワークシート「組み立てメモを作ろう」（第5時使用のもの）

3 対話する 交流する　どのように組み立てメモを書いたか，班で交流しよう。

「組み立てメモは作り終わりましたか。どのように組み立てメモを書いたか，班で交流しましょう。」

箇条書きで番号も書いていて，段落を分ける時にも参考にできそうだね。

ぼくは話のまとまりと書く順番を意識して，組み立てメモを書いたよ。

選んだ作品の説明や選んだ理由が詳しく整理されているね。

書き出した図の中で，線で結んでいたところの繋がりも見やすいね。

学級全体で交流してもよい。
班で交流を行う場合は，全員の状況をお互いに聞き合うようにする。
模範となる組み立てメモを黒板に掲示するとよい。
「友だちの組み立てメモで真似したいところはありますか。」

4 振り返る　学習したことを振り返り，これからの学びについて考えよう。

「今日の学習を振り返り，これからの学びについて考えましょう。」

文章を書くのが楽しみだね。またみんなで協力して進めていこう。

わたしはもう少しだけ，組み立てメモに書くことを整理したいな。それから文章を書きたい。

箇条書きで詳しく組み立てメモを作れたよ。次が楽しみだな。

話のまとまりを意識して組み立てメモを書けたから，これを文章にする時の参考にしたいな。

児童の進み具合を把握しておき，次時以降，必要に応じた支援ができるように準備しておく。
児童が作成途中の組み立てメモを教室に掲示しておくと，休み時間にも児童の目に自然と入り，参考にして文章を書くことにいかそうとする姿に繋がる。
「次の時間は，このメモをもとに，文章を書いていきましょう。」

これがわたしのお気に入り
第 7 時 （7/12）

本時の目標
友だちと話し合いながら，相手意識をもち，話のまとまりや流れ，書く順序に気をつけて文章に表現することができる。

授業のポイント
班の友だちや学級全体でいつでも交流してよい空間にしておくことで，文章で表現することが苦手な児童も，友だちの文章を参考にして書き進めることができる。

本時の評価
友だちと話し合いながら，相手意識をもち，話のまとまりや流れ，書く順序に気をつけて文章に表現している。

板書例

気づいたこと
- メモに書いた、一つのまとまりが一つの段落
- えらんだ作品、作品のせつめい、えらんだ理由のじゅん
- しょうかいする理由は、理由ごとに段落わけ

※児童の発言を板書する。

※教科書 P.112「しょうかいする文章のれい」の拡大コピーを貼る。

---

1 つかむ
書いた組み立てメモをもとに，紹介する文章を書こう。

「今日から，これまでに書いてきた組み立てメモをもとに，自分が選んだ作品を紹介する文章を書いていきます。」

そのまま紹介する文章を書き始めると，文章表現を工夫する視点が不明確なまま進めていくことになる。まずは組み立てメモと紹介する文章の例の関係について考える場を設定することで，児童は文章化するときの視点をもつことができる。

2 読む 対話する
組み立てメモと紹介する文章の関係はどうなっていたかな。

「組み立てメモの例と紹介する文章の例を並べて読んでみましょう。どんな関係になっているでしょうか。班で話し合って考えましょう。」

組み立てメモと紹介する文章の関係について班で話し合った後は，学級全体で話し合ったことを交流するようにする。
「班で話し合ったことを発表しましょう。」
・文章もメモと同じ順番になっています。
・メモの番号ごとに段落を分けているね。

るようにしましょう。

これがわたしのお気に入り

⊛話のまとまりとじゅん番に気をつけて、しょうかいする文章を書こう

※教科書 P.111「高山さんの組み立てメモ」の拡大コピーを貼る。

主体的・対話的で深い学び

・前時までに書いてきた組み立てメモをもとに，そのまま紹介する文章を書き進めようとすると，児童は何の視点ももたずに活動に入っていくことが想定される。ここでは，文章表現の思考を深めるためにも，まずは組み立てメモの例と紹介する文章の例を並べて，その関係を見つけていく場を設定する。その中で文章に表現するときの視点を得ることができ，その視点を使って紹介する文章を書き進めていくことができる。

・班で自然と対話しながら，協働的に活動を進めるようにするとよい。

準備物

・原稿用紙 B4 📀 収録【3下_19_03】
（ケント紙などに印刷して用意する。白紙のケント紙でも可。）
・教科書 P111「高山さんの組み立てメモ」の拡大コピー
・教科書 P112「しょうかいする文章のれい」の拡大コピー
・第5・6時に書いた組み立てメモ

---

3 対話する 考える 組み立てメモをもとに，自分が選んだ作品を紹介する文章を書こう。

「では，班の友だちと話し合いながら，組み立てメモを参考にして，自分が選んだ作品を紹介する文章を書いていきましょう。」

組み立てメモをもとにして，段落の分け方に気をつけて書こう。

組み立てメモを参考にしたらいいんだね。それなら文章にするのが苦手だけれどできそう。

作品の名前をそのままタイトルにしていたから，少し見直そうっと。

選んだ作品の説明と理由の書く順番は，逆でもいいのかな。

班の友だちとの間で，自然と話し合いながら活動を進められるような空間をつくるようにする。

教師は基本的に児童の活動を見守るようにし，必要に応じた支援をできるようにしておく。

---

4 振り返る 学習したことを振り返り，これからの学びについて考えよう。

「今日の学習を振り返り，これからの学びについて考えましょう。」

段落の分け方をちゃんと意識して，文章を書いていきたいな。

組み立てメモに書いたことを修正しながら文章にしていったら，もっといい文章になりそうだね。

組み立てメモがあるから，安心して文章に書けるね。

組み立てメモでは，題名を，選んだ作品の名前にしていたけれど，少し修正したよ。

児童の進み具合を把握しておき，次時以降，必要に応じた支援ができるように準備しておく。

（児童の実態に応じて）児童が作成途中の紹介する文章を教室に掲示しておくと，休み時間にも児童の目に自然と入り，参考にしようとする姿に繋がる。

これがわたしの お気に入り

第 8 時 (8/12)

本時の目標
考えとその理由の間にある関係を意識して，相手に伝わるように工夫して文章表現することができる。

授業のポイント
班の友だちや学級全体でいつでも交流してよい空間にしておく。また，参考となる文章を授業内で紹介する場を設けると，それを参考に書き進めることができる。

本時の評価
考えとその理由の間にある関係を意識して，相手に伝わるように工夫して文章表現している。

板書例

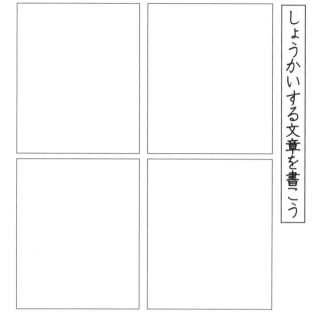

〈意識〉目的意識や相手意識をもって文章を書き進められるよう，意識づけをしっかりとしましょう

しょうかいする文章を書こう

気をつけること
● 話のまとまり（段落）
● 書くじゅん番
● ご字・だつ字

※児童の発言を板書する。

※児童が作成したみんなの参考となる紹介する文章を貼る。

---

1 つかむ　前回の学習を振り返ろう。

「前回の続きから，紹介する文章を書き進めていきます。」

> 紹介する文章を書くときに気をつけることはどんなことでしたか。班で話し合いましょう。

> 今，話したことを意識して，紹介する文章を書き進めていこう。

> 誤字脱字にも気をつけたいね。相手に伝わらなくなってしまうよ。

> 話のまとまりごとに段落を分けていくんだったよね。忘れずに意識したいね。

> 書く順番も大切だったね。作品の説明を書いてから選んだ理由を書くといいね。

　紹介する文章を書くときの視点を再度確認してから文章を書き進めていくことで，文章表現をする際に必要な視点をもって活動を進めることができる。

2 対話する 書く　前回の学習で書いた文章の続きから，書き進めていこう。

「前回の続きから，自分が選んだ作品を紹介する文章を書き進めていきましょう。班の友だちや学級の友だちと話し合いながら進めていきましょう。」

> 話のまとまりごとに段落を分けるように気をつけているよ。これで読みやすくなるかな。

> 「はじめに」や「次に」などを使うと順番が分かりやすいね。

> わたしはもう少しで書き終わりそうだけれど，誤字脱字が気になるな。

> 辞書で漢字を調べながら，誤字がないようにしたいね。

　班や学級全体で自然な対話の中で支え合いながら活動を進めていくようにする。その際，文章の書き方についての話がしっかりと行われるように，教師は児童を見守りながら必要な支援を行うようにする。

う。

め

これがわたしのお気に入り

せつめいや理由の書き方に注意して、
しょうかいする文章を書こう。

※教科書 P.112「しょうかいする文章のれ
い」の拡大コピーを貼る。

主体的・対話的で深い学び

・文章を書くことが得意な児童と苦手な児童とで，文章を書き進める
進度に差が出てくることが想定される。文章を書き進めることが難
しい児童が，書くための視点を得ることができるように，班や学級
全体で自然と対話する中で，協働的に問題解決をしていける空間づ
くりをするとよい。
・紹介する文章を書き終える児童には，文章を推敲する視点を与えて
おくようにする。考えと理由の関係や，順序を表す言葉の使用など，
より読みやすい文章になるように視点を与えるようにするとよい。

準備物

・原稿用紙（第7時使用のもの）
・教科書 P112「しょうかいする文章のれい」の拡大コピー
・第5・6時に書いた組み立てメモ

3 対話する 交流する　書いている紹介する文章について，
班（学級）で交流しよう。

「では，これまでに書いてきた，紹介する文章を班で交流し
ましょう。」

ぼくは今日の学習で，
一通り，紹介する文章
が書き上がったよ。

もっといい表現の仕
方があるかもしれな
いからね。わたしも
最後までしっかりと
見直そう。

すごいね。わ
たしはもう少し
書きたいことが
残っているよ。

誤字や脱字がないか，しっかり
と見直したいね。あとは，表現
の仕方もね。

　班での交流の後，学級全体でも交流できるとよい。様々な
文章に触れることで，それが参考になったり，次の学習の見
通しがもてたりする。

4 振り返る　学習したことを振り返り，これからの
学びについて考えよう。

「今日の学習を振り返り，これからの学びについて考えましょ
う。」

最後まで見直して，納
得のいく，みんなに伝
わる文章にしたいな。

あとは，友だちに
より伝わりやすい表
現にならないか，見
直したいね。

今日で一旦書き
終わったから，次
は誤字脱字がな
いか，しっかりと
見直すよ。

それがいいね。文字が間違っ
ていたりすると，読み手にとっ
ては読みにくいもんね。

　児童の進み具合を把握しておき，次時以降，必要に応じた
支援ができるように準備しておく。
　児童が作成途中の紹介する文章を教室に掲示しておくと，
休み時間にも児童の目に自然と入り，参考にしようとする姿
に繋がる。

これがわたしのお気に入り

第 9 時 (9/12)

本時の目標
丁寧に読み，間違いを修正したり，より相手に伝わる表現を見つけたりすることができる。

授業のポイント
班の中で，互いの文章を読み合い，誤字脱字やよりよい表現を見つけ合う時間を取るようにする。協働的に読み合い，話し合うことで，自分の文章にいかせる。

本時の評価
丁寧に読み，間違いを修正したり，より相手に伝わる表現を見つけたりしている。

板書例

読み合うときのポイント
- ていねいに読み直す
- ご字・だつ字はないか
- 文まつの書き方は同じか
- じゅん番は分かりやすいか
- 話のまとまりごとに段落が分かれているか

文章をよりよくできる所をさがして，文章を直すとよい

※児童の発言を板書する。

※児童が作成したみんなの参考となる紹介する文章を貼る。

1 つかむ　紹介する文章を読み合い，修正するポイントを見つけよう。

「今まで，3年生で作った作品の中から，自分が選んだ作品を紹介する文章を書いてきましたね。もう完璧な文章ですか？よりよい文章にするために，今日は一度，友だちと文章を読み合い，修正できるポイントを探しましょう。」

読み合う時に，どんなことに気をつけたらいいでしょうか。班で話し合いましょう。

段落を話のまとまりごとで分けて，書く順番も大切にしたいね。

文の終わりが揃っているかもちゃんと見たいね。

丁寧に読まないと，文字の間違いなどに気づかないかもしれません。

文字の間違いもそうだけれど，抜けているところにも気をつけたいです。

班で話し合ったことを学級全体で共有する。

2 読み合う見つける　班で友だちの書いた紹介する文章を読み，修正点を見つけよう。

「班の友だちが書いた紹介する文章を読み合って，よりよい文章になるように，修正できるポイントを探して，どのように修正したらよいか考え，話し合いましょう。」

□□の所で話が変わっているから，段落を分けたらどうかな。

教えてくれてありがとう。次の学習の時に修正するよ。もっと伝わりやすい文章にできそうだよ。

ここは送り仮名が抜けているから修正しないとね。

○○の所の表現，ぼくも参考にさせてもらっていいかな？すごくいいと思うよ。

1つの文章につき7分（全30分）程度，読んで伝え合う時間を取るようにするとよい。

事前に一人ひとりの文章を3枚ずつコピーし，班のメンバーに配布すると，効率よく活動ができる。

238

うにしましょう。

これがわたしのお気に入り

め 文章を読み合って、よりよい文章に直せるところを見つけ合おう

主体的・対話的で深い学び

・班の友だちと互いの文章を読み合い，修正できるポイントについて話し合うことで，協働的に活動する中で，文章の書き方について思考を深めることができる。
・文章を書くことが苦手な児童にとっては，対話する中で文章を書くときの視点や具体的方法を得ることができる。また伝える側は，対話を通して文章の書き方について思考を整理し，深めることができる機会となる。

準備物

・紹介する文章のコピー（1人の文章を3枚ずつ）

---

3 対話する 交流する　班の友だちと話し合った修正できるポイントを交流しよう。

「班の友だちと話し合った修正できるポイントについて，学級全体で交流しましょう。」

　残り時間によって，柔軟に取り扱う。
　班によっては話し合いの中で出なかったポイントも，学級全体での交流の中で出てくるので，できる限り各班で話し合われたことを聞くようにする。

---

4 振り返る　学習したことを振り返り，これからの学びについて考えよう。

「今日の学習を振り返り，これからの学びについて考えましょう。」

　児童の進み具合を把握しておき，次時以降，必要に応じた支援ができるように準備しておく。
　児童が作成途中の紹介する文章を教室に掲示しておくと，休み時間にも児童の目に自然と入り，参考にしようとする姿に繋がる。

これがわたしの お気に入り

第 **10** 時（10/12）

本時の目標

相手意識をもって，文章表現の仕方を工夫することができる。読み返してよりよい文章を検討し，文章を整えることができる。

授業のポイント

文章を推敲するときのポイントを抑えておくとよい。また，「相手意識」というキーワードを確認することで，文章を見直す作業について考えて作業を進められる。

本時の評価

相手意識をもって，文章表現の仕方を工夫している。読み返してよりよい文章を検討し，文章を整えている。

板書例

〈修止〉「よりよい文章にするためのポイント」をしっかりと確認して，推敲の作業を進められる

読み手につたわりやすくなるように，文章の見直しをするとよい

よりよい文章にするために

● ていねいに読み直す
● ご字・だつ字、文まつの書き方の見直し
● じゅん番を表す言葉　「はじめに」「次に」
　　　　　　　　　　　「一つ目に」「二つ目に」
　　　　　　　　　　　「さいごに」　など
● 話のまとまり　（段落）

※児童の発言を板書する。

※児童が作成したみんなの参考となる紹介する文章を貼る。

1 つかむ／対話する　よりよい文章になるように，紹介する文章を見直そう。

「前回は班でお互いに文章を読み合って，修正できるポイントについて話し合いましたね。今日は，その話し合ったことをもとに，よりよい文章になるように修正していきたいと思います。」

どんなことに注意して修正したらよいか，班で話し合いましょう。

話のまとまりを意識して書かないと，読み手は読みにくくなるね。

「はじめに」や「次に」といった言葉を使おうと思います。

自分でも，もう一度丁寧に読み直したいと思います。

誤字脱字がある場所を教えてもらったので，書き直したいです。

班で話し合ったことを学級全体で共有する。

2 対話する／書く　読み手を意識して，紹介する文章を修正しよう。

「相手に伝わるように，よりよい文章にするために，書いてきた文章の修正をしましょう。」

もう一度自分で読み直していたら，漢字を間違えていることに気がついたよ。

順番を表す言葉って，どういうのがあったっけ。○○さんの文章を参考にしていかな。

文の終わりが「〜ます」と「〜だった」でバラバラだから，揃えようかな。

話が変わる所で，段落を分け直したよ。文章がすっきりしたよ。

班の友だちと自然と対話しながら文章の推敲をすることができる空間をつくる。

相手意識をもって，最後まで文章の推敲をするように促す。

「他にも相手に伝わりにくいところがないか確かめましょう。」

ようにしましょう。

め
これがわたしのお気に入り

読み手を意しきして、よりつたわる文章に書き直そう

主体的・対話的で深い学び

・「相手意識」をしっかりともって，「相手に伝わるように」「よりよい文章」になるように，文章の推敲を進めるようにする。目的意識をしっかりともって文章の推敲を進めることで，活動を通して，文章表現に対する思考が深まるものと考えられる。
・班や学級の友だちと必要に応じて自然に対話できる空間をつくっておくことで，協働的に活動を進める中で，思考の広がりや深まりに繋がるだろう。

準備物

・原稿用紙（第7時使用のもの）

3 対話する 交流する 読み手を意識して文章を修正したことについて交流しよう。

「読み手を意識して文章を修正したことについて，班で交流しよう。」

班で交流した後に，学級全体でも交流できるとよい。
「班で話し合ったことをみんなにも発表しましょう。」

4 振り返る 学習したことを振り返り，これからの学びについて考えよう。

「今日の学習を振り返り，これからの学びについて考えましょう。」

児童の進み具合を把握しておき，次の学習までに文章を完成することができるように支援する。
「次の時間は，完成した文章を読み合って，感想を伝え合いましょう。」
・楽しみだね。
・家でもう一度読み直しておこう。

これがわたしの お気に入り

第 11 時 (11/12)

本時の目標
互いの文章を丁寧に読み合い，書き手が書きたかったことが明確になっているかなど，意見を伝え合うことができる。

授業のポイント
できる限り多く，文章を読んでその文章についての感想や意見を伝え合う場をつくれるようにする。その際，よい所を見つけるような場の設定をするとよい。

本時の評価
互いの文章を丁寧に読み合い，書き手が書きたかったことが明確になっているかなど，意見を伝え合っている。

〈他者評価〉書き手の文章のよい所に着目して，互いの文章を読み合い，感想や意見を伝え合うよ

板書例

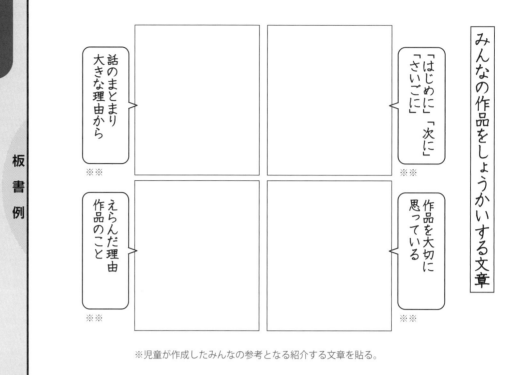

みんなの作品をしょうかいする文章

「はじめに」「次に」「さいごに」
※※

作品を大切に思っている
※※

話のまとまり 大きな理由から
※※

えらんだ理由 作品のこと
※※

※児童が作成したみんなの参考となる紹介する文章を貼る。

---

1 つかむ　どんなことに気をつけて紹介する文章を読み合うといいかな。

「今日は，前回の学習で完成させた作品を紹介する文章をみんなで読み合って，感想や意見を伝え合うようにしたいと思います。」

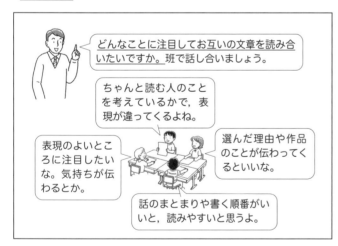

どんなことに注目してお互いの文章を読み合いたいですか。班で話し合いましょう。

ちゃんと読む人のことを考えているかで，表現が違ってくるよね。

表現のよいところに注目したいな。気持ちが伝わるとか。

選んだ理由や作品のことが伝わってくるといいな。

話のまとまりや書く順番がいいと，読みやすいと思うよ。

　班で話し合った後に，学級全体で話し合ったことを共有する。

---

2 読み合う 伝え合う　完成させた文章を読み合い，感想や意見を伝え合おう。

「相手を見つけて，完成した文章を読み合い，感想や意見をステップアップカードに書いて伝え合いましょう。感想や意見を伝え合ったら，ステップアップカードを相手に渡して，次の相手を見つけて，同じように活動を進めていきましょう。友だちの文章のよい所をたくさん見つけて，後でみんなに紹介して下さいね。」

自分で作った作品を大切にしていることが伝わってきたよ。

終わったら，次の相手を見つけて，読み合って感想を伝え合おう。

理由が3つあるけれど，順番を表す言葉を使って整理されていて読みやすかったよ。

○○さんの文章は，なぜその作品を選んだのか伝わってきたよ。

　（学級の実態に応じて，）男・女・男・女…などの順番に相手を見つけて文章を読み合う活動を進めるなど，場の設定を工夫するとよい。

　児童の実態に合わせて，ステップアップカードは柔軟に取り扱うようにする。

うにしましょう。

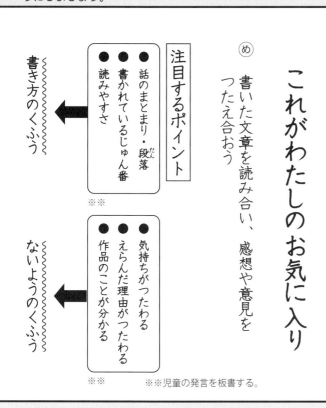

（め）これがわたしのお気に入り

書いた文章を読み合い、感想や意見をつたえ合おう

注目するポイント
● 話のまとまり・段落
● 書かれているじゅん番
● 読みやすさ
※※
→ 書き方のくふう

● 作品のことが分かる
● えらんだ理由がつたわる
● 気持ちがつたわる
※※
→ ないようのくふう

※※児童の発言を板書する。

主体的・対話的で深い学び

・できる限り多くの友だちと、それぞれが書いた文章を交流できるようにすることで、たくさんの文章に触れ、表現の工夫に気づく機会が多く得られるだろう。
・丁寧に互いの文章を読み合い、しっかりと考えたことや感想、意見を伝え合ってから、次の相手を探して活動を進めていくように場の設定をしたい。このように対話的に協働して活動を進めることで、文章表現についての深い学びに至るものと考えられる。

準備物

・児童が作成した「作品を紹介する文章」
・ステップアップカード

DVD 収録【3下_19_04】
（児童の実態に合わせて、柔軟に取り扱う。）

---

3 対話する 交流する 文章を読み合って気づいた、友だちの文章のよさを紹介しよう。

「いろんな友だちの文章を読んで、文章のよい所をいっぱい見つけられましたか。では、班で、友だちの文章でここはよかったと思うところを、理由と共に伝え合い、話し合いましょう。」

みんなの文章を読んで、いいところがいっぱい見つかったね。

△△さんの文章からは、作品を選んだ理由から、思いがすごく伝わってきてすごいと思ったよ。

○○さんに話のまとまりで段落が分けられていたって褒めてもらったよ。

□□さんの文章は、作品に対する思いがすごく伝わってきたよ。

　班で伝え合い、話し合ったことを、学級全体で共有するようにする。
「書き方のよいところも、内容のよいところも、両方たくさん見つかりましたね。」

---

4 振り返る 学習したことを振り返り、これからの学びについて考えよう。

今日の学習を振り返り、これからの学びについて考えましょう。

自分の文章のよさを見つけてもらえて嬉しかったよ。

次の学習がこの単元の最後だから、活動全体を振り返りたいな。

読み手のことを考えて文章を書くのって難しかったけれど、大切なことなんだね。

友だちの文章をたくさん読ませてもらって、これから先に文章を書く時の参考になることが見つかったよ。

　児童が作成した紹介する文章を教室に掲示しておく。
　２年生や保護者などに、アウトプットすることも想定しておくとよい。

これがわたしの お気に入り

第 12 時 (12/12)

本時の目標

他者評価をもとに，自分の文章表現のよさに気づき，これからの学びにいかそうとすることができる。

授業のポイント

前時に友だちからもらったステップアップカード（他者評価）と自己評価をもとに，これまでの学習をじっくりと振り返る時間を取るようにする。

本時の評価

他者評価をもとに，自分の文章表現のよさに気づき，これからの学びにいかそうとしている。

板書例

〈発見〉本単元の学習を通した，自己の成長に気づくことができるようにしましょう。

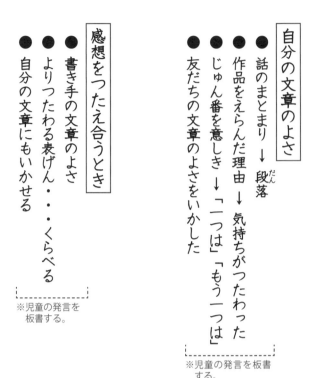

自分の文章のよさ
● 話のまとまり → 段落
● 作品をえらんだ理由 → 気持ちがつたわった
● じゅん番を意しき → 「一つは」「もう一つは」
● 友だちの文章のよさをいかした

※児童の発言を板書する。

感想をつたえ合うとき
● 書き手の文章のよさ
● よりつたわる表げん・・・・くらべる
● 自分の文章にもいかせる

※児童の発言を板書する。

---

1 つかむ 考える　紹介する作品を選んだ理由を思い出そう。

「これまで，作品を紹介する文章を書いてきましたね。今日は，これまでの学習を振り返ってまとめ，自分が成長できた所を探していきます。まずは，紹介する作品を選んだ理由を思い出してみましょう。班で話し合ってもかまいません。」

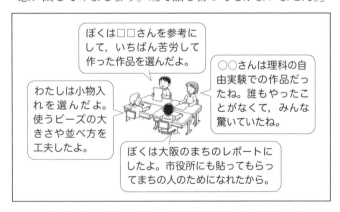

ぼくは□□さんを参考にして，いちばん苦労して作った作品を選んだよ。

○○さんは理科の自由実験での作品だったね。誰もやったことがなくて，みんな驚いていたね。

わたしは小物入れを選んだよ。使うビーズの大きさや並べ方を工夫したよ。

ぼくは大阪のまちのレポートにしたよ。市役所にも貼ってもらってまちの人のためになれたから。

　班で自由に話し合うことができる空間づくりをしておくとよい。

2 対話する 考える　自分の文章のよい所はどこか考えよう。

「班の友だちと話し合いながら，この前もらったステップアップカードを参考にして，自分の文章のよい所を探しましょう。」

「一つは」や「もう一つは」という言葉を使って工夫できたよ。

友だちの表現を参考にして，より伝わりやすい文章にできたよ。

友だちがカードに「話のまとまりがしっかりと分かれていた」って書いてくれていたよ。

「作品に対する気持ちが伝わってきた」て言ってもらったよ。

　基本的に，自分の文章のプラス面に目を向けられるようにする。

　班で自由に話し合ってよい場の設定にしておく。

主体的・対話的で深い学び

・他者評価を参考にして，自分の本単元での学びについてじっくりと振り返り，自己に向き合う時間になるようにする。その際，これまでの学習の終末部で自分なりに振り返ったこともノートなどをもとに見直し，何を，どのようにして獲得できたのかをしっかりと見つめさせたい。

・この単元全体の振り返りを，児童一人ひとりがプラスに捉えられるようにすることで，今後の学びにいかそうとする姿に繋がるものと考えられる。

準備物

・児童間でやり取りしたステップアップカード
・ワークシート「学習したことをふり返ろう」
（児童用ワークシート見本
📀 収録【3下_19_05】）

これがわたしの お気に入り

め 友だちからの感想や意見をふり返り、これまでの学習をまとめよう

えらんだ作品

● 小物入れ → くふうしたこと
● まちのレポート → 人のためになった
● 理科の自由実けん → だれもしたことがない
● くぎうち → くぎとくぎの間の長さ
　　　　　　　まっすぐにうつ

※児童の発言を板書する。

---

3 対話する 考える　感想や意見を伝え合うときに大切なのはどんなことだろう。

「お互いに書いた文章を読み合って，感想や意見を伝え合う学習をしましたね。班の友だちと話し合いながら，文章などを読んだ感想や意見を伝え合うときに大切なことはどんなことだと思いますか。」

　基本的に，他者の文章のプラス面に目が向けられるようにする。
　班で自由に話し合ってよい場の設定にしておく。

---

4 振り返る　学習したことを振り返り，これからの学びについて考えよう。

「これまでの学習を振り返り，これからの学びについて考えましょう。」

　本単元の学習を通して，自己の成長が見つかるようにする。
　自己の成長を肯定的に捉え，以後の学習にいかす姿に繋がるようにする。
「この学習を通して見つけた自分の文章のよいところを今後にいかしましょう。」

コンピュータのローマ字入力

◉ 指導目標 ◉

・日常で使われている簡単な単語について，ローマ字で表記されたものを読み，ローマ字で書くことができる。

◉ 指導にあたって ◉

① 教材について

　3年生上巻で，ローマ字の表記について学習しました。ここでは，その学習を思い出して，コンピュータに簡単な単語がローマ字入力できるようにします。これから児童が学習にコンピュータを活用していく場面が増えてくるでしょう。その際に，正確にローマ字入力ができることは，学習を効果的かつスムーズに進めるために必要な基本能力の1つとなります。

　ここまで，ローマ字表記を習熟させるための機会はあまり設定できていないでしょう。コンピュータを扱うことに児童は興味をもって取り組んでいきます。この学習を通して，ローマ字表記が少しでも定着・習熟できることも目指しましょう。

② 主体的・対話的で深い学びのために

　グループで話し合い確かめ合う場面をできるだけ多く設定し，実際にコンピュータを操作させて入力や変換の仕方を理解させていきます。コンピュータでは，入力を間違えても，変換すればすぐに分かり，修正も簡単です。なるべく児童自身に，試行錯誤を繰り返して正しい入力を見つけさせることが大切です。

　ローマ字入力と変換の定着・習熟のためには，数多く練習させることと，仕組みや決まりをきちんと理解すること，この2点が必要です。児童のコンピュータに対する興味をいかせれば，より主体的に学習に取り組むことができるでしょう。

◉ 評価規準 ◉

知識 及び 技能	日常で使われている簡単な単語について，ローマ字で表記されたものを読み，ローマ字で書いている。
主体的に学習に取り組む態度	今までの学習をいかして，粘り強くコンピュータを使ったローマ字入力に取り組み，簡単な単語を入力したり変換したりしようとしている。

次	時	学習活動	指導上の留意点
1	1	・ローマ字の表記の仕方を思い出す。 ・ローマ字での入力の仕方を知り，入力してみる。 ・ローマ字では書き方が2通りあった文字の入力を確かめる。 ・「ん」「のばす音」「つまる音」の入力の仕方を確かめる。	・まず，ローマ字の表記をしっかり思い出させる。 ・適宜，ローマ字表を活用する。 ・実際に，コンピュータを操作させ，確かめながら，入力の仕方を理解させる。
	2	・漢字やカタカナへの変換の仕方を知り，実際に変換してみる。 ・のばす音のあるカタカナの言葉への変換の仕方を知り，変換してみる。 ・ローマ字入力でしりとりをする。	・実際に，コンピュータを操作させ，確かめながら，変換の仕方を理解させる。 ・入力や変換が習熟できるように練習させる。

☆ 本単元の指導時数は2時間であるため，この時間だけでローマ字入力を十分練習することには限界があります。ローマ字学習の定着度や，家庭や学校でのコンピュータの使用度など児童の実態によっても大きく進み方が変わってくるため，各児童に合わせた個別指導が必要となります。また，今後，インターネットを使った調べ学習を行う機会も増えていくことから，他教科などとの関連を図りながらコンピュータに触れる機会をできるだけ設けていくことが大切です。

DVD 収録（資料，フラッシュカード）

コンピュータの ローマ字入力
第 1 時 （1/2）

本時の目標
コンピュータを使ってローマ字入力をする場合の方法が分かる。

授業のポイント
ローマ字の 50 音表を思い出し，コンピュータを実際に操作しながら確かめさせる。

本時の評価
コンピュータを使ってローマ字入力をする場合の方法が分かっている。

板書例

コンピュータのローマ字入力

め ローマ字でコンピュータに文字を入力しよう

```
Q W E R T Y U I O P  @
 A S D F G H J K L  ＋ ＊
                      ： ；
  Z X C V B N M  ， ． ／
                  < > ?
```

↑ 入力

あ ← A 　　 き ← KI

ねこ ← NEKO

＜ローマ字で 2 つの書き方がある字！＞

SI・SHI → し 　　 SYA・SHA → しゃ

TI・CHI → ち 　　 など

（どちらでも入力できる）

多くはローマ字の書き方と同じで入力できる

大文字		ア段 A/a	イ段 I/i	ウ段 U/u	エ段 E/e	オ段 O/o			
	小文字								
ア行		あ a	い i	う u	え e	お o			
カ行	K/k	か ka	き ki	く ku	け ke	こ ko	きゃ kya	きゅ kyu	きょ kyo
サ行	S/s	さ sa	し si [shi]	す su	せ se	そ so	しゃ sya [sha]	しゅ syu [shu]	しょ syo [sho]
タ行	T/t	た ta	ち ti [chi]	つ tu [tsu]	て te	と to	ちゃ tya [cha]	ちゅ tyu [chu]	ちょ tyo [cho]
ナ行	N/n	な na	に ni	ぬ nu	ね ne	の no	にゃ nya	にゅ nyu	にょ nyo
ハ行	H/h	は ha	ひ hi	ふ hu [fu]	へ he	ほ ho	ひゃ hya	ひゅ hyu	ひょ hyo
マ行	M/m	ま ma	み mi	む mu	め me	も mo	みゃ mya	みゅ myu	みょ myo
ヤ行	Y/y	や ya	(い)(i)	ゆ yu	(え)(e)	よ yo			
ラ行	R/r	ら ra	り ri	る ru	れ re	ろ ro	りゃ rya	りゅ ryu	りょ ryo
ワ行	W/w	わ wa	(い)(i)	(う)(u)	(え)(e)	を (o) [wo]			
ン		ん n							
ガ行	G/g	が ga	ぎ gi	ぐ gu	げ ge	ご go	ぎゃ gya	ぎゅ gyu	ぎょ gyo
ザ行	Z/z	ざ za	じ zi [ji]	ず zu	ぜ ze	ぞ zo	じゃ zya [ja]	じゅ zyu [ju]	じょ zyo [jo]
ダ行	D/d	だ da	ぢ zi [di]	づ zu [du]	で de	ど do	ぢゃ [dya]	ぢゅ [dyu]	ぢょ [dyo]
バ行	B/b	ば ba	び bi	ぶ bu	べ be	ぼ bo	びゃ bya	びゅ byu	びょ byo
パ行	P/p	ぱ pa	ぴ pi	ぷ pu	ぺ pe	ぽ po	ぴゃ pya	ぴゅ pyu	ぴょ pyo

---

1 復習する　ローマ字の書き表し方を思い出し，入力してみよう。

「前にローマ字の勉強をしましたね。パソコン（コンピュータ）には，このように文字が並んでいます。」
　　　資料「キーボード見本」と実物で説明する。

「フラッシュカードで復習をしてみましょう。キーボードと同じ大文字です。これは何と読みますか。」
　・「あ」です。
　・次は「き」です。

今の字をコンピュータに入力しましょう。「あ」次は「き」・・・。

言葉も入力しましょう。「かわ」次は「ねこ」・・・。

「A」で「あ」になった。「KI」は「き」になったよ。

「KAWA」でちゃんと「かわ」になる。「NEKO」も「ねこ」になった！

習熟していない児童もいると思われるため，しっかりと復習しておく。

2 確かめる　書き方が 2 つある字の入力の仕方を確かめよう。

「『し』は，ローマ字でどう書きましたか。」
　・SI と SHI の 2 つの書き方がありました。
「どちらでも，入力してみてください。」
　・どちらも「し」になりました。
「『しゃ』は，ローマ字でどう書きましたか。」
　・SYA と SHA の 2 つの書き方がありました。
「どちらでも，入力してみてください。」
　・どちらも「しゃ」になりました。

2 つの書き方があるア行～ラ行の他の字も全部入力して確かめましょう。

TI も CHI も「ち」になる。どれも同じ字になりそうだな。

TYA も CHA も「ちゃ」になる。TYU も CHU も「ちゅ」になる。どれも同じ字になります。

まず，ア行～ラ行までを確かめる。

ます。不十分だと児童はコンピュータ入力で混乱してしまいます。

<ローマ字で2つの書き方がある字2>
WO →を　DI →ぢ　DU →づ
DYA →ぢゃ　DYU →ぢゅ　DYO →ぢょ
　　　　（1つてしか入力できない）

<のばす音>
くうき← KUUKI
　　　　（ひらがなで書かれた通り）

<つまる音>
きっぷ← KIPPU
　　　　（つまる音の次の文字を重ねる）

ローマ字の書き方では入力できないこともある

主体的・対話的で深い学び

・展開1～3は，1つ1つの文字を実際にコンピュータに入力して確かめる活動を通して，入力の決まりを理解させる。
・「ん」の入力や展開4の長音，促音については，グループで話し合いながらいろいろと試して入力の仕方を見つけ出せるようにしたい。

準備物

・資料「黒板掲示用キーボード見本」🄳🅅🄳 収録【3下_20_01】
・資料「黒板掲示用ローマ字表」🄳🅅🄳 収録【3下_20_02】
・フラッシュカード（A KI SU など）🄳🅅🄳 収録【3下_20_03】

3 確かめる　「ぢ」「づ」「を」「ん」の入力の仕方を確かめよう。

「ダ行の『ぢ』も2つの書き方がありますね。両方入力してみましょう。」
・DI は「ぢ」になるけど，ZI は「じ」になる!?

ザ行やダ行の書き方が2つある字を入力して確かめましょう。「を」や「ん」も確かめましょう。困ったら教科書で調べましょう。

「ぢゃ」「ぢゅ」「ぢょ」も DYA…なら「ぢゃ」…になる。ZYA…ではダメ。

DU なら「づ」になる。「を」も WO なら入力できる。

「2つの書き方のうち，1つしか入力したい字にならなかったのはどれか，まとめましょう。」
・を，ぢ，づ，ぢゃ，ぢゅ，ぢょ，です。
「『ん』はどうしたら入力できましたか。」
・NN と入力したら「ん」になりました。

4 調べる　伸ばす音，つまる音はどのように入力すればよいのだろう。

「『くうき』のように伸ばす音は，ローマ字では，どう書きましたか。」
・伸ばす音の A,I,U,E,O の上に記号をつけました。

コンピュータではどうすればよいのか，グループで相談して，いろいろ試して下さい。

どうしたらいいのかな。記号をつけなかったら「くき」になる。

分からないな。もう，教科書で調べようか。

一度ひらがなの通りに入力してみよう。ほら！できたよ！

試しても分からなければ教科書で調べさせる。
「次は，つまる音です。『きっぷ』は，どうすれば入力できるか試してみましょう。」
・ローマ字と同じように，小さい「っ」の次の音のはじめの文字を2つ重ねればいいんだ。

本時で分かったことをまとめておく。（板書下）

本時の目標

コンピュータに入力した文字の変換の仕方が分かる。

授業のポイント

実際にコンピュータを操作しながら，変換の仕方を覚え，慣れさせていく。

本時の評価

コンピュータに入力した文字を漢字やカタカナに変換できている。

〈習熟するために〉ローマ字入力や変換など習熟が求められる学習では，その仕組みや決まりを理

板書例

コンピュータのローマ字入力

㋱　入力した文字を「へんかん」しよう

ローマ字入力

☆ローマ字通りで入力できる場合

★ローマ字通りで入力できない場合

<れんしゅう>

ちらし ← TIRASI （CHIRASHI）

しゃかい ← SYAKAI （SHAKAI）

はなぢ ← HANADI

ほんをかう ← HONN　WO　KAU

こうつう ← KOUTUU

にっき ← NIKKI

きしゃ（ひらがな）
　↓　へんかん
汽車（漢字）
キシャ（カタカナ）
　↑　えらぶ

1 記者
2 汽車
3 帰社
4 キシャ
5 貴社
・
・
・

---

1 復習する　ローマ字入力の仕方を復習しよう。

「前の時間の復習です。コンピュータにローマ字で入力するにはどうすればよかったのですか。」
　・多くの字は，ローマ字の書き方と同じようにキーを打ちます。
「ローマ字通りでは入力できなかったのは，どんな文字でしたか。」
　・ぢ，づ，ぢゃ，ぢゅ，ぢょ，を，ん，です。
　・伸ばす音も，ひらがなの通りに打ちます。

2 確かめる　漢字やカタカナへの変換の仕方を確かめよう。

「コンピュータに入力したひらがなを漢字やカタカナに変えられます。これを『へんかん』といいます。」
　・漢字やカタカナに変えられるのか！
　・簡単にできるのかな？

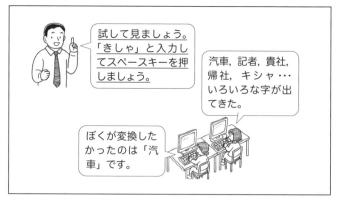

　スペースキーやエンターキーの位置や文字の選択方法は教師が説明し，隣同士で確認させ合う。

「もう少し変換したい言葉を出して練習しましょう。」
　・じゃあ「しりょう」。
「では，『しりょう』と入力して，変換してください。」
　・資料，飼料，史料・・・こんなにたくさんある！

解することと数をこなして練習することの両面が大切です。

主体的・対話的で深い学び

・コンピュータを操作して変換させる活動を，教科書の練習問題だけでなく，できるだけ多く体験させる。
・グループで変換したい言葉を考えて確かめ合いながら打ち込んだり，しりとりをすることで，意欲的に学習に取り組め，習熟度も増していく。

準備物

＜のばす音があるカタカナ＞

　ノート
　　↑
　NO－TO
　　（のばすところに－を打つ）
　スーパーマーケット
　SU－PA－MA－KETTO

＜れんしゅう＞
　クラス←KURASU　　　ソース←SO－SU
　ジュース←JU－SU　　電波←DENNPA
　勉強←BENNKYOU　　放送←HOUSOU

＜しりとりをしよう＞

---

3 試す　伸ばす音があるカタカナの言葉を変換してみよう。

「『ノート』のように，伸ばす音があるカタカナの言葉はどうすればよいか教科書で確かめましょう。」
・伸ばすところに「－」を打ちます。
　「－」の位置をグループで確認させる。

「では『ノート』を入力して，変換をしてみて下さい。」
・できました！

もっとグループで同じような言葉を出し合って，変換してみましょう。

スーパーマーケットは難しそう。やってみよう。SU－PA－MA－KETTO！！

え〜と，伸ばすカタカナの言葉だから，コピー，カレーライス，コーヒー。

いろいろあるね。コピーはKOPI－だから・・・できた！次は・・・

4 習熟する　ローマ字入力でしりとりをしよう。

「教科書の下の6つの文字を入力して変換してみましょう。」
・「クラス」は，KURASU と入力して変換！できた！

グループまたは隣同士で変換を確かめ合わせる。

最後にグループでローマ字入力のしりとりをしましょう。

じゃあ，始めるよ。「SAKANA」

「NA」で始まる言葉を打ち込めばいいんだね。「NAWA」

次は「WA」だから「WARABIMOTI」できたよ。

1台のコンピュータをみんなで見ながら順に入力していく。
「ローマ字入力をしてみた感想を言いましょう。」
・慣れたら平仮名より覚えるキーが少ないからいい。
・コンピュータをいろいろなことに使ってみたい。

コンピュータのローマ字入力　251

わたしたちの学校じまん

◎ 指導目標 ◎

・相手意識をもって話の構成を考え，話したり聞いたりし，言葉の抑揚や強弱，間の取り方に気をつけて話すことができる。
・話の中心を明確にして相手に伝えられるように，理由や事例を挙げながら話の構成を考えることができる。
・話の中心や話す場面を意識して，言葉の抑揚や強弱，間の取り方などを工夫することができる。
・丁寧な言葉を使うとともに，敬体と常体との違いに注意しながら話すことができる。
・考えとそれを支える理由や事例，全体と中心など情報と情報との関係について理解することができる。

◎ 指導にあたって ◎

① 教材について

　本単元の重点は大きく2点あり，1つ目は「相手意識」をもって，話の中心が伝わるように，理由や事例を挙げて話の構成を考えることにあります。また2つ目に，その話をする際に，相手に伝わるように，話し方を工夫することも大事なポイントです。学年末に学習する単元ですので，アウトプットする先も意識して単元構成をすることで，児童の思考力と発信力を高めることを意識したい単元です。「相手意識」をより強くもって活動を進めるための場の設定として，できれば，学年が下の児童や地域の方，保護者の方に向けて発信する場を計画できるとよいでしょう。

② 主体的・対話的で深い学びのために

　自分が通う学校のよさを発信する所まで，グループや学級全体での対話をベースとして学習を進めていきたい単元です。「学校のよさ」についての価値観は児童一人ひとり異なるためです。一人ひとり考えが違うからこそ，対話を重ねるごとにその違いに気づき，比較・分類したり，総合したりしながら思考し続ける中で，深い学びへと向かっていくものと考えられます。また，児童が他者評価を受けて，発表内容を修正してよりよいものに高めていく単元の構造にすることで，表現することについて，思考をより深めることに繋がるでしょう。

◎ 評価規準 ◎

知識 及び 技能	・相手意識をもって，話したり聞いたりし，言葉の抑揚や強弱，間の取り方に気をつけて話している。 ・丁寧な言葉を使うとともに，敬体と常体との違いに注意しながら話している。 ・考えとそれを支える理由や事例，全体と中心など情報と情報との関係について理解している。
思考力，判断力，表現力等	・「話すこと・聞くこと」において，相手意識をもって，話の中心を明確にして伝えられるように，理由や事例を挙げながら話の構成を考えている。 ・「話すこと・聞くこと」において，話の中心や話す場面を意識して，言葉の抑揚や強弱，間の取り方などを工夫している。
主体的に学習に取り組む態度	相手意識をもって，進んで他者との対話を通して話の構成を考え，話し方に気をつけて発信しようとしている。

次	時	学習活動	指導上の留意点
1	1	・「学校の自慢」について意見を出し合い，比較・分類・整理する。 ・単元全体の流れを確認し，修正する。	・相手や目的を確認し，班や学級全体から，できる限り多くの自慢できることを引き出し，一人ひとりが自分の考えをもてるようにする。
	2	・班での対話を通して，学校の自慢をする事柄を決める。 ・自慢する理由について話し合い，資料を集める。	・発表する目的や相手を確認する。 ・学校の自慢をする事柄を決定する観点を共有してから，班での話し合いに入るようにする。
2	3	・発表の例を読み，話の組み立てや話し方の工夫について考える。 ・話の組み立てを考える。	・話し方の例を読み，話し方の工夫について考えるようにし，話を組み立てる土台とする。
	4	・話の組み立てを考え，発表原稿を作る。 ・話し方の工夫を考える。	・班での話し合いを中心とし，試行錯誤しながら学習を進められるようにする。
	5	・発表の練習をする。 ・班の間で発表を聞き合い，意見を伝え合う。	・他の班の友だちからの他者評価を入れ，その後，その他者評価を比較・分類・整理するようにする。
	6	・他者評価を受けたことをもとに，発表原稿を修正したり，話し方の工夫を考え直したりする。 ・発表の練習をする。	・前回の他者評価を振り返り，探索的対話を通して発表原稿や話し方の工夫について見直し，修正するようにする。
3	7	・低学年に向けて，発表する。 ・発表した感想を話し合う。	・前もって関係する学年の担任などと打ち合わせをするようにする。 ・学級で目的を再確認し，相手意識をもって発表できるようにする。
	8	・他者評価をもとに，発表会を振り返る。 ・単元全体での学習を振り返る。	・本単元の学習を通して得られたものや自己の成長を肯定的に振り返ることができるようにする。

📀 **収録（ステップアップカード，児童用ワークシート見本）** ※本書 P259,263 「準備物」欄に掲載しています。

わたしたちの
学校じまん
第 1 時 （1/8）

本時の目標
学習の見通しをもち，対話を通して題材について考えを広げ，自分の考えをもつことができる。

授業のポイント
グループでの対話を通して，学校の自慢できることをたくさん見つけ，題材として選べる範囲を広くもつことができるようにするとよい。

本時の評価
学習の見通しをもち，対話を通して題材について考えを広げ，自分の考えをもとうとしている。

板書例

〈計画〉アリトノット先などを児童とともに決め，相手先と打ち合わせを進めていくようにしま

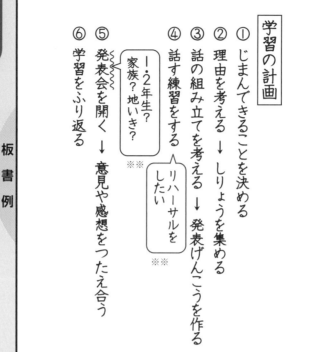

学習の計画
① じまんできることを決める
② 理由を考える → しりょうを集める
③ 話の組み立てを考える → 発表げんこうを作る
④ 話す練習をする ※※
　　リハーサルをしたい ※※
⑤ 発表会を開く → 意見や感想をつたえ合う
　　1・2年生？家族？地いき？
⑥ 学習をふり返る

4班

5班

6班

※各班の意見を書いたホワイトボードを掲示する。

※※児童の発言を板書する。

---

1 つかむ　わたしたちの学校の自慢できることを紹介しよう。

「今日から，『わたしたちの学校じまん』を紹介する学習を進めていきます。学校の自慢できる場所や行事，学習，生活などを伝えられるようにしたいですね。」

「この学校のよいところをたくさん見つけられるといいですね。」
・いっぱいあるよ。
・みんなで意見を出し合おう。

2 話し合う　出し合う　班で学校の自慢できることを探そう。

「学校の自慢できることはどれぐらいありますか。場所や行事，学習，生活など，いろいろな面がありますね。班で話し合って，学校の自慢できることを探しましょう。」

　それぞれの班で出てくる意見が違うので，各班の意見を黒板に掲示するなどして，しっかりと共有するようにする。
「班で出てきた意見をホワイトボードに書きましょう。」

254

しょう。

わたしたちの 学校じまん

め わたしたちの学校のじまんできる
ことをさがそう

学校のじまんできること → 場所・行事・学習
生活など

1班
2班
3班

主体的・対話的で深い学び

・学校の自慢できることは，児童にとって身近な事象である。グループ学習などを意図的に組み込み，対話的に学習を進める場の設定をすることで，一人ひとりの思考の幅を広げることができるだろう。
・本時で各班が考えたことを教室内に掲示しておくことで，休み時間に自然と児童の目に入り，インスピレーションを広げることに繋がると考えられる。

準備物

・ホワイトボード（班の数）

---

3 確認する 話し合う　学習の計画を立てよう。

「自慢できることがたくさんありますね。学校の自慢をたくさんの人に知ってもらいたいですね。では，この単元の学習計画を考えていきます。学習計画の大きな流れは板書の通りですが，計画について班で話し合いましょう。よりよい計画になるといいですね。」

ぼくは家族がいいと思っていたけれど，1年生に伝えたらいかしてくれそう。

今の1年生は，2年生になったら入学してきた子たちに学校案内をするから，1年生に向けて発表したらどうかな。

発表会の前にリハーサルをして，友だちからアドバイスをもらいたいな。

いろんな人に知ってもらいたいけれど，誰に伝えたらいいかな。地域の人とかかな。

　児童の考えをできる限りいかして，単元計画をたてていくようにするとよい。

---

4 振り返る　学習したことを振り返り，これからの学びについて考えよう。

今日の学習を振り返り，これからの学びについて考えましょう。

場所だったら知らない人がいるから写真を撮りたいね。

たくさん学校の自慢できることが出てきたね。

自慢できることを絞って，それを自慢する理由も見つかるといいね。

あれを全部発表すると，話が長くて，相手には伝わりにくいかもしれないね。

　各班から出てきた意見をまとめたホワイトボードを教室に掲示しておくことで，休み時間にも児童の目に自然と入る状況をつくるとよい。

わたしたちの学校じまん

第 **2** 時 （2/8）

本時の目標
対話を通して，目的を意識して題材を比較・分類し，話す題材を選び，理由や事例の関係を考え，必要な資料を集めることができる。

授業のポイント
前時に挙げた事例から自慢したいことを1つに絞っていくようにする。また，ICTを活用した現地での写真撮影など，活動の幅を柔軟に取り扱うようにしたい。

本時の評価
対話を通して，目的を意識して題材を比較・分類し，話す題材を選び，理由や事例の関係を考え，必要な資料を集めている。

板書例

〈活用〉ICTを活用して，児童自身で写真を撮影し，発表に使うようにするとよいでしょう。

② 理由を考える → しりょうを集める

・三つぐらい
・相手につたわる
・とくちょう
※※

・写真・図・絵
・インタビュー
・言葉でつたえる
※※

4班

5班

6班

※※児童の発言を板書する。

※各班の意見を書いたホワイトボードを掲示する。

---

1 話し合う 選択する
班で話し合って，自慢できることを決めよう。

「前回の学習では，たくさん学校の自慢できることが見つかりましたね。その中から，班で話し合って，自慢することを班で1つ決めましょう。」

でも，運動会はどこの学校でもあるよね…珍しいものはないかな。

みんなのお気に入りの場所にもなっていて，それがいいかもね。もう少し調べてみたいね。

ぼくは運動会がいいな。すごく盛り上がって楽しいから。

珍しいものといえば，電車図書館かな。昔，大阪市内を実際に走っていた車両らしいよ。他の学校にはないと思うよ。

　基本的に，多数決で決めるのではなく，グループ内での建設的な対話により，自慢する事象を1つに絞るように促す。

2 話し合う 出し合う
班で話し合って，自慢できる理由を考えよう。

「自慢することを班で1つ決めることができましたか？」

次に，班で話し合って，自慢する理由を考えましょう。

出てきた意見の中で，大事なものを話し合って決めたいね。

入学式の時，電車図書館によく写真を撮りに行っているよね。

前の学習みたいに，理由は3つぐらいまでにしようよ。多すぎたら，話が分かりにくくなるから。

1つは，実際に大阪の人に利用されていた電車の車両が図書館として使われていることかな。

　児童は理由としてたくさんの事象を挙げてくることが想定されるので，その中から3つ程度に絞るようにするとよい。

「理由は決まりましたか。」
・はい。決まりました。

わたしたちの学校じまん

め グループで話し合い、学校のじまんすることを決め、しりょうを集めよう

① じまんできることを決める

| 1班 |
| 2班 |
| 3班 |

主体的・対話的で深い学び

・児童が話し合ったことを,できる限り実際の行動に繋げていきたい。教室を出て写真を撮りに行くなどの実際の行動は,思考をアクティブにさせる一要素となり得る。

・他の班との交流も自然に行うことができる空間づくりをしておくことで,互いの対話を通して,表現活動について,自然と思考範囲を広げ,考えを深めていくことに繋がる。

準備物

・前時に各班で書いたホワイトボード
・タブレット
・画用紙・模造紙・マジックペンなど

---

3 話し合う 集める
班で話し合って,自慢することに関係する資料を集めよう。

「では,自分たちの班が発表することについて,より相手に伝わるように,資料を集めましょう。」

資料にはどんなものがありますか。

写真や図,絵などがあるよね。写真や絵が今回は伝わりやすそうだね。

よし,じゃあみんなで外に写真を撮りに行こう。

学校にあるタブレットを使って撮影しに行こうよ。

撮影した写真を使って発表したら,電車図書館がどのようなものかよく伝わるね。

　ICT機器を活用して児童が撮影してきた写真は,すぐに印刷して渡すようにする。

　学校で撮りためている学校行事などの写真を,予め用意しておくようにするとよい。

4 振り返る
学習したことを振り返り,これからの学びについて考えよう。

「今日の学習を振り返り,これからの学びについて考えましょう。」

前の学習みたいに,話の組み立てを考えてから原稿を作りたいね。

どのように話したら相手に伝わりやすいか,考えたいね。何か参考になるものはないかな。

相手に伝える理由を絞れたね。写真も撮れたよ。

理由をどのような順番で伝えるか,写真をどこで使うかなど,いろいろ話し合いたいね。

　作成途中の発表パネルなどは,できる限り児童の目に触れるところに置いたり掲示したりしておくようにすると,休み時間にも児童が思考を深める場づくりに繋がる。

　各班の進度を確認し,必要に応じた支援を行う。

「今日は,自慢することを1つ決めて,理由も考え,資料を集めました。次の時間から,話の組み立てを考えていきましょう。」

わたしたちの学校じまん

第 3 時 （3/8）

本時の目標

「発表のれい」から，グループでの話し合いを通して，話の組み立てや話し方の工夫について考えることができる。

授業のポイント

「発表のれい」を読むことで，文章の組み立てと話し方の工夫の両方の視点を得られるようにする。組み立てメモを用意し，文章を構造化しやすくする必要がある。

本時の評価

「発表のれい」から，グループでの話し合いを通して，話の組み立てや話し方の工夫について考えている。

板書例

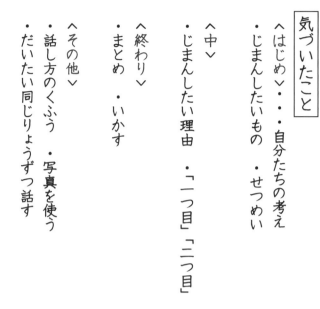

〈意識〉話の組み立てや使う言葉，話す順番などを工夫して，相手に伝わる発表にするよう，意識

気づいたこと

〈はじめ〉・・・自分たちの考え
・じまんしたいもの　・せつめい

〈中〉
・じまんしたい理由　・「一つ目」「二つ目」

〈終わり〉
・まとめ　・いかす

〈その他〉
・話し方のくふう　・写真を使う
・だいたい同じりょうずつ話す

※児童の発言を板書する。

1 つかむ 話し合う　学習することを確認しよう。

「今日は，発表のコツをつかんでから，班で話し合いながら，話の組み立てを考えていきます。どのように学習を進めたいか，班で話し合いましょう。」

班の状況に応じて，本時の展開3の場面で，前時までにできていなかった部分の活動も入れてよいものとする。

2 読む 考える　「発表のれい」を読んで，話すときのコツを見つけよう。

「まずは，P119の「発表のれい」を読んで，班で話し合って，話すときのコツを見つけていきましょう。」

「資料も使っていましたね。」

・写真を見せながら話しているので，内容が伝わりやすいです。

班での話し合いを通して，発表のコツについて考えた後，学級全体でも共有する。

づけをしましょう。

わたしたちの学校じまん

め 話し方や話の組み立てについて考えよう

③ 話の組み立てを考える

※教科書 P.119「発表のれい」の
拡大コピーを貼る。

主体的・対話的で深い学び

・班や学級全体で話し合い，話すときのコツをつかむ場の設定を組み込むことで，相手に伝わるように意図して話の組み立てを考える方向へ，思考を向けることが可能となる。
・ここに至るまでの学習（単元）での学びと結びつけて考えることで，表現方法についてより思考を深めることができる。
・自然と班や学級の友だちと話し合える空間づくりをしておくことで，対話的に学びを進めていくことができるものと考えられる。

準備物

準備物：
・教科書 P119「発表のれい」の拡大コピー
・ワークシート「組み立てメモ」
（児童用ワークシート見本
　DVD 収録【3下＿21＿01】）
・画用紙・模造紙・マジックペンなど

---

3 話し合う 組み立てる これまで考えてきたことをいかして，話の組み立てを考えよう。

「これまで説明や理由について考えたり，写真を撮ってきたりしてきたことをもとに，話し合いながら，話の組み立てを考えていきましょう。前回までに時間が足りなくてできていなかったことをしてくれても結構です。」

話がきちんと繋がるか，流れが途切れていないかも話し合おう。

発表をするのは，はじめを1人，中が2人で理由を1つずつ，終わりを1人ぐらいだとバランスがいいね。

先に足りていなかった電車図書館の中の図をかこうよ。分からない所は聞くね。

じゃあその後に話の組み立てを分担して考えていこう。みんな同じ量ずつ話せるといいね。

　前時までにできていなかった作業も，この時間に行ってよいものとする。

---

4 振り返る 学習したことを振り返り，これからの学びについて考えよう。

「今日の学習を振り返り，これからの学びについて考えましょう。」

みんなで話し合って，協力して進めていこう。

発表原稿を書いたら，話し方の工夫も考えたいね。相手に伝わるようにしたいね。

今日は発表のコツがつかめたね。これまでの学習をいかせそうだね。

次回は，まず話の組み立てを完成させたいね。それから分担して原稿を書きたいね。

　各班で作成している組み立てメモや発表パネルは，児童の目に触れるところに置いたり，掲示したりしておくと，休み時間にも児童が思考を深める場づくりに繋がる。
　各班の進度を確認し，必要に応じた支援を行う。

わたしたちの
学校じまん
第 4 時 （4/8）

本時の目標

話の中心と理由や事例の関係を意識して話を組み立て，相手意識をもって話の内容を考えることができる。

授業のポイント

「組み立てメモ」を用意し，文章の構造を意識して，グループのメンバーで分担し，自然と対話しながら発表原稿を書き進めるようにするとよい。

本時の評価

話の中心と理由や事例の関係を意識して話を組み立て，相手意識をもって話の内容を考えている。

板書例

〈構成〉既習事項をいかして，文章構成について確認してから，相手意識をもって学習を進めてい

発表げんこうを作る

・話の組み立てをもとにする
・話し合って，分たんして書く
・みんなで読んで見直す

※児童の発言を板書する。

※組み立てメモの拡大コピーを貼る。

〈中〉
・理由…三つほど
〈終わり〉
・まとめ
・いかせること

---

1 つかむ／話し合う　学習することを確認しよう。

「今日の学習では，この前の続きから，班で話し合いながら話の組み立てを考えて発表原稿を書き，話し方の工夫を考えていきます。」

練習しながら話し方の工夫を考えていってもいいですか。

前に使った組み立てメモを使ってもいいですか。

原稿を書けたら，話し方の工夫を考えて書き込んでおきたいな。

だいたい同じ量になるように分担して原稿を書こうよ。

　本時の学習をイメージできるようにする。
　出てきた疑問については，極力，児童自身で話し合いながら考え，共有する時間を取るようにする。

---

2 話し合う／組み立てる　話の組み立てを考え，発表原稿を書こう。

「話の組み立てを考えて，それをもとに発表原稿を書いていきましょう。」

話の組み立てや発表原稿を考えるときに気をつけたいことを班で話し合いましょう。

はじめ・中・終わりの文章の組み立てをすっきりと分かりやすくしたいね。

聞き手に伝わるように話の内容を決めていこうね。

はじめと終わりは1人ずつ，中は2人でどうかな。中で話す電車図書館を自慢する理由は2つでどうかな。どちらを先に話すか，順番も大切だね。

「では，各班で協力して作業を進めていきましょう。」
　・分担して原稿は書くけれど，話し合って協力して進めていこうね。
　　班で話し合った後に学級で共有していくことで，相手意識をもって，話の中心が伝わるように文章構成を考えていくという軸をもたせるようにしたい。

きましょう。

わたしたちの学校じまん

め つたわるように発表げんこうを作り、話し方のくふうを考えよう

③ 話の組み立てを考える → 発表げんこうを作る

〈はじめ〉
・じまんしたいこと
・せつめい

主体的・対話的で深い学び

・基本的に教師は児童が活動する姿を見守るようにし，どのように学びを進めているか細かく見取るようにする。児童自身で自然と対話的に活動を進めていく中で，「相手に伝わるように」様々な工夫をして話すことについて思考を重ね，深めていくものと考えられる。
・対話が途切れ，思考停止に陥っている場合は，教師による支援が必要であるが，その支援は必要最小限のものとし，できる限り児童の力で活動を進められるように手立てを打ちたい。

準備物

・前時で作成中の組み立てメモ
・組み立てメモの拡大コピー（第3時使用のもの）
・原稿用紙

3 話し合う 書く　話し方の工夫を考えよう。

「発表原稿が書けたら，班で練習しながら話し方の工夫について考えていきましょう。話し方の工夫や修正するところなど，話し合ったことは原稿に赤鉛筆で書き足しておきましょう。」

○○の所は強調したいから，そこは大きな声で話したらどうかな。

お互いに聞き合うと，よりよい話し方になっていくね。

△△の所は，□□というように話した方がよくないかな。

確かにその方が相手には伝わりやすいかもしれないね。じゃあ修正しよう。

発表の練習をしながら，話し方の工夫を考えたり，文章を推敲したりしていくようにする。

4 振り返る　学習したことを振り返り，これからの学びについて考えよう。

「今日の学習を振り返り，これからの学びについて考えましょう。」

ぼくは家でも話す練習をしてくるよ。次も協力して進めていこう。

練習しながら，文章のおかしい所も直せたね。

他の班の人にも聞いてもらって，意見をもらいたいね。他にも見直す所があるかもね。

原稿を読まなくても話せるように，練習をしっかりしたいな。相手の目を見て話したい。

各班で作成している発表原稿や発表パネルは，児童の目に触れるところに置いたり，掲示したりしておくとよい。

各班の進捗状況を確認しておき，必要な支援を行うようにする。

本時の目標

相手意識をもち，話し方を工夫して相手に伝わるように話すことができる。発表を聞き，意見や感想を伝え合うことができる。

授業のポイント

他者評価シートを用意し，友だちからもらった意見をもとに振り返るようにすると，話し方の工夫について見直す際に，班で話し合いやすくなる。

本時の評価

相手意識をもち，話し方を工夫して相手に伝わるように話している。発表を聞き，意見や感想を伝え合っている。

板書例

〈評価〉互いに発表し，評価し合うことを通して，よりよい話し方に繋がるように意識づけして活

リハーサルをしよう

〈話し手〉
・相手につたわるように
・声の大きさ　・強弱をつけて

〈聞き手〉
・話がつたわったか → ステップアップカード
・話し手のよいところ → 自分のはんにいかす
※

話し方のくふうを見直そう
・ステップアップカードをもとに
・文章の手直し（話のじゅん番，表げんのしかた）
・声の強弱（強調したいところは強く）

友だちのアドバイスをいかすと，より相手につたわる話し方に近づくことができる

※　　　※児童の発言を板書する。

---

1 つかむ　リハーサルの進め方を確認しよう。

「今日はリハーサルをして，話し方の工夫を見直していきます。リハーサルは①〜③のように進めていきます。発表を聞いたら，ステップアップカードに感想やアドバイスを書いて，意見を伝え合いましょう。」

リハーサルではどんなことに気をつければよいか，班で話し合って考えましょう。

お互いにリハーサルの後に，よりよい話し方になるようにしたいね。

相手に話が伝わるようにしたいね。声の大きさや強弱にも気をつけたいね。

お互いのよいところも見つけて，発表にいかしたいね。

聞く側の時には，話が伝わってきたか，アドバイスを伝えたいね。

班で話し合った後，学級全体でも共有する。

2 発表する 伝え合う　リハーサルをして，友だちから意見をもらおう。

「では，リハーサルを始めましょう。まずは1班と2班，3班と4班，5班と6班で行います。先に1・3・5班が発表をします。2・4・6班は発表を聞いてステップアップカードに感想やアドバイスを書いて，直接伝え合いましょう。」

表現は間違っていないけれど，もっと伝わりやすい言葉があるかもね。

○○の所はもう少し強く話したら強調できるかもしれないね。

理由が2つ順序よく話されていて分かりやすかったよ。自分たちの発表にいかしたいね。

「終わったら，発表する班を交代しましょう。」

1回目が終われば相手の班を代えて，全部で3度ほどリハーサルをできるとよい。

動を進めましょう。

わたしたちの学校じまん

め
相手につたわるように話そう
友だちの意見をもとに話し方を
くふうしよう

リハーサルの進め方
① かたほうのはんの発表
② 気づいたことをつたえる
③ 交代する

おたがいに
よりよい話し方を
できるように

🔍 主体的・対話的で深い学び

・リハーサルの際に他者評価を受けることで，自分たちでは気づいていなかったことに気づき，表現の工夫について思考を深めることができる。

・他者評価を受けて，それをもとに自分たちの表現のよいところや改善点を見出し，対話的に解決していく道筋を，本時の学習でつくっていきたい。

準備物

・ステップアップカード（1人3枚程度）
🔲 収録【3下_21_02】
・前時に各班で作成した原稿

---

3 話し合う 見直す　友だちからもらった意見を整理しよう。

「リハーサルをして友だちからもらった意見やステップアップカードを見て，もらった意見を比べたり分類したりして整理しましょう。」

他の班の人にも聞いてみよう。いいアイデアをもっているかも。

声を大きくした方が強調したいところだって伝わりやすい感じがしたね。文章もすっきりするように修正しよう。

ステップアップカードに，アドバイスが書いてあったから参考にして考えよう。

○○の所は声を大きくした方がいいとアドバイスをもらったから，試してみようか。

　班で話し合った後，学級全体でも共有する。
　「相手意識」をもって見直すことを強調して伝えるようにする。
　自然と他の班との交流も行われるような空間をつくっておくようにする。

4 振り返る　学習したことを振り返り，これからの学びについて考えよう。

「今日の学習を振り返り，これからの学びについて考えましょう。」

次の学習の時には，発表をしっかりと仕上げたいね。

発表の修正と練習をしたら，隣の班の友だちにもう一回聞いてもらおうよ。

もう一度文章を見直して，もっと話が伝わるようにしたいな。

たくさん意見をもらったから，それをいかして，もっといい伝え方を考えて試したいね。

　各班で作成している発表原稿や発表パネルは，児童の目に触れるところに置いたり，掲示したりしておくとよい。
　各班の進捗状況を確認しておき，必要な支援を行うようにする。

わたしたちの
学校じまん
第 **6** 時 （6/8）

本時の目標
他者評価を受けたことをもとに，より相手に伝わるように，話す内容や話し方の工夫について考えることができる。

授業のポイント
ステップアップカードをもとに，グループで協働して話し方の工夫について見直すことができるようにする。対話が自然とできる空間をつくるようにしたい。

本時の評価
他者評価を受けたことをもとに，より相手に伝わるように，話す内容や話し方の工夫について考えている。

板書例

〈修正〉他者評価を受けたことをいかして，よりよい表現になるよう，話し方の工夫などを修正し

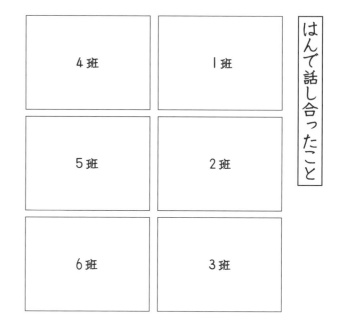

4班	1班
5班	2班
6班	3班

はんで話し合ったこと

※各班で話し合ったことを書いたホワイトボードを掲示する。

---

1 つかむ　　学習内容を確認しよう。

「前回はリハーサルをして，他の班の友だちからたくさん意見をもらえましたか。今日はもらった意見を参考にして，より自分たちの班の発表が伝わりやすくなるように修正したり，練習したりしましょう。」

話し方の工夫について，どのようなところに着目したいか，班で話し合いましょう。

ステップアップカードにいいアドバイスが書かれていたからいかしたいね。

話し方にも注意して練習して，もう一回他の班に聞いてもらおう。

誰にでも伝わるように，図や写真を出す所は工夫したいね。

話の内容について，もう一度見直しておきたいな。

班で話し合った後，学級全体で共有する。

2 話し合う　班で話し合って，話し方の工夫について見直し，修正しよう。
見直す

「前回の学習で友だちからもらったステップアップカードを参考に，話し方の工夫を見直し，相手により伝わるように修正して，練習していきましょう。」

強調するところを，大きい声で話していて，伝わりやすくなってきたね。

1班の友だちともう一度聞き合ってみようよ。

やっぱり写真を見せるタイミングは，この場面にしよう。

話の順番も見直したら，話がすっきりしたね。

他の班と自由に交流しながら，対話的に学習を進められるようにする。

他の班と再度発表し合って，意見交流するのもよい。

「班で話し合ったことをホワイトボードに書きましょう。」

ていきましょう。

わたしたちの 学校じまん

め 友だちからの意見をもとに、話し方のくふうについて考えよう

話し方のくふうを見直す

・ステップアップカードをもとに
・知らない人にもつたわるように
　　　（写真や図など）
・話のじゅん番、表げんの仕方
・せつめいが足りないところ
・話し方（強調したいところは大きな声）

※児童の発言を板書する。

主体的・対話的で深い学び

・他者評価をもとに発表内容を修正していく過程で，これまでの学習で獲得してきた力を総動員して考えていくことになる。班での対話をベースとして，他の班とも自由に協力して学習を進めていくようにすることで，自分たちの姿を客観的に見て，表現の仕方についてより深い思考へと繋がっていくものと考えられる。

・学級全体で自由に対話できる空間をつくっておくことで，自分たち自身で見えていないことを顕在化させていくことも可能になると考えられる。思考を広げたり深めたりする機会がうまれるだろう。

準備物

・友だちからもらったステップアップカード
・ホワイトボード（班の数）
・第4時に各班で作成した原稿

3 話し合う 交流する

班で話し合ったことを，学級全体で交流しよう。

「発表の仕方について，話し合いや練習はだいぶできましたか。班で話し合ったり，注意して練習したりしたことを学級全体で交流しましょう。」

班で話し合ったことを学級全体で交流することで，自分たちの活動を肯定的に捉えるとともに，最後までよりよい発表になるよう，考え続けるように手立てを打つ。

4 振り返る

学習したことを振り返り，これからの学びについて考えよう。

「今日の学習を振り返り，これからの学びについて考えましょう。」

各班で作成している発表原稿や発表パネルなどは，児童の目に触れるところに置いたり，掲示したりしておくとよい。
各班の進捗状況を確認し，次時の発表会までに発表を形にできるよう，必要な支援を行うようにする。

「いよいよ次の時間は発表会です。それぞれ練習しておきましょう。」

わたしたちの 学校じまん

第 **7** 時 （7/8）

本時の目標

丁寧な言葉や敬体を使い，話の中心や理由を意識して，言葉の強弱や間の取り方等，相手に伝わるように工夫して話すことができる。

授業のポイント

低学年児童や保護者，地域の方など，アウトプット先を事前に計画し，打ち合わせをしておく必要がある。どんな視点で聞けばよいかも打ち合わせておくとよい。

本時の評価

丁寧な言葉や敬体を使い，話の中心や理由を意識して，言葉の強弱や間の取り方等，相手に伝わるように工夫して話している。

板書例

〈意識〉相手意識をもって発表会に向かえるよう，意識づけをしてから学習を進めていくようにし

相手を意識して，話すないようや話し方をくふうすると，話がつたわりやすくなる

※児童の発言を板書する。

発表をした感想
・聞こえるように大きな声で話せた
・「話が分かった」と言ってくれた
・つたわるように，読み方をくふうできた
・じゅんじょよく話すことができた

4班	
5班	
6班	

※前時に各班で書いたホワイトボードを掲示する。

---

1 つかむ　1年生に伝わるように学校の自慢をしよう。

「今日はいよいよ，1年生に学校の自慢を発表しに行きます。どんなことに気をつけて1年生に伝えたいですか。班で話し合って考えましょう。」

「少し練習をしてから，1年生の教室へ行きましょう。」
・上手く伝えられるかなあ。緊張するよ。
・楽しみだね。頑張ろうね。
　発表する相手には，該当する相手の担任などから，この裏で発表を聞く意図について話をするように，前もって打ち合わせをしておく。

2 発表する意見を聞く　学校の自慢を紹介し，1年生から感想を聞こう。

「学校の自慢を発表しましょう。3年生の1班の人は，1年生の1班の所…(中略)…に移動して，発表しましょう。発表が終わったら1年生に感想を聞くようにしましょう。」

「では，3年生の1班は1年生の2班の所，…(中略)…へ移動して発表をしましょう。発表が終わったら1年生に感想を聞くようにしましょう。」

　3回程度，発表ができるようにする。

266

ましょう。

<table>
<tr><td colspan="3">

わたしたちの 学校じまん

め 一年生につたわるように、学校のじまんをしよう

練習をしよう → 一年生の教室で発表会

</td></tr>
<tr><td>1班</td><td>2班</td><td>3班</td></tr>
</table>

🔍 主体的・対話的で深い学び

・保護者や地域の方，低学年など，アウトプットする先が異なると，伝え方の工夫も変わってくることを意識させると，表現に対する思考も，より深まると考えられる。教師の仕掛けも重要な所である。

・一方通行の発表だけでなく，相手に感想を聞くなど双方向のやり取りをすることで，自分たちの発表を客観視することができる。客観視して自分たちの姿を見たことを，次時の単元全体の振り返りにいかすことで，思考のつながりのある学習の流れとなる。

準備物

・前時に各班で書いたホワイトボード

---

3 話し合う 交流する
発表した感想を班で話し合い，学級全体で交流しよう。

「1年生に，しっかりと学校の自慢を伝えられましたか。では，発表した感想を班で話し合って，学級全体で交流しましょう。」

発表会の振り返りをしましょう。よかったところを言いましょう。

緊張したけれど，1年生に，丁寧にゆっくりと話せたよ。

1年生を意識して発表ができたよ。順序を考えて，聞こえる声で話せたね。

新1年生にも伝えたいって言ってくれていて，嬉しかったな。

1年生が電車図書館に入ってみたいって言っていたから，ぼくも一緒に行きたいな。

班で話し合った後，学級全体で話し合ったことを共有する。

4 振り返る
学習したことを振り返り，これからの学びについて考えよう。

「今日の学習を振り返り，これからの学びについて考えましょう。」

また話し合いながら，みんなで一緒に振り返っていこうよ。

自分たちがどんなことを考えて学習してきたか，振り返りたいな。成長できたかな。

次回の学習で単元全体を振り返りたいね。

表現だけでなくて，1年生との関わり方も気をつけて発表できたよ。

発表の際に使ったパネルなどは，児童の目に触れるところに置いたり，掲示したりしておくとよい。

わたしたちの
学校じまん
第 8 時 （8/8）

本時の目標
自他の班のよいところを中心に振り返り，単元全体を通した学びや自己の成長についてまとめ，以後の学習にいかすことができる。

授業のポイント
単元全体の学習を通して，自己の成長できたところを中心に振り返ることができるようにする。学年末でもあるので，自己を肯定的に捉えるように仕向けたい。

本時の評価
自他の班のよいところを中心に振り返り，単元全体を通した学びや自己の成長についてまとめ，以後の学習にいかそうとしている。

〈成長〉単元全体を振り返ることを通して，成長できたことを中心に，自己を肯定的に捉えられる

板書例

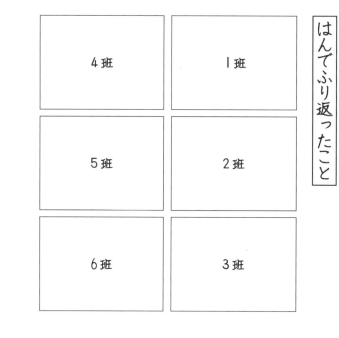

せい長できたことを中心に，はんで話し合ってふり返ろう

はんでふり返ったこと

4班	1班
5班	2班
6班	3班

※各班で話し合ったことを書いたホワイトボードを掲示する。

---

1 つかむ
学習したことを振り返り，成長できたことをまとめよう。

「前回の発表会はどうでしたか。今日は単元全体を通して学習したことを振り返り，成長できたことを見つけていきたいと思います。」

班で振り返る内容について明確にしておくことで，論点を整理しやすくしておくようにする。
「P120 の『たいせつ』，『いかそう』，『ふりかえろう』を読みましょう。」

2 話し合う 振り返る
班で話し合って，単元全体を振り返ろう。

「これよりも前の単元での学習も踏まえて，この単元全体を通して成長できたことを中心に班で話し合って，振り返りましょう。話し合ったことはホワイトボードにまとめるようにしましょう。」

単元全体の学習や自分たちの姿を俯瞰してみて振り返ることができるようにする。
自分たちが学習してきたことを肯定的に捉え，今後の学習にいかせるように意識する。

ようにしましょう。

め
わたしたちの学校じまん

学習したことをふり返り、学習を通してせい長できたことをまとめよう

ふり返ること
① 話の組み立て
② 話し方のくふう
③ 自分たちのせい長できたこと
④ これからの学習にいかせること

主体的・対話的で深い学び

・友だちからもらったステップアップカードや1年生からもらった感想などをもとに，客観的に単元全体を振り返り，班で話し合いながら意味づけしていくことで，自己の学びとその中での成長がより感じられるだろう。

・自己の学びや成長，現状を捉えることはメタ認知能力を育むことにも繋がるので，この時間を有意義な時間にしたい。

準備物

・ホワイトボード（班の数）

3 話し合う 交流する

班で話し合ったことを，学級全体で交流しよう。

「単元全体について班で振り返ったことを，学級全体で交流しましょう。」

他の友だちの意見を聞いて，発表にいかすことができました。

4年生での学習にも，今回の成長できたことをいかしていきたいです。

相手を意識して，1年生に伝わるように工夫する力がついたと思います。

写真を自分たちで撮りに行くなど，積極的に学習を進められました。

　できる限り，全ての班で話し合われたことを交流できるようにする。

　ホワイトボードを黒板に掲示し，様々な視点で振り返ったことを確認できるようにする。

4 振り返る

学習したことを振り返り，これからの学びについて考えよう。

「今日の学習を振り返り，これからの学びについて考えましょう。」

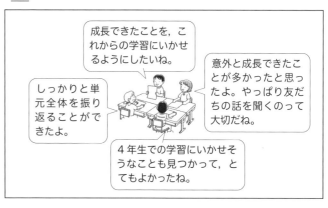

成長できたことを，これからの学習にいかせるようにしたいね。

意外と成長できたことが多かったと思ったよ。やっぱり友だちの話を聞くのって大切だね。

しっかりと単元全体を振り返ることができたよ。

4年生での学習にいかせそうなことも見つかって，とてもよかったね。

　発表の際に使ったパネルなどは，児童の目に触れるところに置いたり，掲示したりしておき，コメントを添えて返却するようにするとよい。

「単元を通して学んだことを今後いかせるといいですね。」

モチモチの木

全授業時間 12 時間

◉ 指導目標 ◉

・登場人物の気持ちの変化や性格，情景について，場面の移り変わりと結び付けて具体的に想像することができる。
・文章を読んで感じたことや考えたことを共有し，一人ひとりの感じ方などに違いがあることに気づくことができる。
・様子や行動，気持ちや性格を表す語句の量を増し，語彙を豊かにすることができる。
・文章を読んで理解したことに基づいて，感想や考えをもつことができる。

◉ 指導にあたって ◉

①　教材について

　　豆太の普段の姿やクライマックス場面の緊張感と豆太の変容など，魅力的な挿絵とも合わせて，児童は物語の展開に引き込まれていきます。時には豆太に共感し，時には批判的な目を向けながら，読み深めていくことができる作品です。

　　この作品では，登場人物の他に，「語り手」が物語の展開を語るという構成になっています。「語り手」の独特の語り口も，この作品の大切な要素です。それを十分味わいながら，時間をかけてしっかりと内容を読み取らせ，3年の「読む」学習のまとめとさせます。「人間，やさしささえあれば，やらなきゃならねえことは，きっとやるもんだ。」というじさまの言葉に集約されているこの作品の主題を，しっかりとつかみとらせたいものです。

②　主体的・対話的で深い学びのために

　　会話や心情表現，行動などに着目して，登場人物の人柄を読み取らせます。どの言葉に着目すれば，そこからどんな人柄が読み取れるのか，児童の対話と意見交流の中で見つけさせていきます。

　　題名にもなっている「モチモチの木」も，この作品の重要な役割を果たしています。豆太が恐れる夜の姿，霜月二十日のばんに灯がともった様子など，対話を通してイメージを広げ，そこからの豆太の心情に迫っていくことができます。

◉ 評価規準 ◉

知識 及び 技能	様子や行動，気持ちや性格を表す語句の量を増し，語彙を豊かにしている。
思考力，判断力，表現力等	・「読むこと」において，登場人物の気持ちの変化や性格，情景について，場面の移り変わりと結び付けて具体的に想像している。 ・「読むこと」において，文章を読んで理解したことに基づいて，感想や考えをもっている。 ・「読むこと」において，文章を読んで感じたことや考えたことを共有し，一人ひとりの感じ方などに違いがあることに気づいている。
主体的に学習に取り組む態度	登場人物の性格について場面の移り変わりと結び付けて粘り強く想像し，学習の見通しをもって，感じたことや考えたことをまとめて友達と伝え合おうとしている。

次	時	学習活動	指導上の留意点
1	1・2	・学習課題を知り，学習の見通しをたてる。 ・範読を聞き，初発の感想を書き交流する。	・リード文や最後の「学習」を見て，学習課題や内容をつかませる。
2	3	・「おくびょう豆太」の場面設定をつかむ。 ・豆太とじさまの性格や気持ちを考え，2人の関係（絆）を話し合う。	・文中の2人の行動，会話，様子，地の文を手がかりにして考えていく。
	4	・「やい，木い」の場面で，昼と夜のモチモチの木と豆太の関係を読み取る。 ・じさまの行動から気持ちを読み取る。	・モチモチの木のイメージを膨らませる。 ・モチモチの木との関わりから，豆太やじさまの行動や思いを見ていかせる。
	5	・「山の神様のお祭り」を想像する。 ・「山の神様のお祭り」に対する，じさまと豆太の気持ちを考え話し合う。	・モチモチの木に灯がともった場面を描かせる。 ・会話や行動から2人の気持ちを考える。
	6	・「豆太は見た」の前半の場面を捉える。 ・じさまの様子をつかみ，気持ちを考える。 ・豆太の様子をつかみ，気持ちを考える。	・じさまを助けたい一心で，夢中で医者様を呼びに行く豆太の姿を記述から読み取らせる。
	7	・モチモチの木の灯を見られた豆太の気持ちや，なぜ見られたのか話し合う。	・豆太が灯のともるモチモチの木を見たことや，豆太の変化について自分の考えがもてるようにさせる。
	8	・「弱虫でも，やさしけりゃ」の場面から，じさまの言葉の意味を考える。 ・最後の豆太の様子を見て，じさまはどう思ったか話し合う。	・じさまが言いたいことを，豆太の行動と照らし合わせて具体的に読み取らせる。 ・自分の考えをしっかりもたせる。
	9	・じさまと医者様の「モチモチの木の灯」に対する考えを確かめる。 ・豆太が「モチモチの木の灯」を見た理由を考える。	・じさまと医者様の考えを対比し，違いをつかませる。 ・自分の考えを明確にして，話し合う。
3	10・11	・豆太の人物像を考え，話し合う。 ・豆太は変わったか考え，話し合う。 ・自分は豆太をどう思うか，話し合う。	・これまでの学習を振り返り，自分の考えをまとめさせる。 ・対話を通して考えを深めさせる。
	12	・学習してきたことを振り返る。 ・工夫して音読発表をする。	・前時の学習，いちばん心に残ったこと，教科書の「ふりかえろう」等で話し合わせる。

DVD 収録（黒板掲示用カード，イラスト，児童用ワークシート見本）※本書 P292,293 に掲載しています。

モチモチの木

第 1,2 時 （1,2/12）

本時の目標
範読を聞いて初発の感想を書き，学習課題や学習の流れを知ることができる。

授業のポイント
教科書の挿絵を利用して，場面ごとの概略をとらえ，感想や学習課題，学習の流れの把握にいかす。

本時の評価
初発の感想を書き，学習課題や学習の流れをつかんでいる。

板書例

<挿絵をいかす> 教科書には物語の場面に合った挿絵が載っています。物語の展開の理解や場面の

学習のめあて

登場人物のせいかくや気持ちとへんかを考えながら読んで話し合おう

モチモチの木に灯がついているところがいちばん
※※

灯がついているモチモチの木

じさまがうなっている

豆太は勇気のある子になった？なってない？
※※

勇気のある豆太でも・・・

医者様をよびにいく豆太

なきながら

※※児童の発言を板書する。　　　　　　　　　　※教科書の6枚の挿絵を貼る。

---

1 予想する 「モチモチの木」は，どんな物語なのだろう。

「教科書 P121 の扉のページを開けましょう。これから学習するのは，何というタイトルの物語ですか。」
　・「モチモチの木」です。
「左の4行の文もみんなで読みましょう。」
　　　一斉音読をさせる。

　・モチモチの木とはどんな木だろうと書いてある。
　・豆太という男の子が出てくるんだ。

これから読むのはどんな物語だと思いますか？グループで話し合いましょう。

下の絵がモチモチの木だね。何だかすごく怖そうな木だね。

豆太が主人公かな？どんな男の子なのだろう。

木の向こうに月が出ている。豆太が夜に何か冒険をするのかも。

グループで出た意見を簡単に交流させ，想像や物語への期待を膨らませる。

2 つかむ 読み聞かせを聞いて，物語のあらましを知ろう。

　教師の範読または，朗読用のCDを聞かせる。分からない言葉があれば説明を加えていく。
「登場人物は誰なのか，どんなことをしたり，どんな話をするのか気をつけて聞きましょう。」
　・「モチモチの木」って本当にあるのか知りたいな。
「どんな登場人物がありましたか？」
　・豆太，じさま，医者様。豆太が主人公です。
　　教科書の6枚の挿絵を黒板に貼る。

挿絵を見ながらどんなお話か確かめていきましょう。1枚目は，どんな場面ですか。

豆太が，夜中にじさまに小便させてもらっている。

豆太はすごく臆病なのです。

2枚目は，昼間の豆太は，威張っている。

3枚目。夜中にじさまが腹痛を起こしてうなっている。

挿絵を手がかりにして物語の概要をつかませる。

読み取りに，これらを上手く活用しましょう。

一人じゃ
しょうべんも
できない豆太

昼間は
いばっている豆太

〈登場人物〉豆太（まめた）　じさま　医者様

⑩
物語を聞いて感想を書き、どんな
学習をしていくのかたしかめよう

モチモチの木

主体的・対話的で深い学び

・導入は，扉のページだけを見て物語を想像させ，作品に興味をもたせる。
・物語の概略を確認してから初発の感想を書かせることで，感想を書く視点をもたせる。
・感想を交流することで，互いの捉え方や着眼点の違いに気づかせ，作品を読んでいく視点を広げる。

準備物

・黒板掲示用イラスト1~6 〔DVD〕収録【3下_22_01~3下_22_06】
・ワークシート　「感想文用紙」
　（児童用ワークシート見本〔DVD〕収録【3下_22_07】）

3 書く 交流する　初めて読んだ感想を書き，交流しよう。

お話を聞いて心に残ったところや豆太について思ったことを書きましょう。

いちばん心に残ったところは，豆太がとうげの坂道を泣きながら走っている場面だな。

豆太は勇気のある子になったのかな？やっぱり臆病なのかな？

「感想をグループで出し合って話し合いましょう。」
・豆太が，モチモチの木に灯がついているのを見たところがいちばんよかった。
・豆太が泣きながら走っているところがいちばん中心の場面だよ。
・最後に豆太が勇気のある子になってよかった。
・でも，また小便にじさまを起こしているから，豆太は変わっていないと思うよ。

4 見通す　学習のめあてと，どんな学習をしていくのかを確かめよう。

「登場人物について，話し合おう」と書かれていますが，どんなことを話し合うのでしょう。

豆太の性格や場面ごとの気持ちについて話し合うのだよ。

じさまのことも話し合ったらいいと思う。

臆病な豆太が，勇気のある子に変わったのかどうかも話し合いたいね。

　教科書「見通しをもとう」も参考にして考えさせる。
「どんなことを学習していくのか，教科書の『とらえよう』～『ひろげよう』も読んで確かめましょう。」
・豆太とじさまは，どんな人物か。
・行動や会話や様子も場面ごとに確かめる。
・豆太は，なぜモチモチの木の灯が見られたのか。

　学習のめあてを確認する。

モチモチの木

第 ③ 時 （3/12）

本時の目標
豆太とじさまの性格や気持ちを考え，2人の関係を読み取ることができる。

授業のポイント
「おくびょう豆太」の場面を読み，登場人物の会話や行動，地の文から，2人の性格や気持ち，2人の関係を読み取らせる。

本時の評価
会話や行動から，豆太とじさまの性格や気持ちを考え，2人の関係を読み取っている。

板書例

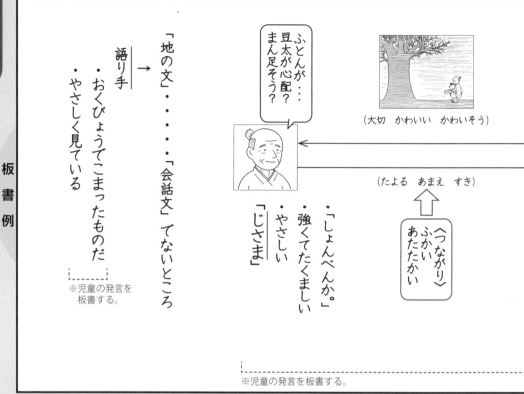

〈人物像の読み取り〉 根拠のない想像ではなく，文中の言葉や文を手がかりにして，そこからイメ

語り手 →

「地の文」……「会話文」てないところ
・おくびょうでこまったものだ
・やさしく見ている

※児童の発言を板書する。

ふとんが…豆太が心配？まん足そう？

（大切　かわいい　かわいそう）

〈つながり〉ふかいあたたかい

（たよる　あまえ　すき）

・「しょんべんか。」
・強くてたくましい
・やさしい
「じさま」

※児童の発言を板書する。

---

1 つかむ　「おくびょう豆太」を読み，場面や登場人物の暮らしを確かめよう。

「『おくびょう豆太』を読んで，豆太とじさまの性格や気持ちや2人の関係について話し合っていきます。」
　　指名をして，2～3回繰り返して音読させる。

「意味の分からない言葉があれば調べましょう。教科書の下にも解説があるので見ておきましょう。」
　・へえ～，便所のことを「せっちん」と言うのか。

この場面の設定（場所・時間・2人の暮らし等）を確かめましょう。

峠の猟師小屋。前にはモチモチの木がある。時刻は真夜中。

1枚しかない布団で寝ているから，貧しい暮らしだね。

豆太は5才。64才のじさまと2人で暮らしている。おとうは死んだ。

　　ワークシートを配り，2人の会話や行動を表に書き込ませる。第8時まで使うので，書き方を確認しておく。

2 読み取る考える　「豆太」の行動や会話，様子を捉え，性格や気持ちを考えよう。

「豆太は，どんな行動をしていますか。」
　・真夜中に，じさまをおこして小便をさせてもらう。
「豆太には，モチモチの木がどう思えたのでしょう。」
　・ものすごく大きくて怖い。
　・枝や葉を揺らして驚かされる。
「豆太のつもりで『じさまぁ』と言ってみましょう。」
　　数人にじさまを起こす場面のセリフを言わせる。

ワークシートの他にも豆太について分かるところがあれば，それも参考にして，どんな気持ちや性格か話し合いましょう。

両手を「わあっと」のところから，モチモチの木が怖くてたまらない。

小さい声でじさまを起こすから，すごく心細く感じている。

「1人じゃしょうべんも～」からすごく臆病だと思う。それに甘えん坊だよ。

モチモチの木

㊍

豆太とじさまのせいかくや気持ち、二人の関係を考えよう

おくびょう豆太

とうげのりょうし小屋　表にモチモチの木

たった二人　まずしいくらし　真夜中

モチモチの木がこわい　心細い

「豆太」
・おくびょう　あまえんぼう
・夜中に一人でしょうべん×
・「じさまぁ。」

主体的・対話的で深い学び

・「豆太」と「じさま」の気持ちや性格，2人の関係を，文中の会話，行動の叙述，地の文などを手がかりにして考える。
・主にグループでの対話によって，考えを確かめ合い，2人に対する理解を深めていく。

準備物

・ワークシート（第8時まで継続使用）・ワークシート記入例
　（児童用ワークシート見本 **DVD** 収録【3下_22_08】）
・黒板掲示用イラスト1（第1・2時使用のもの）
・黒板掲示用カード（豆太・じさま）**DVD** 収録【3下_22_09】

3 読み取る考える 「じさま」の行動や会話，様子を捉え，性格や気持ちを考えよう。

「今度は，じさまの行動を見ていきましょう。」
・豆太が小さな声で言ってもすぐに目を覚まして，小便をさせてくれる。
・そうしないと，豆太が寝小便をしてしまうから。

ワークシートの他に，じさまについて分かるところがあれば，それも参考にして，どんな気持ちや性格か話し合いましょう。

真夜中でも，すぐ目を覚ましてくれるから，やさしいと思います。

豆太が臆病だから，心配しているかな？豆太がかわいいから，今の生活に満足しているのかも…。

「青じしを…見事にやってのける」から強くてたくましい人だと分かるね。

4 まとめる 2人の関係（絆）と，語り手は豆太をどう見ているのか考えよう。

豆太とじさまは，どんな関係なのだと思いますか。

豆太は，じさまが好きで，じさまを頼っているね。

じさまは，豆太をとても大切にしている。かわいいと思っている。

挿絵の表情からも2人の関係が伝わってくる気がするよ。

山の中での2人暮らしなので，かわいそうだと思っている。

2人の深い絆やあたたかい関係を感じ取らせる。
「地の文」と「語り手」について説明する。

「語り手は，豆太の性格をどう語っているのでしょう。それは，どこで分かりますか。」
・「全く，豆太ほど…。」や「どうして…おくびょうなんだろうか。」から，臆病で困ったものだと思っています。
・でも，やさしく見ているように思います。

モチモチの木

第 4 時 （4/12）

本時の目標
豆太のモチモチの木に対する様子を読み取ることができ，じさまの行動と豆太への思いについて考えることができる。

授業のポイント
モチモチの木を中心に位置づけ，モチモチの木との関係で，豆太やじさまの行動や思いを見ていく。

本時の評価
豆太のモチモチの木に対する昼と夜の違いを読み取っている。じさまの行動と思いを考えている。

板書例

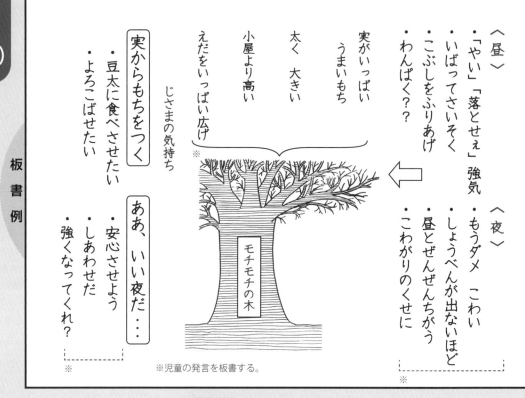

〈音読の役割〉音読を□大することで，情景や人物の気持ちを考えることになり，時には感情移入

〈昼〉
・「やい」「落とせぇ」強気
・いばってさいそく
・こぶしをふりあげ
・わんぱく？？

実がいっぱい
うまいもち
太く　大きい
小屋より高い
えだをいっぱい広げ

じさまの気持ち

〈夜〉
・もうダメ　こわい
・しょうべんが出ないほど
・昼とぜんぜんちがう
・こわがりのくせに

実からもちをつく
・豆太に食べさせたい
・よろこばせたい

ああ、いい夜だ…
・安心させよう
・しあわせだ
・強くなってくれ？

モチモチの木

※児童の発言を板書する。

---

1 音読する　「やい，木ぃ」の場面を工夫して読んでみよう。

「会話文と地の文をどんなふうに読めばよいか考えて工夫して読んでみましょう。」

　　「やい，木ぃ」の場面を各自で2～3回音読させる。

会話文を工夫して音読しましょう。

豆太を，威張った感じで読みます。「やい，木ぃ…実い落とせぇ。」

じさまを，気持ちよさそうに読みます。「ああ，いい夜だ。…それ，シイーッ。」

「地の文のどこかを工夫して読める人はいますか。」
　・本当においしそうに読みます。「こなにしたやつを…ほっぺたが落っこちるほどうまいんだ。」
　　　次に会話と地の文を入れた全文を音読発表させる。
「前の時間に配ったワークシートに，豆太とじさまの会話や行動を書き込みましょう。」

2 想像する　モチモチの木は，どんな木か想像してみよう。

「モチモチの木は，どんな木か想像してみましょう。この名前は誰かがつけた名前でしょうか？」
　・豆太がつけた名前だと思います。
　・本当の名前を豆太は知らないんだね。

文に書かれていることをもとにして，想像を広げてみましょう。

もちにして食べると，とってもうまい実が秋にいっぱい落ちてくる。

栗のような実なのかな？枝がいっぱいに広がっているのだろうな。

幹がとっても太くて，すごく大きな木だと思う。小屋よりずっと大きい。

　いろいろ意見を出させて，モチモチの木のイメージを広げていく。

をすることにもなります。導入やまとめとして有効な活動です。

めモチモチの木の木に対する豆太の様子を
読み取り、じさまの気持ちを考えよう

モチモチの木

やい、木ぃ

豆太の様子

🔍 **主体的・対話的**で**深い学び**

・音読を工夫することで、気持ちを本時の場面に入り込ませる。
・モチモチの木をどのようにイメージするかは、今後の物語の展開や豆太の気持ちの理解と関わって大切なので、話し合ってしっかりとイメージさせておく。
・豆太の昼と夜の様子とそこから分かる性格、じさまの気持ち−どちらも対話を通して理解を深めていかせる。

準備物

・ワークシート（第3時配布済）
・黒板掲示用イラスト2（第1・2時使用のもの）
・黒板掲示用イラスト **DVD** 収録【3下_22_10】

---

3 読み取る　モチモチの木に対する昼と夜の豆太の様子を読み取ろう。

「モチモチの木に対する豆太の昼間の様子で分かったことや、そこから思ったことを話し合いましょう。」
・「やい」とか「落とせぇ」とか、すごく強気です。
・片足で足ぶみして、威張って催促しています。
・挿絵では、握り拳をふり上げているみたいです。
・すごいわんぱく坊主みたいに思えます。

夜になったら豆太はどうなりますか。分かったことや思ったことを話し合いましょう。

夜になると、もうだめだ。しょんべんが出なくなるほど怖い。

昼と夜で、全然態度が違っている。あの元気さは、吹っ飛んでしまった。

怖がりのくせに、昼間だけ威張っているんだね。

---

4 考える　じさまの言葉や行動から、じさまの気持ちを考えよう。

「挿絵のじさまは、何をしているところですか。」
・もちをついているところです。
・違うよ、実を木うすでついてって書いてあるよ。
・この実を粉にして、ほっぺたが落っこちるほどうまいもちを作ってくれるんだね。

じさまは、どんな気持ちで、もちを作ったのでしょう。

豆太が喜ぶだろうな、豆太の喜ぶ顔が見たいなと思いながら作った。

うまいもちをお腹いっぱい豆太に食べさせてやりたい。

「『ああ、いい夜だ。・・・』の場面のじさまの気持ちも、考えてみましょう。」
・豆太の小便が出るように安心させようとしている。
・豆太と2人で幸せそうに感じるね。
・早く強くなれと思っているかもしれないよ。

モチモチの木

第 5 時 （5/12）

本時の目標
「山の神様のお祭り」に対する，豆太とじさまの気持ちを読み取ることができる。

授業のポイント
「霜月二十日のばん」を読み，豆太とじさまの会話や行動から，2人の気持ちを読み取らせる。

本時の評価
「山の神様のお祭り」を見せたいじさまと，見たいけど怖くて諦めた豆太の気持ちを読み取っている。

〈描いて捉える〉文字から得た情報をもとにして絵などに描かせることで，事象のイメージを視覚

板書例

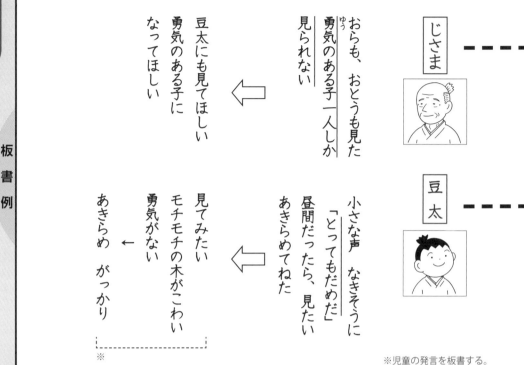

じさま

豆太

おらも、おとうも見た
勇気のある子一人しか
見られない

↓

豆太にも見てほしい
勇気のある子に
なってほしい

小さな声　なきそうに
「とってもだめだ」
昼間だったら、見たい
あきらめてねた

↓

見てみたい
モチモチの木がこわい
勇気がない
←
あきらめ　がっかり

※

※児童の発言を板書する。

---

1 つかむ　音読して場面をつかみ，難解語句を確かめよう。

「霜月二十日のばん」を，はじめに各自で1回黙読させる。その後，指名して2回音読させる。

「難しい言葉も出てきますね。調べておきましょう。」
・うしみつが真夜中で，宵の口は日が暮れてすぐ。
　教科書の説明の他に，先生が少しつけ加えてみる。霜月は，「寒くなって霜が降りはじめる月」。うしみつは，夜中の2時過ぎ頃。

ここは，どんな場面ですか。

「モチモチの木に灯がともる」という話をじさまが豆太に聞かせています。

霜月二十日の晩のうしみつに灯がともる。1年に1回のことなんだ。

山の神様のお祭りなんだって。どんなふうに灯がともるのかな？

ワークシートの続きに2人の会話・行動を書き込ませる。

2 想像する　「山の神様のお祭り」とはどんなものか想像してみよう。

「モチモチの木に灯がともる様子は，どのように書かれていますか。」
・木のえだえだの細かいところにまで，灯がともる。
・木が明るくぼうっとかがやく。
・ゆめみてえにきれい。

灯がともってどんなふうになるのか，みんなで想像してみましょう。

赤や黄やいろんな色の灯がともる。

見たこともないようなきれいなあかりだよ。

まっ暗がりの中に，小さな灯がいっぱいともる。

とってもやさしい光だと思うわ。

「自分も，モチモチの木に灯をともしてみましょう。」
　イラスト（DVD収録）を配って，色鉛筆で灯を描かせる。

化し，明確に捉えることができます。

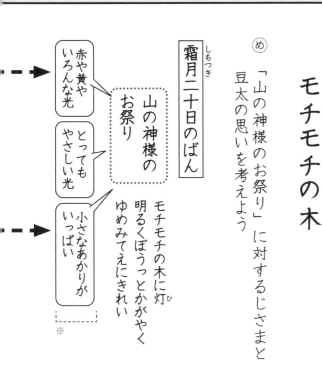

モチモチの木

め 「山の神様のお祭り」に対するじさまと豆太の思いを考えよう

霜月二十日（しもつき）のばん
山の神様のお祭り

モチモチの木に灯（ひ）が明るくぼうっとかがやくゆめみてえにきれい

赤や黄やいろんな光
とってもやさしい光
小さなあかりがいっぱい
※

- 山の神様のお祭りの灯がともる情景を，対話とワークシートに描かせることでイメージ豊かに捉えさせることを目指す。
- この「山の神様のお祭り」について，じさまと豆太のそれぞれの気持ちを考え対話することで，2人の人物像をより深く捉えさせていく。
- 2人の気持ちや性格に対する，自分たちの考えももたせ，交流させておきたい。

準備物

- モチモチの木の色ぬり用イラスト
  （黒板掲示用イラスト5　第1・2時使用のもの）
- 色鉛筆
- 黒板掲示用カード（豆太・じさま，第3時使用のもの）
- ワークシート（第3時配布済）

3 考える 話し合う 「山の神様のお祭り」に対する，じさまの気持ちを考え，話し合おう。

「じさまは，『山の神様のお祭り』についてどのように言っていますか。」

- おらも，子どものころに見たことがある。
- 死んだおまえのおとうも見たそうだ。
- 勇気のある1人の子どもしか見ることができない。

「じさまの気持ちについて，どう思いますか。」

- 豆太に対する深い思いやりや愛情をもっています。
- もしかしたら・・・という希望から話したと思う。

4 考える 話し合う 「山の神様のお祭り」に対する，豆太の気持ちを考え，話し合おう。

「じさまの話を聞いて，豆太はどうしたのですか。」

- 「とってもだめだ。」小さい声で泣きそうに言った。
- はじめから諦めて，宵の口から寝てしまった。

　言葉の前後の「——」に注目して考えさせる。
「豆太の気持ちについて，どう思いますか。」

- はじめから諦めるなんて，豆太は情けないよ。
- 最後の文を読んだら，ちょっとかわいそう。
- 諦めたけど，見たかったのだろうな。

モチモチの木

第 6 時 （6/12）

本時の目標
「豆太は見た」の前半を読み，豆太とじさまの様子をまとめて，2人の気持ちを考えることができる。

授業のポイント
物語の山場なので，じさまのために怖さも忘れて医者様を呼びに行った豆太の行動を丁寧に読み取り，気持ちを考えさせたい。

本時の評価
真夜中に起きた出来事について，豆太とじさまの様子をまとめ，2人の気持ちを考えている。

板書例

〈状況の変化と気持ちの変化〉場面の状況が次々と変わると，その時の気持ちも変わっていきます。

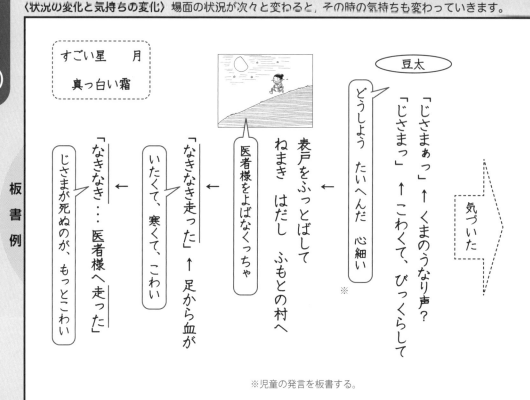

豆太

「じさまぁっ」→ くまのうなり声？
「じさまっ」→ こわくて、びっくらして

どうしよう たいへんだ 心細い

表戸をふっとばして
ねまき はだし ふもとの村へ

医者様をよばなくっちゃ

「なきなき走った」→ 足から血が

「なきなき… 医者様へ走った」
いたくて、寒くて、こわい

じさまが死ぬのが、もっとこわい

すごい星　月
真っ白い霜

気づいた

※児童の発言を板書する。

---

1 つかむ 「豆太は見た」の前半を読み，どんな出来事が起きたのか確かめよう。

『豆太は見た』は物語のヤマ場であり，長い文章なので2時間に分けて学習する。本時はその前半。

「『豆太は見た』のはじめから129ページの7行目までを，2回黙読しましょう。」

さあ、どんなことが起きたのでしょう。

豆太は、泣きながら、医者様を呼びにふもとまで走りました。

真夜中に、じさまが腹痛を起こして、うなっていました。

霜月二十日のばんです。豆太は、怖くてびっくりしました。

「では，その豆太とじさまの会話や行動を，また，ワークシートに書き込みましょう。」
・豆太は，真夜中に目を覚ました。「じさまぁっ」・・・
・じさまは，「ま，豆太，心配すんな。・・・」

2 考える じさまの言葉や様子から，気持ちを考えよう。

「文中のどこから，じさまのどんな様子が分かりますか。」
・「くまみたいに・・・」から，ものすごくお腹が痛いのだと思います。
・強くてたくましいじさまがうなっているのだから我慢できないぐらい痛いのだと分かります。
・「たたみに転げて」や「歯を食いしばって」からも痛さが分かります。
　対話の中で，じさまの状況を捉えさせる。

会話や様子から、じさまの気持ちを考えましょう。

でも我慢できなくて、豆太がしがみついても畳に転げたんだ。

豆太を心配させたり怖い思いをさせたくない。

困ったことになった、早く痛みが治ってほしい。

じさまだって不安だったと思うよ。

文に即して，2つの変化を丁寧に読み取らせましょう。

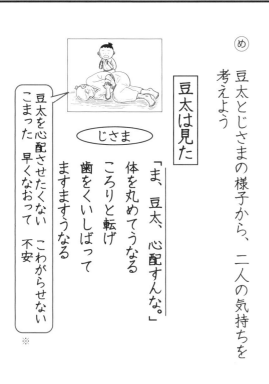

モチモチの木

め　豆太とじさまの様子から、二人の気持ちを考えよう

豆太は見た

じさま

「ま、豆太、心配すんな。」
体を丸めてうなる
ころりと転げ
歯をくいしばって
ますますうなる

豆太を心配させたくない
こまった　早くなおって　不安
こわがらせない
※

主体的・対話的で深い学び

・まず，何が起きたのか，豆太とじさまはどんな行動をとったのかをしっかりとつかませる。
・2人の「会話」「言動」「地の文」から，2人の気持ちを十分対話をして捉えさせる。
・豆太の「じさまぁっ。」と「じさまっ。」，「なきなき走った。」と「なきなき・・・走った。」の状況の違いや気持ちの違いを丁寧に読み取らせる。

準備物

・黒板掲示用イラスト3・4（第1・2時使用のもの）
・ワークシート（第3時配布済）

---

3 考える　腹痛を起こしたじさまを見た豆太の様子から，気持ちを考えよう。

「真夜中に目を覚ました時，豆太はどうしましたか。」
・くまのうなり声が聞こえたと思って，じさまにしがみつこうとしました。

じさまの様子に気がついたときの豆太の気持ちを考えましょう。

じさまが苦しんでいるのを急に見たから，怖くて，びっくりしたのよ。

真夜中だし，山の中だし，とても心細かったと思う。

どうしてよいか分からないで，おろおろしただろうな。

大変なことになったと，顔色が真っ青になったに違いないよ。

表に飛び出すまでの豆太の気持ちをグループで考える。

---

4 話し合う　「なきなき走った」豆太の気持ちの違いを話し合おう。

「豆太は，それからどうしたのですか。」
・医者様をよばなくっちゃ！と思って，表戸を体でふっ飛ばして走り出しました。
・ねまきのまんま。はだしで，半道もあるふもとの村まで，泣き泣き走っていきました。
「外の様子を言いましょう。」
・すごい星で，月も出ていました。
・下りの坂道は，一面の真っ白い霜だった。

「なきなき走った」が2回出てきますね。その時の気持ちはどう違うでしょう。

はじめは，足から血が出て，痛くて，寒くて，怖かったからなきなき走った。

後の方は，じさまが死んでしまうのが怖くて泣いたのだよ。

霜で足から血が出たが，じさまのために，一生懸命に走ったのね。

モチモチの木

第 **7** 時 （7/12）

本時の目標
帰り道と小屋での豆太の様子や気持ちを読み取り，豆太の変化について考えることができる。

授業のポイント
前の場面と第6・7時の豆太の様子を比べ，どこが違うのか十分話し合わせる。
モチモチの木に灯がついた様子もイメージさせておきたい。

本時の評価
豆太の様子や気持ちを文中の表現から読み取り，前の場面からの豆太の変化について考えている。

板書例

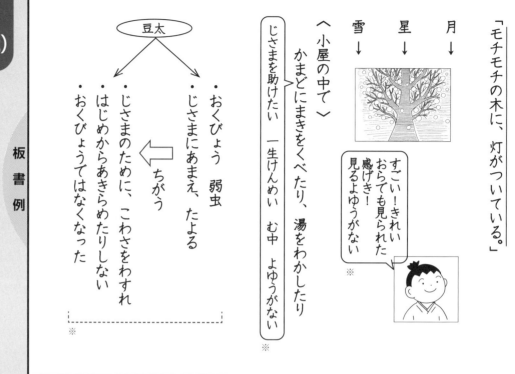

〈医者様の会話〉医者様の説明は「なるほどそういうことか」と軽く受け流しておいて，「山の神様のお祭り」

「モチモチの木に，灯がついている。」

月↓
星↓
雪↓

すごい！きれい
おらでも見られた
感げき！
見るよゆうがない
※

〈小屋の中で〉
かまどにまきをくべたり，湯をわかしたり
じさまを助けたい　一生けんめい　む中　よゆうがない
※

豆太

・おくびょう　弱虫
・じさまにあまえ，たよる
・じさまのために，こわさをわすれ
ちがう
・はじめからあきらめたりしない
・おくびょうではなくなった
※

---

1 つかむ
「豆太は見た」の後半の出来事と帰り道の豆太の行動や気持ちを確かめよう。

「前の時間の出来事を思い出しましょう。」
・じさまが，霜月二十日の真夜中に腹痛を起こした。
・豆太が，医者様を呼びにふもとの村まで走った。
　「豆太は見た」の後半を，各自で2回黙読させる。

「どんなことが起こりましたか。」
・帰る途中で，月が出ているのに雪が降ってきた。
・灯がついているモチモチの木を，豆太が見た。
「医者様は，灯がついているのをどう言いましたか。」
・月が出て枝の間に星が光って雪が降ったから。

　ワークシートに豆太の会話と行動を書き込ませる。

帰り道の豆太のしたことと，そのときの気持ちを話し合いましょう。

もっと急いでくれと思って，蹴飛ばしたんだ。

医者様のこしを足でドンドン蹴飛ばした。

じさまが死んじまいそうな気がして心配だったから。

---

2 考える
小屋に入ってからの豆太の行動から，気持ちを考えよう。

「小屋に入った豆太は，どうしましたか。」
・医者様の手伝いをして忙しかった。
・かまどに薪をくべたり，湯をわかしたり。
・今までの豆太と違って，しっかり働いている。
「豆太は，モチモチの木に灯がついた様子をゆっくり見られましたか。」
・「その後は知らない」と書いてあるから見ていない。

このときの豆太の気持ちを考えましょう。「モチモチの木の灯」は見たくなかったのでしょうか。

じさまが死んだらたいへんだと思って夢中で働いたんだ。

じさまを助けてもらおうと，一生懸命手伝いをしたのだと思います。

モチモチの木の灯のことなんて，考える余裕はなかっただろうね。

が打ち消されて現実的になりすぎてしまわないように注意します。

モチモチの木

⊘ モチモチの木の灯（ひ）が見られたわけや、前の場面との豆太のちがいを考えよう

豆太は見た　つづき

〈帰り道〉

医者様のこしを、足でドンドン
→ もっといそいで！ じさまが死んじまう ※

※児童の発言を板書する。

主体的・対話的で深い学び

・ここでもう一度，灯がともったモチモチの木をイメージし，それを見た豆太の気持ちを考えさせる。（じさまのことを心配して，忙しく働いた豆太にはモチモチの木を眺める余裕はなかったという意見もあるだろう。それも1つの意見として受け入れた上で，もし・・・ということで豆太の気持ちも考えさせるのでもよい。）
・豆太がそれまでと変わる場面なので，十分対話をしてしっかりと考えさせたい。

準備物

・黒板掲示用イラスト5（第1・2時使用のもの）
・黒板掲示用カード（豆太，第3時使用のもの）
・ワークシート（第3時配布済）

---

3 考える　モチモチの木に灯がついているのを見たときの豆太の気持ちを考えよう。

「モチモチの木に灯がともっている 130，131 ページの絵を見てみましょう。」
・すごくきれいです。
・121 ページや 123 ページの絵と全然違う。
・目の前で見たら，きっと感動するだろうな。
「豆太の気持ちになって，教科書の豆太の言葉を読んでみましょう。」
　5～8 人程の児童に，音読させる。

このときの豆太の気持ちを考えてみましょう。豆太の言葉で言ってもいいですよ。

すごい！きれいだなあ。おらでも見られたんだ。だめだと思っていたけど・・・。

じさまのことが心配で，そんな気持ちの余裕があったのかな？

じさまやおとうが見たものを，自分も見られて，とても感激したと思うよ。

4 比べる　「霜月二十日のばん」と比べて，豆太はどんなところが違うだろう。

「霜月二十日のばん」を音読させる。
「このときの豆太は，どんな子だったのですか。」
・臆病で弱虫。昼間だけ威張っている。
・じさまに甘えて，頼り切っていた。

じさまの急病をきっかけに，豆太はどう変わりましたか。

臆病豆太が，じさまのために怖さを忘れて，医者様を呼びに行けた。

はじめから，諦めないで，表戸をふっ飛ばして走り出した。

もう臆病でも，弱虫でも，甘えん坊でもなくなった。

それぞれが意見を出し合いながら，豆太が前の場面と大きく違っていることを確認させ合う。
「こんなふうに変わってきた豆太の様子や気持ちが伝わるように工夫して，音読しましょう。」
　「霜月二十日のばん」「豆太は見た」を音読させる。

モチモチの木

第 8 時 （8/12）

本時の目標
豆太に対するじさまの見方，豆太への思いについて考えることができる。

授業のポイント
じさまの会話文から，じさまが言いたいこと，豆太への思いを，豆太の行動と照らし合わせて読み取らせる。

本時の評価
豆太に対するじさまの見方，豆太への思いを文章から読み取って考え，発表しようとしている。

板書例

「やさしささえあれば」
↗じさまを助けたい

「やらなきゃならねえことは、きっとやるもんだ」
↗真夜中に一人で医者様をよびに行く

〈豆太のへんか〉
おくびょう
「じさまぁ」しょんべんに起こす
↓
医者様をよびに行く勇気
↓

じさまの思い
・一度勇気 …それでまんぞく
・また元に…：がっかり
・やさしささえあれば…
・あまえてくれるからいい

語り手
・はじめよりやさしい
・やわらかく言っている
・勇気を出せたことはみとめている

※児童の発言を板書する。

---

1 つかむ 「弱虫でも，やさしけりゃ」を読んで，学習のめあてを確認しよう。

「弱虫でも，やさしけりゃ」の場面は，全員に音読させたいので，班ごとに全部の班に音読発表させる。

「ここは，どんな場面ですか。」
・じさまが腹痛をおこした次の日の朝です。
・じさまは元気になって，医者様は帰りました。

ワークシートの続きに，豆太とじさまの会話や行動を書き入れさせる。

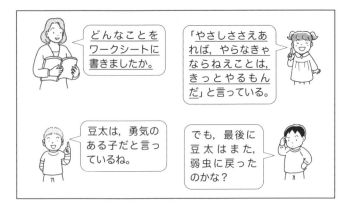

「今日は，そのじさまの言ったことや豆太の行動について考えていきます。」

2 考える じさまが言いたかったことについて考え，自分の意見を出し合おう。

「じさまは，どんなことを言っていますか。」
・豆太は，山の神様の祭りを見た勇気のある子どもだ。
・やさしささえあれば，何でもきっとやれる。
・普段は弱虫でも，やさしい子ならいい。

「『やさしさ …』とは，豆太のどんなやさしさですか。」
・じさまを助けたいというやさしさだと思います。

「『やらなきゃならねえこと』は何だったのですか」
・勇気を出して，医者様を呼びに行くことです。

284

ことがF。この場面では，「やさしさ」と「勇気」です。

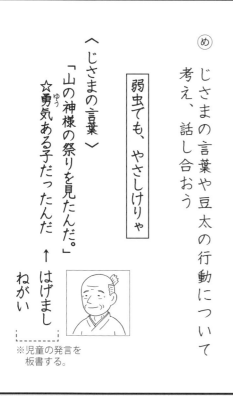

モチモチの木

め じさまの言葉や豆太の行動について考え、話し合おう

弱虫でも、やさしけりゃ

〈じさまの言葉〉
「山の神様の祭りを見たんだ。」
☆勇気ある子だったんだ ← はげまし
　　　　　　　　　　　　ねがい

※児童の発言を板書する。

主体的・対話的で深い学び

・じさまの言葉から，勇気はやさしさが根底にあることを，理解させたい。「人間，やさしささえあれば … きっとやるもんだ。」という言葉についてしっかりと対話をさせ，じさまが言いたかったことを話し合わせる。
・「弱虫でも，やさしけりゃ」という小見出しの意味や，後に続く言葉を考えるという展開もあり得る。

準備物

・黒板掲示用イラスト6（第1・2時使用のもの）
・黒板掲示用カード（じさま，第3時使用のもの）
・ワークシート（第3時配布済）

3 確かめる　豆太がどのように変わっていったか，確かめよう。

「豆太がどのように変わっていったのか，もう一度確かめましょう。<u>はじめはどんな子だったのですか。</u>」
・臆病で，夜中に1人でしょんべんにも行けない子でした。
「<u>『豆太は見た』の場面で，豆太がどう変わりましたか。</u>」
・勇気を出して，夜に1人で医者様を呼びに行けた。

最後の場面では，豆太は，どうなりましたか。

また，しょんべんにじさまを起こしている。

もとの，おくびょう豆太に戻ってしまったのかな。

普段の豆太は，弱虫で，医者様を呼びに行くときは勇気のある豆太になった。

場面を思い出しながら，豆太の変化を再確認する。

4 対話する　最後の豆太の様子を，じさまはどう思ったか，話し合おう。

最後の豆太の様子をじさまはどう思ったのか，理由もつけて発表し，話し合いましょう。

一度勇気があるところを見せてくれたので，それで満足していると思うわ。

せっかく勇気が出せたのに，また元に戻ってしまったのでがっかりしている。

自分に甘えて頼ってくれるから，かわいくていいと思っているのだよ。

普段は臆病でも，やさしささえあれば，また勇気が出せるからいいと思っている。

「語り手の豆太への見方をはじめと比べてみましょう。」
P123とP133の最後の文を読み比べる。

・はじめは「どうして … だろうか―」ときつい言い方だけど，最後は少しやさしい感じがします。
・「それでも」「… とさ」とやわらかく言っています。
・豆太が勇気を出せたことは認めているんだ。

モチモチの木

第 ⑨ 時 （9/12）

本時の目標
豆太がモチモチの木を見ることができたのはなぜか考え，話し合うことができる。

授業のポイント
じさまと医者様が言ったことを対比して捉え，それに対して，自分はどんな考えなのかを明確にして話し合わせる。

本時の評価
豆太がモチモチの木を見ることができた理由について自分の考えをもち，話し合っている。

〈自分の考えの根拠〉自分の考えを発表させたり話し合わせる場合，その根拠を明確に意識させておきます。

板書例

豆太はなぜモチモチの木の灯が見られたか

・勇気を出してとび出したから
・じさまの病気 → 勇気のある子に
・灯がともったように見えただけ
・まるで山の神様がしてくれたみたい

☆ グループで対話 → 全体で交流

※児童の発言を板書する。

---

1 対話する 「モチモチの木の灯」に対するじさまの考えについて話し合おう。

「じさまは，モチモチの木に灯がともることを，どのように言っていましたか。」

・山の神様のお祭りだと言っていました。
・霜月二十日のうしみつに灯がともる。
・そりゃ，きれいだ。
・勇気のある1人の子どもしか見ることができない。
・豆太が勇気のある子だから見られたと言っている。

じさまの言ったことについて，どう思うか話し合いましょう。

昔から言い伝えられてきたんだよ。自分も見たから，山の神様のお祭りだと信じている。

本気で山の神様のお祭りだと思っていたのかな？豆太に勇気をもってもらいたいから言ったのだと思う。

1年に1回，勇気のある子だけが見られるって，素敵だ。ぼくも見てみたいな。

2 対話する 医者様が言ったことについて話し合おう。

「医者様は，モチモチの木に灯がともることを，どのように言いましたか。」

・とちの木の後ろにちょうど月が出て，枝の間に星が光っているんだ。
・そこに雪が降ってるから，明かりがついたように見えるんだ。

　じさまが言ったこととの違いを確認しておく。
　（山の神様のお祭り⇔月と星と雪で灯がついたように見える）

今度は，医者様の言ったことについてどう思いますか。

医者様は，本当のことを言っただけなのだろうけど・・・。

月と星があんなふうに見えて，雪が降るなんて，めったにないことだと思うよ。

わたしは，山の神様のお祭りだと思いたい。何か夢があっていいから。

また，その根拠は，文中の表現から得た（連想した）ものとします。

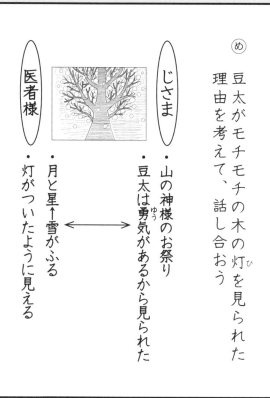

めモチモチの木

豆太がモチモチの木の灯を見られた理由を考えて、話し合おう

じさま
・山の神様のお祭り
・豆太は勇気があるから見られた

医者様
・月と星↑雪がふる
・灯がついたように見える

主体的・対話的で深い学び

・じさまと医者様が，「モチモチの木の灯」について言ったことを整理して，違いを確認し，それぞれについての自分の意見がもてるようにする。

・本時のテーマである「豆太がモチモチの木の灯を見られた理由」については，グループで十分対話をして自分と友だちの見方の共通点や相違点を確かめ合い，そこから互いに学ばせる。

準備物

・板書用イラスト5（第1・2時使用のもの）

3 考える　灯のついたモチモチの木を，豆太が見られたのは，どうしてだろう。

「今度は，豆太がモチモチの木の灯を見られた理由を自分で考えてノートに書きましょう。」

　　考えをまとめたり整理するために，隣同士で少しは相談してもよいことにする。

・医者様が言う方が本当の気がするけど，じさまの言うこともひょっとしたら・・・と思う。

どうしても偶然だとは思えないけど，おかしいかな？

おかしくはないと思う。豆太が勇気を出したから見られたのよ。

何と書こうかな。やっぱり医者様の言うとおりだろうな。でも・・・

　　じさまと医者様の言ったこと，自分はどちらの考えに近いかを出発点にして考えさせてもよい。

・書けた!!

4 深める　それぞれの考えを出し合って，話し合おう。

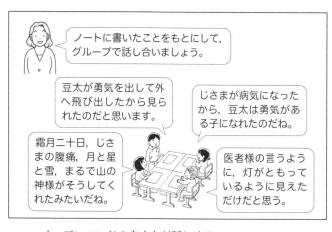

ノートに書いたことをもとにして，グループで話し合いましょう。

豆太が勇気を出して外へ飛び出したから見られたのだと思います。

じさまが病気になったから，豆太は勇気がある子になれたのだね。

霜月二十日，じさまの腹痛，月と星と雪，まるで山の神様がそうしてくれたみたいだね。

医者様の言うように，灯がともっているように見えただけだと思う。

　　オープンエンドの自由な対話にする。
「話し合って，自分の考えが変わってもいいですよ。」

・ぼくは，このままでいい。
・少し書き加えよう。
　　簡単に全体でも発表し合って，交流する。

モチモチの木

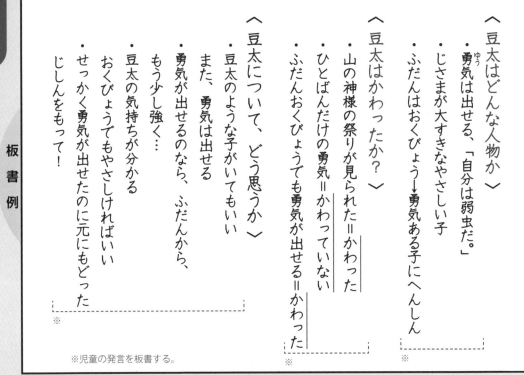

第 10,11 時（10,11/12）

本時の目標

豆太の性格や変化について，自分の考えをまとめ，話し合うことができる。

授業のポイント

これまで学習してきたことをいかして，豆太はどういう人物なのか，霜月二十日の出来事で変わったのかどうかについて，自分の考えを整理させる。

本時の評価

豆太の人物像や変化について，自分の考えをまとめ，自分の意見を出して話し合っている。

板書例

〈意見の文流〉自分の考えと比べながら友だちの意見を聞きます。自分の考えに取り入れられるこ

〈豆太はどんな人物か〉
・勇気は出せる、「自分は弱虫だ。」
・じさまが大すきなやさしい子
・ふだんはおくびょう→勇気ある子にへんしん

〈豆太はかわったか？〉
・山の神様の祭りが見られた＝かわった
・ひとばんだけの勇気＝かわっていない
・ふだんおくびょうでも勇気が出せる＝かわった

〈豆太について、どう思うか〉
・豆太のような子がいてもいい
また、勇気は出せる
・勇気が出せるのなら、ふだんから、
もう少し強く…
・豆太の気持ちが分かる
・おくびょうでもやさしければいい
・せっかく勇気が出せたのに元にもどった
じしんをもって！

※児童の発言を板書する。

---

1 振り返る　豆太の行動や会話について，物語全体を振り返ってみよう。

「豆太がどんな子だったか，物語のはじめから終わりまで黙読して，会話や行動を確かめましょう。」
・はじめは，すごく臆病な子だったなあ。
「次は，音読をしてもらいます。もう一度，豆太のことを確かめながら聞きましょう。」

全く，豆太ほどおくびょうなやつは・・・。

はじめは，臆病でどうしようもないって感じだったな。

「豆太は見た」の場面から，豆太の行動が急に変わったね。

学習の途中でワークシートに書き込んできた内容も読み返して確かめておく。
「これまでの学習を振り返り，豆太について自分の考えを出して，話し合っていきましょう。」

2 まとめる 話し合う　豆太はどんな人物だと思うか，自分の考えをまとめ，話し合おう。

教科書 P134，135「話し合いのれい」を読む。

・自分の経験と比べて考えてもいいのか。
「豆太は，どんな人物だと思うか，自分の考えをノートにまとめましょう。」
・豆太は，自分のことを弱虫だと思っている。
・じさまがかわいがって育ててきたから，やさしい子になった。

グループで自分の考えを出し合って，話し合いましょう。

豆太は，勇気が出せるけど自分では弱虫だと思っている。最後のじさまの言葉からそう思ったよ。

じさまが大好きで，やさしい子です。じさまが死んじまうと心配しているから・・・。

普段は臆病なんだけど，時には勇気のある子に変身できる。やさしさがあるから・・・。

グループでの話を全体で発表し合って交流する。

とはないか，学べる点は何かを意識して聞くようにさせます。

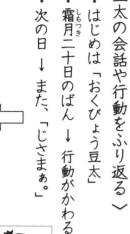

モチモチの木

⊗ 豆太はどんな人物なのか、「おくびょう豆太」はかわったのか、自分の考えをまとめて話し合おう

〈豆太の会話や行動をふり返る〉

・はじめは「おくびょう豆太」
・霜月二十日のばん → 行動がかわる
・次の日 → また、「じさまぁ。」 ←

主体的・対話的で深い学び

・2時間にわたって，豆太について対話を続けていく。自分の考えをはっきりともって（あるいは整理して）話し合いに参加させたい。
・自分の考えが定まらなくて，話し合いの中で次第に明確になっていったり，話し合いを通して考えが変わっていったりすることも，あってもよい。それも，学びが深まっていったことになるだろう。

準備物

・ワークシート（作成済の分）
・黒板掲示用カード（豆太，第3時使用のもの）

---

3 深める　霜月二十日の出来事で豆太は変わったのかどうか話し合おう。

「豆太は，霜月二十日のばんの出来事で変わったのでしょうか。自分の考えをノートにまとめましょう。」
・臆病な子から，勇気のある子に変わったと思うな。
・また，じさまにおしっこをさせてもらっているから，変わったとはいえないな。

> ではまた，グループで自分の考えを出し合って，話し合いましょう。

> 山の神様の祭りが見れたから，もう臆病ではない。豆太は変わったと思うよ。

> 変わったのは，霜月二十日のばんだけで，最後はまた「じさまぁ」だから，変わっていないと思う。

> 普段は臆病でも，また「やらなきゃならねえ」時には，勇気が出せると思うから，変わっているよ。

グループでの話を全体で発表し合って交流する。

---

4 対話する　豆太について，自分はどう思うのか話し合おう。

> 豆太について，話し合ってきましたが，こんな豆太を，みなさんはどう思うのか話し合いましょう。

> やらなきゃならない時には勇気が出せるのなら，普段からもう少し強い子でもいいと思う。

> みんな一人一人違うから豆太のような子がいてもいいと思う。大事な時にはまた勇気が出せるよ。

> 私も臆病だから，豆太の気持ちが分かるわ。普段は臆病でも，やさしければそれでいいのじゃない。

> せっかく勇気が出せたのに，また元の臆病に戻ったら何にもならないよ。もっと自信をもたないと！

　豆太への共感，批判，いろいろな意見が出た方がよい。結論にこだわる必要はない。
「今回の話し合いで，自分の考えは変わりましたか？話し合って感じたことを書いておきましょう。」

モチモチの木

第 ⑫ 時（12/12）

本時の目標
学習を振り返り，学習したことをいかし工夫して音読発表をしよう。

授業のポイント
学習を振り返り，自分の考えの広がりや深まりに目を向けさせる。学習をいかして音読を工夫させる。

本時の評価
学習を振り返り，学習したことをいかし工夫して音読発表をしている。

板書例

〈表現活動〉学習のまとめとして，学んだことや理解の深まりを様々な形で表現することがあります。絵，ポ

〈 いちばん心にのこったこと 〉
・豆太がなきながら走ったこと
・モチモチの木の灯が見られたこと
・大事なことは，やさしさだということ

※児童の発言を板書する。

〈 学習のふり返り 〉
・登場人物のせいかくや気持ちについて話し合う
・「ふりかえろう」
・たいせつ
・この本，読もう

〈 音読を発表しよう 〉
・学習したことをいかして（人物，気持ち，場面）
・くふうして読む

---

1 話し合う 話し合いを通して考えたことを交流しよう。

「今日は『モチモチの木』の最後の学習の時間です。学習を振り返って，どんなことが学べたか確かめ，まとめをしましょう。」

まず，前時の話し合いを振り返りましょう。新しい発見や自分の考えの変化は何かありましたか。

豆太がまた小便にじさまを起こしたところが豆太らしくていいという意見があったけど，「なるほど」と思った。

やらなきゃならない時には勇気が出せるようになったから変わったと聞いて，ぼくの考えは変わりました。

ぼくの考えは変わらない。自分の考えに自信ができたよ。

グループでの対話の後で，全体でも交流する。

---

2 交流する いちばん心に残ったことは，どんなことか発表しよう。

「『モチモチの木』を読んできて，いちばん心に残ったのはどんなことですか。短くまとめて発表しましょう。」
・ぼくがいちばん心に残っているのは，何だろう・・・。
「誰か，すぐに発表できる人はいますか。」
・豆太が，足から血が出ているのに，泣きながら走っているところが，いちばん心に残りました。

みんなもこんなふうに考えて，まずはグループで発表しましょう。

やっぱり，モチモチの木に灯がともっているのを豆太が見たところです。

最後にじさまが言った言葉全部が，いちばん心に残りました。

わたしは，大事なことは，やさしさだということです。

全体でも発表し合って交流する。
・いちばん心に残ったことも，いろいろ違うんだなあ。

スター，感想文など様々ですが，ここでは音読で表現させてみます。

めモチモチの木

学習したことをふり返り、くふうして音読をしよう

〈 豆太についての話し合い 〉
・豆太がまた「じさまぁ」がよい → なるほど
・勇気が出せるようになった → 考えがかわった
・考えはかわらない → じしんがついた

※児童の発言を板書する。

主体的・対話的で深い学び

・学習のまとめとして，これまで学んできたことを振り返らせる。その成果を確かめることで，自分自身の学習活動に確信をもたせ，これからの学習にいかせるようにする。
・本時では「いちばん心に残ったこと」の交流と，「音読発表」を設定した。この2つの活動を通して，学習の成果を互いに確かめ合わせたい。

準備物

3 振り返る　学習してきたことを振り返ろう。

「学習したことを振り返りましょう。どんなことを中心に学習してきたのですか。」
・登場人物の性格や気持ちについて話し合うということです。

P135 の「ふりかえろう」を見て，学習したことを振り返りましょう。

会話文や，行動を表す地の文から，2人の性格や気持ちが分かったね。

友だちと話し合うと，自分とは違う考え方が分かるので，自分の考えも深まりました。

人物の性格や気持ちにも気をつけて物語を読んでいきたい。

「P136 の『たいせつ』も読んでおきましょう。」
・「たいせつ」に書かれていることは，大体できた。
「『この本，よもう』で，紹介された本も読んでみましょう。」

4 音読発表　学習してきたことをいかして工夫し，音読発表をしよう。

「最後に，学習してきたことをいかして，音読発表をしましょう。読み方を工夫して下さいね。」
・読んでみたい！
・私も読みたい！
　少し練習の時間をとってから発表させるのがよい。最低2～3回は全文を読ませる。

おくびょう豆太。全く，豆太ほどおくびょうな・・・

それに，とうげのりょうし小屋に・・・

や い，木 い。モチモチの木ってのはな，・・・

みんな，それぞれ工夫をして読めていますね。

　時間があれば，グループ単位での群読などに取り組ませるのもよい。

DVD 収録（黒板掲示用カード，イラスト，児童用ワークシート見本）

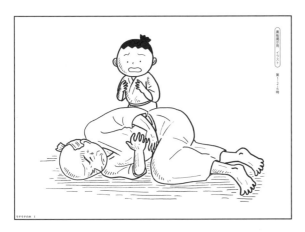

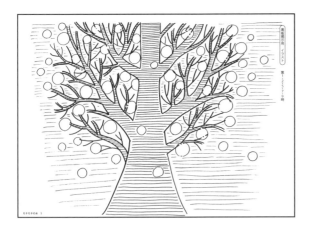

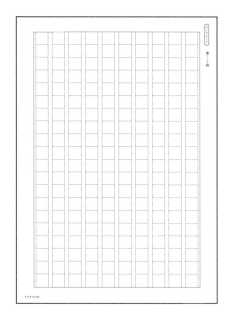

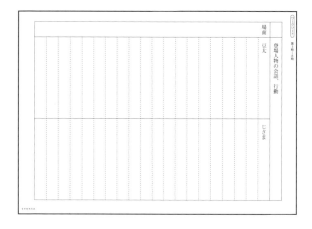

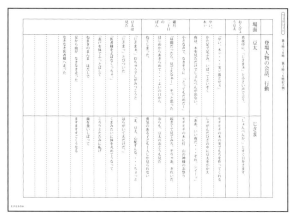

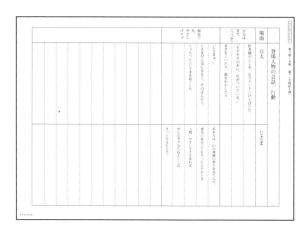

よく聞いて，じこしょうかい

どきん

① 読んで，そうぞうしたことをつたえ合おう
きつつきの商売

本は友だち　図書館たんていだん

国語辞典を使おう

漢字の広場①

きせつの言葉　春のくらし

漢字の音と訓

もっと知りたい，友だちのこと
コラム　きちんとつたえるために

漢字の広場②

② 段落とその中心をとらえて読み，かんそうをつたえ合おう
〈れんしゅう〉言葉で遊ぼう

こまを楽しむ
〔じょうほう〕全体と中心

気もちをこめて「来てください」

漢字の広場③

③ 登場人物のへんかに気をつけて読み，感想を書こう
まいごのかぎ

俳句を楽しもう

こそあど言葉を使いこなそう

〔じょうほう〕引用するとき

仕事のくふう，見つけたよ
コラム　符号など

きせつの言葉　夏のくらし

本は友だち
はじめて知ったことを知らせよう
鳥になったきょうりゅうの話

詩を味わおう
わたしと小鳥とすずと
夕日がせなかをおしてくる

山小屋で三日間すごすなら

ポスターを読もう

へんとつくり

ローマ字

著者紹介（敬称略）

【著者】

羽田 純一　　　元京都府公立小学校教諭
安野 雄一　　　大阪市立東三国小学校教諭
南山 拓也　　　西宮市立南甲子園小学校教諭

＊所属は 2020 年 10 月現在

【著者・特別映像 寄稿】

菊池 省三　　　教育実践研究家
　　　　　　　菊池道場 道場長

＊所属は 2020 年 10 月現在

【初版 著者】（五十音順）

岡 篤
菊池 省三
中村 幸成
羽田 純一
原田 善造

（喜楽研の DVD つき授業シリーズ）

新版

全授業の板書例と展開がわかる　DVD からすぐ使える
〜菊池省三 授業実践の特別映像つき〜

まるごと授業　国語　3年（下）

2015 年 8 月 8 日　　初版　　第 1 刷発行

2021 年 1 月 10 日　　新版　　第 1 刷発行

著　　　　者：羽田 純一　菊池 省三　安野 雄一　南山 拓也

イ ラ ス ト：山口 亜耶

撮 影 協 力：有限会社オフィスハル（菊池 省三 特別映像）
　　　　　　　河野 修三

企 画・編 集：原田 善造（他 8 名）

編　　　　集：わかる喜び学ぶ楽しさを創造する教育研究所　編集部

発 行 者：岸本 なおこ

発 行 所：喜楽研（わかる喜び学ぶ楽しさを創造する教育研究所）
　　　　　　　〒 604-0827 京都府京都市中京区高倉通二条下ル瓦町 543-1
　　　　　　　TEL　075-213-7701　FAX　075-213-7706
　　　　　　　HP　http://www.kirakuken.jp/

印　　　　刷：創栄図書印刷株式会社

ISBN：978-4-86277-305-0